电子商务与信息安全

卢树强 叶小荣 陈彦宇 著

中国纺织出版社

图书在版编目（CIP）数据

电子商务与信息安全 / 卢树强，叶小荣，陈彦宇著
.-- 北京 : 中国纺织出版社，2018.3
ISBN 978-7-5180-3665-3

Ⅰ. ①电… Ⅱ. ①卢… ②叶… ③陈… Ⅲ. ①电子商务－信息安全－安全技术－研究 Ⅳ. ①F713.363

中国版本图书馆 CIP 数据核字（2017）第 119922 号

责任编辑： 汤 浩　　**责任印制：** 储志伟

中国纺织出版社出版发行
地　址： 北京市朝阳区百子湾东里 A407 号楼　**邮政编码：** 100124
销售电话： 010-67004422　**传真：** 010-87155801
http://www.c-textilep.com
E-mail：faxing@c-textilep.com
中国纺织出版社天猫旗舰店
官方微博 http://weibo.com/2119887771
北京虎彩文化传播有限公司　各地新华书店经销
2018 年3 月第 1 版第 1 次印刷
开　本： 787×1092　1/16　**印张：** 19.875
字　数： 380 千字　**定价：** 79.00 元

编 委 表

本书由卢树强、叶小荣、陈彦宇、刘光金担任主编，赵智超担任副主编，具体分工如下：

卢树强（山东警察学院）负责第五章、第六章内容编写，共计 12 万字；

叶小荣（江苏城市职业学院）负责第二章、第三章、第四章内容编写，共计 10 万字；

陈彦宇（西北工业大学管理学院）负责第一章、第九章、第十章内容编写，共计 10 万字；

刘光金（重庆水利水电职业技术学院）负责第七章内容编写，共计 3 万字；

赵智超（佳木斯大学）负责第八章内容编写，共计 3 万字。

前　言

随着信息产业的发展，电子商务与信息安全对世界经济产生了前所未有的影响。各发达国家都把发展电子商务与信息安全作为拓展全球市场，加快本国经济发展的重要手段。因此在高校开设电子商务与信息安全专业，既是培养21世纪创新型人才的需要，也适应了网络经济时代对复合型人才的需求。

《电子商务与信息安全》从电子商务与信息安全的角度出发，跟踪当前电子商务与信息安全发展的热点问题，讲授构建和实施电子商务与信息安全系统所必需的基本理论、方法和技术。观点新颖，取材丰富，论述深入浅出，内容丰富，引例生动，可读性和实践性强，可作为计算机或电子商务领域的研究人员和专业技术人员的参考用书。

目　录

CONTENTS

第一章

电子商务概述

一、电子商务概述

电子商务 (E–Commerce) 的定义有狭义和广义两种。

（一）狭义的电子商务

从狭义上讲，电子商务是指通过互联网上的“商店”所从事的在线产品和劳务的买卖活动。

（1）交易内容可以是有形的产品和劳务，如汽车、书籍、日用消费品、在线医疗咨询、远程教学等；

（2）交易内容也可以是一些无形产品，如新闻、音像产品、数据库、软件及其他类型的知识产品。

（二）广义的电子商务

从广义上讲，电子商务泛指一切与数字化处理方式有关的商务活动，所强调的是在网络计算环境下的商业化应用。它不仅仅是硬件和软件的结合，更是把企业与企业之间，企业与消费者之间，企业内部之间，企业、消费者与政府管理部门之间的信息交流通过内联网 (Intranet)、外联网 (Extranet) 和互联网 (Internet) 实现数字化的处理过程。

1. 涉及传统市场的方方面面

它不仅仅局限于在线买卖，还涉及传统市场的方方面面，从生产到消费各个方面影响人们进行商务活动的方式，使整个商务活动，从产品生产、产品促销、交易磋商、合同订立、产品分拨、货款结算、售后服务等方式大为改进，并将这一系列的交易活动紧密结合、完整统一起来。

2. 电子数据交换

而 EDI(Electronic Data Interchange)，即电子数据交换又称“无纸贸易”，它是贸易双方按照协议，对具有一定结构的标准贸易信息，通过数据通信网络，在参与贸易各方计算机之间进行传输和自动处理。

（1）注重数据结构的标准化。它注重数据结构的标准化，将贸易中重复使用或不同领域共同的数据进行标准化，目的是实现业务过程的自动化，减少手工劳动，从而降低成本，提高效率，尤其适用于减少交易循环中的重复工作。

（2）与贸易相关。EDI是电子商务的一种重要的技术、方法或手段，一般发生在企业与企业之间，它在三十多年的发展中始终与贸易相关。传统的EDI一般使用专用的增值网(VAN)，成本高昂，一般的中小企业使用不起，同时由于不同的协议标准，所以不同的增值网之间难以互联，而EDI往往发生在异种计算机的应用软件之间，所以基于互联网之上的EDI将是未来EDI的发展方向。

3. 电子商务有很多传统交易方式无可比拟的优势

（1）减少中间环节，降低交易成本；

（2）24小时不分时区的商业运作可以增加商业机会；

（3）减轻对实物基础设施的依赖；

（4）减少库存，缩短企业生产周期等。

4. 经营模式

电子商务有不同的经营模式，当前被普遍认可的经营模式有：

（1）商业机构对商业机构的电子商务(B to B或称B2B)；

（2）商业机构对消费者的电子商务(B to C或称B2C)；

（3）商业机构对行政机构的电子商务(B to A或称B2A)。

在这三种类型的电子商务运作中，不难看出，企业是整个运作的核心。

二、国际电子商务

国际电子商务是电子商务在国际贸易领域的应用，即利用现代通信技术、计算机技术和网络技术，以电子数据传输方式完成从建立贸易关系、商业谈判、电子合同签订到租船、订舱、报关、报验、申请许可证、配额及货款结算全过程的交易方式。

（一）国际电子商务交易

简单地讲，国际电子商务是指利用电子商务运作的各种手段部分或全部地完成国际贸易的整个过程。在国际电子商务交易中：

首先，参与交易的各方应是来源于不同的国家，即交易本身是跨越国界的；

其次，交易各方抛开传统的交易方式，利用方便快捷、低成本、开放性、全球性的现代信息技术和通讯手段进行交易，从推广、洽谈、签约、付款乃至交货整个交易过程的部分或全部以电子化的手段完成；

第三，从参与国际电子商务的交易各方来看，除了传统国际贸易中公司之间的大宗交易（即 B2B）之外，也有一定量的 B2C 交易，即个人消费者也可直接参与国际贸易；

最后，从国际电子商务的交易标的来看，一类是有形产品的交易，对此类产品的贸易而言，通过电子商务可以完成推广、洽谈、订货、开发票、收款等相关的交易步骤，但商品的配送仍需以传统的方式进行；另一类是无形产品的贸易，包括电脑软件、影视产品、咨询报告等数字产品。对于无形产品的贸易而言，利用电子商务可以完成包括商品配送在内的所有国际贸易交易步骤。

（二）国际贸易领域

作为 21 世纪主要经济增长点的电子商务，作用并不亚于 200 年前的工业革命，触角最为灵敏的国际贸易领域是最早感受到电子商务的影响与冲击的领域之一。

1. 国际电子商务的优势

国际电子商务在改造贸易流程、节省交易成本及增加收益、提高贸易效率、增加贸易机会以及提高企业的市场应变力和竞争力等诸多方面具有传统的国际贸易方式无可比拟的优势，是未来国际贸易的必然趋势，正如世界贸易组织前任总干事鲁杰罗 (Ruggiero) 所言：“它势在必行，无人能阻挡”。

2. 地位越来越高

总体来看，电子商务在国际贸易中的地位越来越高。电子商务以前所未有的速度加快了经济贸易全球化的步伐，创造着新的商务环境，成为各国出口贸易新的增长点。

瑞士银行发布的研究报告表明，世界电子贸易以每年翻一番的速度增长，到2015年，全球通过因特网交易的贸易总额达到5.24万亿美元。其中，2014年世界电子贸易额增长到4.88亿美元；2015年突破5万亿美元；到2016年电子商务占世界贸易总额的20% ~ 35%，估计未来10年全球1/3的国际贸易将通过电子方式进行。

从交易模式构成来看，B2B继续占据市场主导地位。2013年全球B2B的网络交易额达到3.6万亿美元，较2010年大幅度增长了189%，占全球电子商务总额的73%；2014年全球B2B的交易额达到7.3万亿美元，超出B2C电子商务销售额10倍以上，占全球经济6.9%的份额；2015年，全球B2B的网络交易额十分可观地达到8.5万亿美元。B2B在全球电子商务交易额中所占比重呈进一步扩大趋势。

三、电子商务的意义

（一）信息技术

IT信息技术（Information Technology）给全球工业化带来了飞跃性发展，网络建设已给全球企业带来了无可比拟的巨大推动力，它使企业产品的各项信息24小时不间断地向全球发布，使全球各个角落的人们均可通过互联网络及时准确地获取信息，给人们带来了极大的方便。

1. 促进电子商业经营模式网络化

目前世界各地，特别是欧美地区发达国家的政府机构、企事业单位等纷纷建起的网站，并已进入了电子商务阶段，使传统的商业经营模式迅速转变为全球性网络化的电子商业经营模式。促进在我国，大部分企事业单位及政府机构也建起了网站，然而，这些网站大多是在网上发布一些产品信息、政府消息而已，而能在网上实现在线即时交易、在线支付、在线海关申报、货物保险等的网站还为数甚少，距离网络化商业经营方式——“电子商务”这一更高水准的目标还相去甚远。

2. 最先进的经营模式

电子商务作为行业最先进的经营模式，将为企业最大程度地节约金钱、时间和资源，并将对整个行业的商业运作产生重要的影响。据初步统计，电子商务的经营模式比传统的商业经营模式所能节省的资金大约是营业总额的5% ~ 7%，国际贸易的电子商务甚至能超过15%。

3. 使交易费用降低

电子商务免去了一切烦琐的手续，所有商务活动在网上一气呵成，诸如海关、商检、外贸、外汇、工商、税务、银行、保险、货运方式、费用、货物保险、合同签署等都能在网上完成，节省大量的财力、物力、人力和时间，为企业减少了大量的费用、降低了成本、提高了效率，更重要的是与国际接轨。电子商务正在掀起国际贸易领域里的一场新的革命。

第一节　电子商务的模式

电子商务通常是指在全球各地广泛的商业贸易活动中，在因特网开放的网络环境下，基于浏览器/服务器应用方式，买卖双方不谋面地进行各种商贸活动，实现消费者的网上购物、商户之间的网上交易和在线电子支付以及各种商务活动、交易活动、金融活动和相关的综合服务活动的一种新型的商业运营模式。

一、电子商务模式

电子商务是利用微电脑技术和网络通信技术进行的商务活动。各国政府、学者、企业界人士根据自己所处的地位和对电子商务参与的角度和程度的不同，给出了许多不同的定义。

电子商务分为九种模式：ABC、B2B、B2C、B2B2C、C2C、B2M、M2C、B2A、C2A。

（一）ABC 模式

随着电子商务的不断发展，在人们为信誉而担忧的时候，出现了一种新型的电子商务模式ABC模式，被誉为电子商务界在阿里巴巴之后的B2B模式、京东商城B2C模式、淘宝C2C模式之后的第四大模式，淘众福就是这个模式的首创者。

ABC模式是由代理商（Agents)、商家（Business）和消费者（Consumer）共同搭建的集生产、经营、消费为一体的电子商务平台。

1. 不同角色相互之间可以转化

大家都是电子商务这个平台的主人，其中有生产者、消费者、经营者、合作者、管理者，大家相互服务、相互支持、你中有我、我中有你，真正形成一个利益共同体，资源共享，产、消共生而达到共同幸福的良性局面，从而达到共产、共消、共福。

（二）B2C 模式

B2C(Business to Customer)。

（1）B2C中的B是Business，意思是企业；

（2）2则是to的谐音；

（3）C是Customer，意思是消费者。

所以B2C是企业对消费者的电子商务模式。这种形式的电子商务一般以网络零售业为主，主要借助于Internet开展在线销售活动。

企业与消费者之间的电子商务（Business to Customer，即B2C）。这是消费者利用因特网直接参与经济活动的形式,类同于商业电子化的零售商务。随着因特网的出现,网上销售迅速地发展起来。其代表是亚马逊电子商务模式。

B2C 就是企业透过网络销售产品或服务给个人消费者。企业厂商直接将产品或服务推上网络，并提供充足资讯与便利的接口吸引消费者选购，这也是目前一般最常见的作业方式，例如网络购物、证券公司网络下单作业、一般网站的资料查询作业等等，都是属于企业直接接触顾客的作业方式。B2C 有以下四种经营模式：

①入口网站（Portal): ex. Yahoo！

②虚拟社群(Virtual communities）: 虚拟社群的着眼点都在顾客的需求上，有三个特质——专注于买方消费者而非卖方、良好的信任关系、创新与风险承担；

③交易聚合（Transaction Aggregators）：电子商务即是买卖；

④广告网络（Advertising Network);

⑤线上与线下结合的模式（O2O 模式）。

（三）B2B 与 B2B2C 模式

B2B（Business To Business，在英文中 2 的发音同 to 一样）是企业与企业之间通过互联网进行产品、服务及信息的交换。

1.B2B 方式

企业与企业之间的电子商务（Business to Business，即 B2B）。B2B 方式是电子商务应用最多和最受企业重视的形式，企业可以使用 Internet 或其他网络对每笔交易寻找的最佳的合作伙伴，完成从定购到结算的全部交易行为。其代表是马云的阿里巴巴电子商务模式。

（1）以企业为主体。B2B 电子商务是指以企业为主体，在企业之间进行的电子商务活动。B2B 电子商务是电子商务的主流，也是企业面临激烈的市场竞争、改善竞争条件、建立竞争优势的主要方法。开展电子商务，将使企业拥有一个商机无限的发展空间，这也是企业谋生存、求发展的必由之路，它可以使企业在竞争中处于更加有利的地位。B2B 电子商务将会为企业带来更低的价格、更高的生产率和更低的劳动成本以及更多的商业机会。

（2）针对对象。B2B 主要是针对企业内部以及企业（B）与上下游协力厂商（B）之间的资讯整合，并在互联网上进行的企业与企业间的交易。借由企业内部网（Intranet）建构资讯流通的基础，及外部网络（Extranet）结合产业的上中下游厂商，达到供应链（SCM）的整合。因此透过 B2B 的商业模式，不仅可以简化企业内部资讯流通的成本，更可使企业与企业之间的交易流程更快速、更减少成本的耗损。

2.B2B2C 模式

所谓 B2B2C 是一种新的网络通信销售方式，是英文“Business to Business to Consumer”的简称。其中，第一个 B 指广义的卖方（即成品、半成品、材料提供商等）；第二个 B 指交易平台，即提供卖方与买方的联系平台，同时提供优质的附加服务；C 即指买方，卖方不仅仅是公司，也可以包括个人，即一种逻辑上的买卖关系中的卖方。

平台绝非简单的中介，而是提供高附加值服务的渠道机构，拥有客户管理、信息反馈、数据库管理、决策支持等功能的服务平台。买方同样是逻辑上的关系，可以是内部也可以是外部的。

B2B2C 定义包括了现存的 B2C 和 C2C 平台的商业模式，更加综合化，可以提供更优质的服务。

（三）C2C 模式

C2C 的意思就是个人与个人之间的电子商务。比如一个消费者有一台旧电脑，通过网络进行交易，把它出售给另外一个消费者，此种交易类型就称为 C2C 电子商务。

1. 消费者与消费者之间的电子商务

消费者与消费者之间的电子商务（Consumer to Consumer，即 C2C）。C2C 商务平台就是通过为买卖双方提供一个在线交易平台，使卖方可以主动提供商品上网拍卖，而买方可以自行选择商品进行竞价。其代表是 eBay、Taobao 电子商务模式。

2. 交易方式的多变性

C2C 是指消费者与消费者之间的互动交易行为，这种交易方式是多变的。例如消费者可同在某一竞标网站或拍卖网站中，共同在线上出价而由价高者得标，或由消费者自行在网络新闻论坛或 BBS 上张贴布告以出售二手货品，甚至是新品，诸如此类因消费者间的互动而完成的交易，就是 C2C 的交易。

3. 传统的 C2C 竞标模式

目前竞标拍卖已经成为决定稀有物价格最有效率的方法之一，举凡古董、名人物品、稀有邮票……只要需求面大于供给面的物品，就可以使用拍卖的模式决定最佳市场价格。拍卖会商品的价格因为欲购者的彼此相较而逐渐升高，最后由最想买到商品的买家用最高价买到商品，而卖家则以市场所能接受的最高价格卖掉商品，这就是传统的 C2C 竞标模式。

4. 竞标物品的多样化

C2C 竞标网站，竞标物品是多样化而毫无限制，商品提供者可能是邻家的小孩，也可能是顶尖跨国大企业；货品可能是自制的糕饼，也可能是毕加索的真迹名画。且 C2C 并不局限于物与货币的交易，在这虚拟的网站中，买卖双方可选择以物易物，或以人力资源交换商品。

例如一位家庭主妇已准备一桌筵席的服务，换取心理医生一节心灵澄静之旅，这就是参加网络竞标交易的魅力，网站经营者不负责物流，而是协助市场资讯的汇集，以及建立信用评等制度。买卖双方消费者看对眼，自行商量交货和付款方式，每个人都可以创造一笔惊奇的交易。

（四）B2M 模式

B2M 是相对于 B2B、B2C、C2C 的电子商务模式而言，是一种全新的电子商务模式。而这种电子商务相对于以上三种有着本质的不同，其根本的区别在于目标客户群的性质不同，前三者的目标客户群都是作为一种消费者的身份而出现，而 B2M 所针对的客户群是该企业或者该产品的销售者或者为其工作者，而不是最终消费者。

1.M2C 模式

M2C 的概念，M 是 media 的缩写，也就是媒介对消费者的购物模式。这是一种基于网上 B2C、C2C 基础之上的网上购物模式。首先，在这个模式上有两层 media 身份的参与者，一个是像“败物网”这样的媒介平台本身，另一个就是在上面发布自己的或帮助别人发布商品信息进行推广的人，这些商人也是一种媒介或者说经理人，其代表的是商品。这种模式的本质在于促进网上购物商品信息不对称的解决。

2.B2A 模式

B2A 商业模式：B2A 商业机构对行政机构 (Business–to–administrations) 的电子商务指的是企业与政府机构之间举行的电子商务活动。

例如，政府将采购的细节在国际互联网络上公布，通过网上竞价方式举行招标，企业也要通过电子的方式举行投标。

3.C2A 模式

消费者对行政机构的电子商务，指的是政府对个人的电子商务活动。这类的电子商务活动目前还没有真正形成。然而，在个别发达国家，如在澳大利亚，政府的税务机构已经通过指定私营税务，或财务会计事务所用电子方式来为个人报税。这类活动虽然还没有达到真正的报税电子化，但是，它已经具备了消费者对行政机构电子商务的雏形。

第二节　电子商务的技术特征

随着信息产业的发展，电子商务对世界经济产生了前所未有的影响。有人甚至把电子商务与200年前的工业革命相提并论，把它看成是知识经济时代信息技术对传统产业变革的重要环节。为此，各发达国家都把发展电子商务作为拓展全球市场，加快本国经济发展的重要手段，积极参与全球电子商务的应用、开发与合作，大力推进本国电子商务的发展。

一、电子商务的特点

（一）电子商务的功能

电子商务可提供网上交易和管理等全过程的服务，因此它具有广告宣传、咨询洽谈、网上订购、网上支付、电子账户、服务传递、意见征询、交易管理等各项功能。

1. 广告宣传

电子商务可凭借企业的Web服务器和客户的浏览器，在Internet上发布各类商业信息。客户可借助网上的检索工具（Search）迅速地找到所需商品信息，而商家可利用网上主页(Home Page)和电子邮件(E–mail)在全球范围内做广告宣传。与以往的各类广告相比，网上的广告成本最为低廉，而给顾客的信息量却最为丰富。

2. 咨询洽谈

电子商务可借助非实时的电子邮件(E–mail)、新闻组（News Group）和

实时的讨论组 (chat) 来了解市场和商品信息、洽谈交易事务，如有进一步的需求，还可用网上的白板会议 (Whiteboard Conference) 来交流即时的图形信息。网上的咨询和洽谈能超越人们面对面洽谈的限制、提供多种方便的异地交谈形式。

3. 网上订购

电子商务可借助 Web 中的邮件交互传送实现网上的订购。网上的订购通常都是在产品介绍的页面上提供十分友好的订购提示信息和订购交互格式框。当客户填完订购单后，通常系统会回复确认信息定单来保证订购信息的收悉。订购信息也可采用加密的方式使客户和商家的商业信息不会泄露。

4. 网上支付

电子商务要成为一个完整的过程。网上支付是重要的环节，客户和商家之间可采用信用卡账号进行支付。在网上直接采用电子支付手段将可省略交易中很多人员的开销。网上支付将需要更为可靠的信息传输、安全性控制以防止欺骗、窃听、冒用等非法行为。

5. 电子账户

网上的支付必须有电子金融来支持，即银行或信用卡公司及保险公司等金融单位为资金融通提供网上操作服务。而电子账户管理是其基本的组成部分。信用卡号或银行账号都是电子账户的一种标志。而其可信度需配以必要技术措施来保证，如数字证书、数字签名、加密等手段的应用提供了电子账户操作的安全性。

6. 服务传递

对于已付了款的客户，卖方应将其订购的货物尽快地传递到他们的手中。而有些货物在本地，有些货物在异地，电子邮件将能在网络中进行物流的调配。而最适合在网上直接传递的货物是信息产品，如软件、电子读物、信息服务等，它能直接从电子仓库中将货物发到用户端。

7. 意见征询

电子商务能十分方便地采用网页上的“选择”、“填空”等格式文件来收集用户对销售服务的反馈意见。这样使企业的市场运营能形成一个封闭的回路。客户的反馈意见不仅能提高售后服务的水平，更使企业获得改进产品、发现市场的商业机会。

8. 交易管理

整个交易的管理将涉及人、财、物多个方面，企业和企业、企业和客户及企业内部等各方面的协调和管理。因此，交易管理是涉及商务活动全过程的管理。电子商务的发展，将提供一个良好的交易管理的网络环境及多种多样的应用服务系统。这就保障了电子商务获得更广泛的应用。

（二）电子商务的应用特性

电子商务的特性可归结为以下几点：商务性、服务性、集成性、可扩展性、安全性、协调性。

1. 商务性

电子商务最基本的特性是商务性，即为网上购物者提供一种方便快捷的买卖交易的服务手段和机会。因而，电子商务对任何规模的企业而言，都是一种机遇。

（1）就商务性而言，电子商务可以扩展市场，增加客户数量；

（2）通过将万维网信息连至数据库，企业能记录下每次访问、销售、购买形式和购货动态以及客户对产品的偏爱，这样企业可以通过统计这些数据来获知客户最想购买的产品是什么。

2. 服务性

在电子商务环境中，客户不再受地域的限制，像以往那样，忠实地只做某家邻近商店的老主顾，他们也不再仅仅将目光集中在最低价格上。因而，服务质量在某种意义上成为商务活动的关键。

（1）技术创新带来新的结果。万维网应用使得企业能自动处理商务过程，并不再像以往那样强调公司内部的分工。现在 Internet 上许多企业都能为客户提供完整服务，而万维网在这种服务中充当了催化剂的角色。企业通过将客户服务过程移至万维网上，使客户能以一种比过去简捷的方式完成过去他们较为费事才能获得的服务。

（2）方便的特性。如将资金从一个存款户头移至一个支票户头、查看一张信用卡的收支、记录发货请求，乃至搜寻购买稀有产品，这些都可以足不出户而实时完成。显而易见，电子商务提供的客户服务具有一个明显的特性：方便。这不仅对客户来说如此，对于企业而言，同样也能受益。在国外大银行，通过电子商务，客户能全天候地存取资金，快速地阅览诸如押金利率、贷款过程等信息，从而使服务质量大为提高。

3. 集成性

电子商务是一种新兴产业，其中用到了大量新技术，但并不是说新技术的出现就必须导致老设备的死亡。万维网的真实商业价值在于协调新老技术，使用户能更加行之有效地利用他们已有的资源和技术，更加有效地完成他们的任务。电子商务的集成性，还在于事务处理的整体性和统一性，它能规范事务处理的工作流程，将人工操作和信息处理集成为一个不可分割的整体。这样不仅能提高人力和物力的利用率，也提高了系统运行的严密性。

4. 可扩展性

要使电子商务正常运作，必须确保其可扩展性。万维网上有数以百万计的用户在传输过程中，时不时地出现高峰状况。倘若一家企业原来设计每天可受理 40 万人次访问，而事实上却有 80 万，就必须尽快配有一台扩展的服务器，否则客户访问速度将急剧下降，甚至还会拒绝数千次可能带来丰厚利润的客户来访。

（1）可扩展的系统。对于电子商务来说，可扩展的系统才是稳定的系统。如果在出现高峰状况时能及时扩展，就可使得系统阻塞的可能性大为下降。电子商务中，耗时仅 2 分钟的重新启动也可能导致大量客户流失，因而可扩展性可谓极其重要。

（2）电子商务的可扩展性。日本长野冬奥会的官方万维网结点的使用率是有史以来基于 Internet 应用中最高的，短短的 16 天，该结点就接受了将近六亿五千万次访问。全球体育迷将数以百万计的信息直接通过体育迷电子邮件结点发给运动员，而与此同时，成交了 600 多万笔交易。这些惊人的数字说明，随着技术的日新月异，电子商务的可扩展性将不会成为瓶颈所在。

5. 安全性

对于客户而言，无论网上的物品如何具有吸引力，如果他们对交易安全性缺乏把握，他们根本就不敢在网上进行买卖，企业和企业间的交易更是如此。在电子商务中，安全性是必须考虑的核心问题。

（1）安全解决方案。欺骗、窃听、病毒和非法入侵都在威胁着电子商务，因此要求网络能提供一种端到端的安全解决方案，包括加密机制、签名机制、分布式安全管理、存取控制、防火墙、安全万维网服务器、防病毒保护等。

（2）安全电子交易。为了帮助企业创建和实现这些方案，国际上多家公司联合开展了安全电子交易的技术标准和方案研究，并发表了 SET（安全电子交易）和 SSL（安全套接层）等协议标准，使企业能建立一种安全的电子商务环境。随着技术的发展，电子商务的安全性也会相应得以增强，并作为电子商务的核心技术。

6. 协调性

商务活动是一种协调过程，它需要雇员和客户，生产方、供货方以及商务伙伴间的协调。为了提高效率，许多组织都提供了交互式的协议，电子商务活动可以在这些协议的基础上进行。

（1）传统的电子商务解决方案。传统的电子商务解决方案能加强公司内部相互作用，电子邮件就是其中一种，但那只是协调员工合作的一小部分功能。利用万维网将供货方连接到客户订单处理，并通过一个供货渠道加以处理，这样公司就节省了时间，消除了纸张文件带来的麻烦并提高了效率。

（2）电子商务的迅捷简便性。电子商务是迅捷简便的、具有友好界面的用户信息反馈工具，决策者们能够通过它获得高价值的商业情报、辨别隐藏的商业关系和把握未来的趋势。因而，他们可以做出更有创造性、更具战略性的决策。

二、电子商务的发展状况

电子商务萌芽于 20 世纪 70 年代，当时一些大公司通过建立自己的计算机网络实现各个机构之间、商业伙伴之间的信息共享，这个过程被称为EDI（电子数据交换）它是第一个关于电子商务标准，是电子商务技术的一大突破。

（一）电子商务的技术基础

EDI 通过传递标准的数据流可以避免人为的失误、降低成本、提高效率，现在世界上 1000 个最大的企业中，99% 以上都在使用这一技术。到目前为止，它仍然是电子商务的技术基础。但是，起初它并不是针对普通用户和小型公司而制定的，而只有少数大公司才能支付得起 EDI 昂贵的费用。

今天，随着互联网技术的广泛采用，EDI 技术已经摆脱了昂贵的公司独立网络，融于 Internet；更多的企业和企业之间的商务活动干脆直接采用 WEB 技术来进行。这样电子商务才得以平民化，普通消费用户和中小型企业可以通过互联网进行商品的销售和消费。

（二）世界电子商务的发展

1. 电子商务是经济全球化和产业信息化的必然结果

面对“网络经济”时代带来的机遇，谁也不想与之擦肩而过。为了在 21 世纪全球经济一体化进程中，获得战略性竞争优势，发达国家想方设法发展电子商务，操控电子商务，使“EC”成为他们在 21 世纪控制世界经济、进入别国市场的利器。尽管股市里电子商务概念的股票日趋走熊，但全世界电子商务的发展速度大大超出了人们的预料。美国调查公司 IDC 公司最近发表一份研究报告称，根据其对 27 个国家 1.5 万个拥有信息技术部门的地区进行的调查统计，2011 年全球基于互联网的电子商务销售额比 2010 年增长一倍。

全球有 1/4 以上的公司表示要在一年内加入在线交易行列。

2. 据权威的 Gartner Group 的预测

未来 5 年内全球网上交易市场的交易总额可高达 7 万亿美元。根据 IDG 电子商务研究中心预测，全世界电子商务交易额将达到 28000 亿美元，亚洲电子商务达到 84 亿美元，每年以超过 2 倍的速度增长。

可见，电子商务在世界经济中扮演着越来越重要的角色，发展电子商务已经不仅仅是一个基础经济和商务模式划分的问题，而是关系到经济结构调整和社会转型，关系到一个国家生存与发展的大问题。

（三）我国电子商务的发展状况

1. 高速发展的基本态势

最近几年世界主要国家和地区的电子商务无论在规模上还是在数量上都实现了高速发展的基本态势。例如美国的电子商务发展，无论是从专业化程度还是电子商务相关产业开发方面都在世界范围内代表着先进水平。我国电子商务起步较晚，但是庞大的消费群体和成熟的互联网技术正在成为我国电子商务爆发式增长的最强动力。

2. 呈现加速度态势

据信息产业部统计数据显示，截至 2011 年 6 月，我国网民规模已经突破 4.95 亿，相比 2010 年增长了 1000 万人。短短一年内竟有如此神速的增长，这充分说明互联网对人们生产生活的影响正在逐步深化并呈现加速度态势。而且移动互联网的使用者已经达到 3.18 亿，移动互联网的出现和普及更是给电子商务的发展又插上了一双强大的翅膀。2011 年第一季度电子商务的成交量就达到 1934 亿元，当年上半年交易总额为 3707 亿元，同比增长 47%。巨大的市场发展前景吸引了大批投资者纷纷转向电子商务领域，同时电子商务网站之间的竞争也越来越激烈，如淘宝、京东、天猫、1 号店、唯品会等专业程度更高的电子商务网站在争夺消费者方面都拿出了自己的看家本领。

三、电子商务发展需要解决的问题

（一）电子商务必须更加安全可靠

安全问题是制约电子商务发展的最重要的因素之一。在开放的网络上处理交易，如何保证传输数据的安全是电子商务能否普及首先要考虑的问题。保证电子商务安全的方法主要有以下五种。

1. 密码技术

采用密码技术对信息加密，是最常用的安全交易手段。在电子商务中获得广泛应用的加密技术有：

（1）公共密钥和私用密钥法（public key and private key）。这一加密方法亦称为 RSA 编码法，是由 Rivest、Shamir 和 Adlernan 三人所研究发明的。它利用两个很大的质数相乘所产生的乘积来加密。这两个质数无论哪一个先与原文件编码相乘，对文件加密，均可由另一个质数再相乘来解密。但要用一个质数来求出另一个质数，则是十分困难的。因此将这一对质数称为密钥对 (Key Pair)。在加密应用时，某个用户总是将一个密钥公开，让须发信的人员将信息用其公共密钥加密后发给该用户，而一旦信息加密后，只有该用户一个人知道的私用密钥才能解密。具有数字证书身份的人员的公共密钥可在网上查到，亦可在请对方发信息时将公共密钥传给对方，这样保证在 Internet 上转输信息的保密和安全。

（2）数字摘要法 (digital digest)。这一加密方法亦称安全 Hash 编码法。该编码法采用单向 Hash 函数将需加密的明文“摘要”成一串 128bit 的密文，这一串密文亦称为数字指纹 (Finger Print)，它有固定的长度，且不同的明文摘要成密文，其结果总是不同的，而同样的明文其摘要必定一致，这样这串摘要便可成为验证明文是否是“真身”的“指纹”了。上述两种方法可结合起来使用。

2. 数字签名

数字签名并非用“手书签名”类型的图型标志，它采用了双重加密的方法来实现防伪、防骗。其原理为：

（1）发送文件用 SHA 编码加密产生 128BIT 的数字摘要；

（2）发送方用自己的私用密钥对摘要再加密，这就形成了数字签名；

（3）将原文和加密的摘要同时传给对方；

（4）对方用发送方的公共密钥对摘要解密，同时对收到的文件用 SHA 编码加密产生又一摘要；

（5）将解密后的摘要和收到的文件在接收方重新加密产生的摘要相互对比。如两者一致，则说明传送过程中信息没有被破坏或篡改过，否则不然。

3. 数字时间戳

数字时间戳服务（DTS）是网上安全服务项目，由专门的机构提供。时间戳 (time-stamp) 是一个经加密后形成的凭证文档，它包括三个部分：

（1）加时间戳的文件的摘要 (digest)；

（2）DTS 收到文件的日期和时间；

（3）DTS 的数字签名。

时间戳产生的过程为：

（1）用户将需要加时间戳的文件用 HASH 编码加密形成摘要；

（2）将该摘要发送到 DTS，DTS 在加入了收到文件摘要的日期和时间信息后再对该文件加密（数字签名），然后送回用户；

（3）数字时间戳是由认证单位 DTS 来加的，以 DTS 收到文件的时间为依据。因此，时间戳也可作为科学家的科学发明文献的时间认证。

4. 数字证书

数字证书是用电子手段来证实一个用户的身份和对网络资源的访问的权限。在网上的电子交易中，如双方出示了各自的数字证书，并用它来进行交易操作，那么双方都可不必为对方身份的真伪担心。数字证书可用于电子邮件、电子商务、电子基金转移等各种用途。

5. 认证中心

在电子交易中，无论是数字时间戳服务（DTS）还是数字证书 (Digital ID) 的发放，都不是靠交易的双方自己能完成的，而需要有一个具有权威性和公正性的第三方来完成。

（1）主要任务。认证中心 (CA) 就是承担网上安全电子交易认证服务，能签发数字证书，并能确认用户身份的服务机构。认证中心通常是企业性的服务机构，主要任务是受理数字证书的申请、签发及对数字证书的管理。

（2）认证操作规定。认证中心依据认证操作规定 (CPS：Certification Practice Statement) 来实施服务操作。

上述五种手段常常结合在一起使用，从而构成安全电子交易的体系。目前，包括密码技术、防火墙技术、认证技术、留痕技术等与计算机和电子商务技术共同发展，为电子商务的发展提供了强大的技术支持。与此同时，加密与反加密技术同时发展，特别是一些不法之徒利用现代科学技术，对电子商务的正常运行构成了巨大的威胁，它是当前电子商务发展的大敌，我们必须加大电子商务安全的研究。

（二）人才的培养必须进一步加快

加强电子商务的人才培养，是我们发展电子商务、适应历史潮流的根本所在。根据电子商务发达国家的经验，一个高级的电子商务人才应掌握以下几种基础知识：网上商务策划、网络营销、客户关系管理、售后服务、安全、隐私权、合法的文件签署以及相关的网络技术和程序设计。根据国家工商局的统计，目前我国登记在册的企业已有 870 万家，其中大中型企业就有 10 万多家，以每家大中型企业需要引进一名电子商务人才计算，就需要 10 万名专业人才，可见我国企业对电子商务人才的潜在需求是极其巨大的。

目前，我们在发展电子商务所面对的诸多问题中，解决人才培养问题是最根本、最紧迫的任务。

1. 国外电子商务人才培养现状

目前，在美国，各大著名院校的计算机学院都开设了电子商务研究方向、专题课程。联合计算机方面和管理类的师资力量共同开设该课程。其中美国著名的卡耐基梅隆大学在 1998 年，由工业管理研究院和计算机学院联合创建了电子商务学院，1999 年宣布设立世界上第一个电子商务硕士学位（Master of E – Commmerce）。该校电子商务专业主任 Michael Shamos 教授说“如果要经营网上商务，就需要了解许多商务知识；同时还需要懂得许多技术方面的知识。否则，你可能需要雇用太多的技术人员，你自己无法制定明智的采购计划，对建立网络一无所知，为别人所左右。”该校的电子商务专业对经济管理和技术课程采取并重的态度，力图使毕业生能成为未来企业中电子商务应用方面合格的经理人、规划人、分析家和编程人员。其教学内容涵盖了各种商务模式（如 B to B、B to C、C to C），具体涉及电子化市场研究、电子目录、网站管理、自动化撮合、安全电子支付、分布式交易处理、订单执行、客户满意度、数据挖掘与分析等等。

2. 国内电子商务人才培养现状

在中国，电子商务从第一笔交易到现在才经历了六年的应用与发展，目前正在走向以企业为主体的发展方向，电子商务人才定位与培养成为发展电子商务的重要课题。作为一个新兴领域，在电子商务从概念、理论到应用等各个方面都还不太成熟的情况下，给电子商务人才定位与培养带来了传统领域人才培养所不具有的一些特殊的问题和困难。

（1）缺少电子商务的运作模拟环境 。从目前我国的教学情况来看，我们着重在理论上阐述电子商务的实施与运作，而缺少电子商务的运作模拟环境。针对这种问题，国内一些高校已经陆续开发出一批电子商务模拟软件，但至今尚未推广应用。北方交通大学电子商务中心开发的电子商务模拟软件，可以完整地模拟 B to C 和 B to B 的整个交易过程，学生可以选择消费者、商场经营者、产品供应商、运输配送企业、认证中心或银行等角色进行模拟。

模拟环境的建立，对于电子商务的人才培养意义重大，不仅可以在学校安装使用，也可以用于各种培训中心和电子商务的专用网站上。

（2）高校（开设）电子商务课程处于试验阶段 。目前虽然许多高校都开设了电子商务课程，有的学校还专门成立了电子商务学院，开设了电子商务学科，但这些都还处于试验阶段，与社会的需求相差很远。因此，在高校开设电子商务专业，既是培养21世纪创新型人才的需要，也适应了网络经济时代对复合型人才的需求。

总之，电子商务以前所未有的速度创造着新的商务环境，可以相信，作为一种全新的商业模式，电子商务将会成为各国经济发展的增长动力，也将使各国的生产、管理、政府职能和法律制度等产生一系列的巨大变革，这无论对政府、企业、还是个人，都将带来新的机遇和挑战。

第三节　电子商务的特点

一、电子商务的特点

（一）电子商务的优点

与传统商务形式相比，电子商务有以下几个优点。

1. 市场全球化

凡是能够上网的人，无论是在南非上网还是在北美上网，都将被包容在一个市场中，有可能成为上网企业的客户。

2. 交易快捷化

电子商务能在世界各地瞬间完成传递与计算机自动处理，而且无需人员干预，加快了交易速度。

3. 交易虚拟化

通过以互联网为代表的计算机互联网络进行的贸易，双方从开始洽谈、签约到订货、支付等，无须当面进行，均通过计算机互联网络完成，整个交易完全虚拟化。

4. 成本低廉化

由于通过网络进行商务活动，信息成本低，足不出户，可节省交通费，且减少了中介费用，因此整个活动成本大大降低。

5. 交易透明化

电子商务中的双方的洽谈、签约，以及货款的支付、交货的通知等整个交易过程都在电子屏幕上显示，因此显得比较透明。

6. 交易标准化

电子商务的操作要求按统一的标准进行。

7. 交易连续化

国际互联网的网页，可以实现 24 小时的服务。任何人都可以在任何时候向网上企业查询信息，寻找问题的答案。企业的网址成为永久性的地址，为全球的用户提供不间断的信息源。

（二）电子商务发展中的问题

电子商务在发展的过程中将会遇到下列一些问题。

1. 网络自身有局限性

有一位消费者在网上订购了一新款女式背包，虽然质量不错，但怎么看款式都没有网上那个中意。许多消费者都反映实际得到的商品不是在网上看中的商品。这是怎么回事呢？其实在把一件立体的实物缩小许多变成平面的画片的过程中，商品本身的一些基本信息会丢失；输入电脑的只是人为选择商品的部分信息，人们无法从网上得到商品的全部信息，尤其是无法得到对商品的最鲜明的直观印象。

2. 搜索功能不够完善

当在网上购物时，用户面临的一个很大的问题就是如何在众多中网站找到自己想要的物品，并以最低的价格买到。搜索引擎看起来很简单：用户输入一个查询关键词，搜索引擎就按照关键词到数据库去查找，并返回最合适的 Web 页链接。但根据 NEC 研究所与 Inktomi 公司最近研究结果表明，目前在互联网上至少 10 亿网页需要建立索引，而现有搜索引擎仅仅能对 5 亿网页建立索引，仍然有一半不能索引。这主要不是由于技术原因，而是由于在线商家希望保护商品价格的隐私权。因此当用户在网上购物时，不得不一个网站接着一个网站搜寻下去，直到找到满意价格的物品。

3. 用户消费观念跟不上

电子商务与传统商务方式一个很大的不同是交易的当事人不见面，交易的虚拟性强，这就要求整个社会的信用环境要好，信用消费的观念要深入人心。西方国家的电子商务发展势头比较好，一个重要的原因是西方的市场秩序比较好，信用制度比较健全，信用消费观念已被人们普遍接受。然而在我国，一方面人们信用消费的意识非常薄弱，信用卡的使用远没有普及；另一方面，人们到商场还怕买到假冒伪劣产品，更何况是在不知道离自己多远的网上。

4. 交易的安全性得不到保障

电子商务的安全问题仍然是影响电子商务发展的主要因素。由于 Internet 的迅速流行，电子商务引起了广泛的注意，被公认为是未来 IT 行业最有潜力的新的增长点。然而，在开放的网络上处理交易，如何保证传输数据的安全成为电子商务能否普及的最重要的因素之一。调查公司曾对电子商务的应用前景进行过在线调查，当问到为什么不愿意在线购物时，绝大多数的人的问题是担心遭到黑客的侵袭而导致信用卡信息丢失。因此，有一部分人或企业因担心安全问题而不愿使用电子商务，安全成为电子商务发展中最大的障碍。

5. 电子商务的管理还不够规范

电子商务的多姿多彩给世界带来全新的商务规则和方式，这更加要求在管理上要做到规范，这个管理的概念应该涵盖商务管理、技术管理、服务管理等多方面，因此要同时在这些方面达到一个比较令人满意的规范程度，不是一时半会儿就可以做到的。另外电子商务平台的前后端相一致也是非常重要的，前台的 Web 平台是直接面向消费者的，是电子商务的门面。而后台的内部经营管理体系则是完成电子商务的必备条件，它关系到前台所承接的业务最终能不能得到很好的实现。一个完善的后台系统更能体现一个电子商务公司的综合实力，因为它将最终决定提供给用户的是什么样的服务，决定电子商务的管理是不是有效，决定电子商务公司最终能不能实现营利。

6. 税务问题

税务（包括关税和税收）是一个国家重要的财政来源。由于电子商务的交易活动是在没有固定场所的国际信息网络环境下进行，造成国家难以控制和收取电子商务的税金。

7. 标准问题

各国的国情不同，电子商务的交易方式和手段当然也存在某些差异，而且我们要面对无国界、全球性的贸易活动，因此需要在电子商务交易活动中建立相关的、统一的国际性标准，以解决电子商务活动的互操作问题。中国电子商务目前的问题是概念不清，搞电子的搞商务、搞商务的搞电子，呈现一种离散、无序、局部的状态。

8. 支付问题

由于金融手段落后、信用制度不健全，中国人更喜欢现金交易，没有使用信用卡的习惯。而在美国，现金交易较少，国民购物基本上采用信用卡支付，而且国家出于金融、税收、治安等方面的原因，也鼓励使用信用卡以减少现金的流通。完善的金融制度，方便、可靠、安全的支付手段是 B to C 电子商务发展的基本条件。不难看出，影响我国电子商务发展的不单是网络带宽的狭窄、上网费用的昂贵、人才的不足以及配送的滞后，更重要的原因来自于信用制度不健全与人们的生活习惯。

9. 配送问题

配送是让商家和消费者都很伤脑筋的问题。网上消费者经常遇到交货延迟的现象，而且配送的费用很高。业内人士指出，我国国内缺乏系统化、专业化、全国性的货物配送企业，配送销售组织没有形成一套高效、完备的配送管理系统，这毫无疑问地影响了人们的购物热情。

10. 知识产权问题

在由电子商务引起的法律问题中，保护知识产权问题又首当其冲。由于计算机网络上承载的是数字化形式的信息，因而在知识产权领域（专利、商标、版权和商业秘密等）中，版权保护的问题尤为突出。

11. 电子合同的法律问题

在电子商务中，传统商务交易中所采取的书面合同已经不适用了。一方面，电子合同存在容易编造、难以证明其真实性和有效性的问题；另一方面，现有的法律尚未对电子合同的数字化印章和签名的法律效力进行规范。另外，对参与交易的各方面的权利和义务还没有进行明确细致的规定。

12. 电子证据的认定

信息网络中的信息具有不稳定性或易变性，这就造成了信息网络发生侵权行为时，锁定侵权证据或者获取侵权证据难度极大，对解决侵权纠纷带来了较大的障碍。如何保证在网络环境下的信息的稳定性、真实性和有效性，是有效解决电子商务中侵权纠纷的重要因素。

13. 其他细节问题

最后就是一些不规范的细节问题，例如目前网上商品价格参差不齐，主要成交类别商品价格最大相差 40%；网上商店服务的地域差异大；在线购物发票问题大；网上商店对订单回应速度参差不齐。

（三）电子商务的特征

1. 电子化

以 Internet 为基础，以现代信息技术服务为支撑体系。这是 EB 区别于传统商务的最根本的特点。

2. 虚拟性

EB 的运作空间——电子虚拟市场。

3. 全球性

EB 的市场范围——全球市场。

4. 高渗透性

EB 的渗透范围——全社会参与。

5. 注意力经济

定义——以网络为基础的新经济。

二、电子商务的影响

（一）EB 不断渗透和影响社会生活的各个方面

包括政府、企业、个人、政治、经济、文化。

（1）推动电子政务的发展；

（2）推动信息产业发展和部门的信息化；

（3）推动网络金融业的发展；

（4）改变企业经营理念与组织形式，提高效率并带来新机会；

（5）促进社会分工和新行业（职业）产生（如网游代理、小企业网站及个人宣传代理，电子商务配送快递等）；

（6）改变人们学习、生活、工作方式，甚至思维方式。

（二）电子商务为社会带来效益

（1）全社会的增值：贸易范围扩大、贸易成本降低、就业增加、有利于环保和缓解交通压力。

（2）促进知识经济的发展：信息产业是知识经济的核心和主要的推动力，

电子商务是信息产业中最具前途的应用。

（3）带动新行业的出现：物流配送服务、认证服务、网络银行等。

（三）电子商务对工业企业运营和管理方式的影响

1. 电子商务对工业企业运营的影响

（1）降低企业采购成本；

（2）减少库存；

（3）缩短生产周期；

（4）增加商业机会。

2. 电子商务对工业企业管理方式的影响

（1）电子商务改变竞争方式；

（2）电子商务改变企业竞争基础；

（3）电子商务改变企业竞争形象；

（4）电子商务改变企业内部结构。

（四）电子商务的电子化意义

首先，从开展电子商务的电子化意义上讲，主要表现在以下几方面。

构建了一个虚拟的全球性市场；创建了新型商务模式；改变了经营思想；提高企业运作效率；推动信息产业发展和部门的信息化；有利于重塑市场主体。 从电子商务给社会经济带来的影响看，将会带来以下几方面的改变。

（1）电子商务将改变商务活动的方式；

（2）电子商务将改变人们的消费方式；

（3）电子商务将改变企业的生产方式；

（4）电子商务将对传统行业带来一场革命；

（5）电子商务将带来一个全新的金融业；

（6）电子商务将转变政府的行为。

三、电子商务平台及其商务模式的特点

（一）B2C 模式主要企业

（1）凡客诚品；

（2）国美在线；

（3）亚马逊中国；

（4）当当网；

（5）唯品会。

（二）B2C 模式主要特点

（1）降低消费者的购买成本一。消费者为了购一件自己想要的商品，不用花时间跑遍所有的商城。

（2）商品不受区域限制。网络商店没有区域界限，只要能上网，世界各地的消费都可以成为你的客户。同理，只要上网，你就可以买到世界各地的商品。

（3）降低消费者的购买成本。由于卖家在网上开店，不需要大量的资金投入，不用租赁门面，不用交纳国家税收，因此降低了开店成本，同理降低了商品的成本，所以也就降低了商品的售价，这样消费者在网络上购买的商品通常会比实体店购买便宜。

（4）可以对所有同类商品进行比价（给消费者带来实惠）。只要是网络上存在的所有商品，我们就可以进行清晰地比价，一个鼠标动作就可以列出所有的相同商品，同时进行价格排列，让你在最短时间内找到你想要商品的最低售价。

（三）C2C 模式主要企业

（1）淘宝；

（2）衣联网；

（3）福步网；

（4）天猫；

（5）京东商城。

（四）C2C 模式主要特点：

1. 辅助性。C2C 电子商务对于人类的日常活动来说，是一种互换有无、互相方便的一种买卖关系，对人类正常购买行为的辅助。

2. 节约性。C2C 电子商务的节约性体现在对生活资源的节约上，真正的 C2C 交易主要应该是二手商品，对二手商品的再次利用本身就是对地球资源的节约，是人类当前无当消费模式的一种矫正，当然，信息搜寻成本的节约，买卖过程的节约也是 C2C 节约性的体现。

3. 繁杂性。无论 C2C 中消费者的信息，还是 C2C 上海量的虚拟商品信息以及少量的消费者的言论评价信息，都说明了 C2C 的繁杂性，另外，C2C 交易形式的随意性和多元性也是 C2C 繁杂性的体现。

4. 创造性。C2C 电子商务模式不是专业化的模式，是广大消费者具有创意的交易形式，在 C2C 交易中，网络消费者可以选择复古朴拙的物物交换，也可以选择普通的议价交换，也可以选择刺激的拍卖方式，网络消费者完全可以选择任意一种交易方式，当然，网络消费者之间还可以创造出新的交易形式。

（五）C2B 模式主要企业

（1）海比网；

（2）携程；

（3）去哪儿；

（4）响应网；

（5）葫芦网。

（六）C2B 主要特点

（1）更具革命性，它将商品的主导权和先发权，由厂商身上交给了消费者。

（2）强调用“汇聚需求 (demand aggregator)”，取代传统“汇聚供应商”的购物中心形态，被视为是一种接近完美的交易形式。

（3）充分利用 Internet 的特点，把分散的消费者及其购买需求聚合起来，形成类似于集团购买的大订单。在采购过程中，以数量优势同厂商进行价格谈判，争取最优惠的折扣。个体消费者可享受到以批发商价格购买单件商品的实际利益，从而增加了其参与感与成就感。

（七）O2O 模式主要企业

（1）美团；

（2）聚划算；

（3）嘀嗒团；

（4）百度糯米；

（5）吃喝玩乐。

（八）O2O 主要特点

（1）与 BTC 商业模式的比较。BTB、BTC、CTC 商业模式是通过网上订购 + 物流给消费者送去从网上购买的商品，却送不去服务的体验——我们生活中许多商品和服务必须到店消费。

（2）团购开创了一个 OTO 的商业模式。传统的电子商务模式，无论 BTC，还是 CTC，共性是商家和消费者都必须开辟一个新的空间，从线下到线上，这个新空间需要培育，而团购不需要创造新的空间，只是线下线上的对接，它可以满足商家的销售需求和用户的购买需求。团购将线下商家带到线上，薄利多销，成本低，效益大。

第四节　当代电子商务

一、发展电子商务发展的优势

电子商务是利用现有的计算机硬件设备、软件设备和网络基础设施，通过一定的协议连接起来的网络环境进行各种商务活动的方式。电子商务作为一种新型的营销方式，具有强大的生命力和远大的发展前景。

（一）其优势主要表现在两个方面

1. 对企业而言

电子商务能给企业带来巨大的商机，节约成本，增加收入，提升知名度，平等参与市场竞争，体现为：

（1）改变了市场的结构。电子商务减少了产品销售的中间环节，改变了市场的结构。传统的产品销售环节通常要经过厂商—批发商—零售商—顾客，电子商务的出现则省略了产品销售的中间环节，加强厂商与顾客的沟通交流，厂商能够根据顾客需求提供个性化定制服务，同时节省经营管理成本。

（2）提供巨大的潜在顾客群。电子商务在时空上扩展了企业的销售，为企业提供巨大的潜在顾客群，给企业带来了无限的发展机会。传统的产品销售受限于时空，营销的群体受到限制。电子商务克服了时空的限制，通过网站，最大限度地向外介绍自己的产品和服务，营销的群体来自世界各地，客人可以提前预定几天，甚至几年的产品，为打开客源市场，吸引潜在客户，保障产品销售搭建了重要的平台。

（3）节省了企业的营销费用。电子商务大大节省了企业的营销费用，提高了企业的营销效率，与传统的电视广告、广播、报刊、杂志、宣传单等营销方式相比，电子商务是通过网站宣传、网络交易、提供自助预订服务等方式营销，无须店铺租金成本，受众面广，价格低廉，营销效率高，商业机会大。

（4）为虚拟企业和商铺的出现创造了条件。电子商务为虚拟企业和商铺的出现创造了条件。团购公司、淘宝网店等一系列虚拟企业和店铺的涌现，不仅活跃和延伸了现实的市场，刺激消费，繁荣市场经济，更是为社会提供了很多就业机会，缓解了就业压力，使很多企业和个人找到了致富的路子，受到了政府的支持和人们的欢迎。

（5）有利于塑造企业形象。电子商务有利于塑造企业形象，提升企业的知名度，同时为中小企业跻身国际市场创造了一个自由平等的竞争环境和更为广泛的合作空间。企业通过网络营销，将企业的优质的产品和服务介绍给客人，形成良好的口碑，积累知名度。同时打破了国际市场的准入瓶颈，使得各种规模的企业都能够共享国际和国内两个市场，并根据企业情况实现战略联合，共同推进网络营销，增强竞争力。

2. 对消费者而言

电子商务的应用使人们对商品的选择范围扩大，能够根据自身的需求定制产品，交易便捷，足不出户就可以买到物美价廉的产品。

（1）提供大量的产品信息。电子商务为消费者提供大量的产品信息，突破时空限制，方便顾客收集、比较、购买。淘宝网、当当网、携程网等电子商务网站为消费者提供各类产品信息，通过品种、价格等因素的筛选，使消费者可以从中购买自己满意的产品，并通过网上银行实现交易。消费者可以远距离、提前预订自己需要的产品，不受时空限制。

（2）满足自身的需要。消费者可以根据自身的需求定制产品，最大限度地满足自身的需要。现在一些企业的网站能够根据消费者的需要为消费者量身打造产品。如戴尔电脑公司的网站，客户可自主选择电脑配置，公司根据客户的网络订单定制产品。

（3）实现购买、付款、配送的全程服务。电子商务可以实现购买、付款、配送的全程服务，消费者足不出户就可以买到物美价廉的产品。消费者在电脑前挑选自己需要的产品，点击购买，通过网上银行支付，商家就会送货上门。如果对所购产品不满意，可以换货和退货，中间商会将商品货款退还消费者，节约了消费者的精力和购物时间。同时，由于网络营销成本大大降低，商家会给出优惠的价钱和折扣，消费者能够从中得到实惠。

（二）电子商务的存在意义

1. 电子商务改变商务活动的方式

传统企业把电子商务当作一种手段来看待，借助互联网进行网上市场营销、产品销售以及投入品采购与其他要素的配置。这种手段离不开企业本身和他们制造的产品，它是企业经营方式的一种延伸、一种创新。他们看重网站点击率，但更看重网站交易率。追求产品市场赢利和企业整体竞争优势是传统企业实施电子商务的出发点。

（1）有效产出增大和成本降低。企业乃至整个行业采用电子商务作为产品的直销手段，就可以消除流通的中间环节，把交易成本降低到可以忽略为零的程度。企业还可以使用电子商务作为生产过程中的要素配置手段和市场营销手段，从网上原料采购、网上人才招聘、网上技术引进、网上融资、网上市场营销等几个方面来降低生产成本。由于生产成本的降低会使边际成本的上升变得缓慢，所以，企业的有效产出将增大，进而行业的有效产出将增大，价格将下降。

（2）提高社会物资财富和福利水平。企业采用电子商务可以基本上消除交易成本，并从几个方面来降低生产成本，它实际是降低了企业成本中的可变部分。从整个行业看，行业的可变成本和价格得到了下降，产出得到了增加，则消费者剩余会得到增加，并且生产者剩余与消费者剩余之和也会得到增加。由于商品有效产出的增加意味着社会物资财富水平的提高，生产者剩余与消费者剩余的增加意味着社会福利水平的提高，所以，电子商务带来了社会物资财富水平和社会福利水平的提高。

（3）优化社会资源配置。由于一个行业的所有企业不可能同时采用电子商务，所以，那些率先使用电子商务的企业会有价格上的优势、产量上的优势、规模扩张上的优势、市场占有上的优势和规则制定上的优势，而那些后来使用者或不使用者的平均成本则有可能高于行业的平均成本。这样，社会的资金、人力和物力等资源会通过市场机制和电子商务的共同作用，从成本高的企业向成本低的企业流动，从利用率低的企业向利用率高的企业流动，从亏损的企业向营利的企业流动，从而使社会资源得到更合理和更优化的配置。

2. 电子商务改变企业经营管理的理念

电子商务的引进正在产生一种意义深远的变革，它真正的价值在于改变传统经济用数量拼质量的缺憾。企业内部的信息共享，工作流程管理，资金调度管理等商务活动是推广电子商务的基础。

（1）企业内部的业务整合；

（2）企业供需链的整合。企业之间的竞争已经演变成彼此管理模式和供需链的较量。整个生产过程，无论在企业的内部，还是在企业对企业、企业对客户的交易的各个环节，同样也要求尽可能减少物流、工作流、增殖流、资金流等所有中间环节。

（三）电子商务时代企业经营理念的核心

1. 全球化观念

不管企业需不需要，市场的全球化意味着竞争的全球化，在企业没有涉足的市场，有着全球化的竞争；在企业已有的市场，也必然会面临着来自全球各个角落的竞争者的威胁。如果有一天，你的客户变成了一家美国或南非公司的客户，你应该不要太惊讶，重要的是，你应该知道，你也可以通过电子商务很好地为美国或南非的客户服务。

2. 协作观念

电子商务时代的企业，竞争者与合作者均因市场全球化而成百倍、千倍地增加。（在此之前，因时空的限制，众多的竞争者或合作者处于一定的地域阻隔之外，对企业的经营没有太多的影响。）企业必须提供比竞争者更多更好的产品和服务，更多更好的供应商和经销商的同时出现使得企业有可能做到这一点。通过与更好的供应商与经销商的协作，企业才能应对来自更多更好的竞争者的威胁。紧密协作是电子商务时代企业经营的基本特征之一。

3. 个性化服务观念

最终消费者有个性消费的需求，这种需求通过电子商务网络可以有效充分地表达。那些能够响应个性化消费的需要，提供个性化产品、服务的企业，才有在电子商务时代的立身之本。幸运的是，电子商务提供了企业协调全球优势资源满足这种需要的手段。

4. 电子消费观念

这一点是与我们生活大众关系最为密切的。其实这也是电子商务对于前两项冲击所导致的必然结果。销售方式的变化对生产经营方式产生直接的影响。网络营销的出现正是顺应了这一潮流。在一些生产流通领域，传统的批量进货、批量生产、规模经营方式将面临挑战。

（1）定制符合特定需求的产品。一些网上公司已经开始按照消费者上网购物的具体要求，为其向制造商订制符合特定需求的产品，这一方面是由于网上购物为现代社会消费时尚的个性化进一步提供了便利，以消费者为主体的分散式订单生产，呼唤柔性生产技术的出现以及在生产中的普遍应用。

（2）劳动力成本的作用降低。由于电子商务的应用，制造业竞争中劳动力成本的作用降低。商业利润的来源渠道改变。美国一些网上商业机构提出“零利润销售”的概念，意即传统商业是从商品的供应价与销售价之间赚取利润，而网上商业把这种差价缩减到零，有的甚至使商品的销价低于生产成本，它们的商业利润不再是从商品的差价中获取，而是来自网上广告、服务、赞助商及其他高利润商品等新的渠道。消费者不但从价格上得到了最大的利益，还从一系列完善的服务中获得了真正意义上的“上帝”的待遇。令无数的不可能变成了现实。

二、电子商务对社会的意义

电子商务是Internet爆炸式发展的直接产物，是网络技术应用的全新方向。Internet本身所具有的开放性、全球性、低成本、高效率的特点，也成为电子商务的内在性，并使得电子商务大大超越了作为一种新的贸易形式所具有的价值，它不仅会改变企业本身的生产、经营、管理活动，而且将影响到整个社会的经济运行与结构。

1. 电子化、数字化

电子商务将传统的商务流程电子化、数字化：

（1）以电子流代替了实物流，可以大量减少人力、物力，降低了成本；

（2）突破了时间和空间的限制，使得交易活动可以在任何时间、任何地点进行，从而大大提高了效率。

2. 开放性和全球性

电子商务所具有的开放性和全球性的特点，为企业创造了更多的贸易机会。

3. 提高中小企业的竞争能力

电子商务使企业可以以相近的成本进入全球电子化市场，使得中小企业有可能拥有和大企业一样的信息资源，提高了中小企业的竞争能力。

4. 改变社会经济运行的方式

电子商务重新定义了传统的流通模式，减少了中间环节，使得生产者和消费者的直接交易成为可能，从而在一定程度上改变了整个社会经济运行的方式。

5. 影响社会的经济布局和结构

电子商务一方面破除了时空的壁垒，另一方面又提供了丰富的信息资源，为各种社会经济要素的重新组合提供了更多的可能，这将影响到社会的经济布局和结构。

电子商务为我国的经济带来了腾飞的机遇。在我国经济结构中，对外经济贸易占据十分重要的地位。但是，我国的外经贸企业大多是中小型企业，国际竞争力比较弱。随着我国外贸体制改革的深化，越来越多的企业将走上国际市场。而电子商务以其减少商业环节、客户覆盖面广、信息含量大、传递速度快、储存时间长、表现力丰富和价格低廉等多方面优点，为企业提供了发展的空间。电子商务的应用向我们展示了广阔的发展前景，中国企业在扩大国内市场的同时，也应不失时机地拓展国际市场，这也是电子商务给我国企业带来的新机遇。

第五节　电子商务的未来

21 世纪是信息化的时代，第三产业在各国的比重不断上升，特别是服务业，信息服务业成为 21 世纪的主导产业，这导致了电子商务的产生和发展，在全球信息化大势所趋的影响下，各国的电子商务不断地改进和完善，电子商务成为各个国家和各大公司争夺的焦点。不管是什么样的行业、什么样的企业，从以下四个电子商务模式的发展趋势中，或许可以找到企业未来的方向。

一、四大电子商务模式的发展

（一）全新的商业生态圈

B2B 网站的价值在于为在线的商家提供人性化的应用体验、精准的营销解决方案和有效的企业发展援助。如阿里巴巴联合中国投资担保有限公司和建设银行，开始为全国的网商提供了全面的网络贷款服务，阿里巴巴已经帮助 1390 家中小企业获得 26 亿元的贷款，帮助企业渡过金融危机。在金融危机来临的时候，马云告诉他的员工都要走出去，必须更清楚地帮助客户，因为一个坏日子就要到来。正是马云时刻保持着危机感和不满足，才使阿里巴巴的营销创新总是走在行业前列。

（二）大而全的超级卖场

未来 B2C 网站所卖的产品种类将远超沃尔玛、家乐福等大卖场，同时，营业辐射的地域更广，顾客寻找和购买商品更加便捷、付款更快、产品价格更低。所以 B2C 模式近年来备受风险资本青睐，各种类型、各种行业的 B2C 网站不断跃入我们的眼帘，传统企业如宝洁、李宁、优衣库也开始了 B2C 的垂直销售模式。

（三）基于买卖的超级社区

C2C 网站需要不断提升用户体验，而且必须是买家和卖家的用户体验都要考虑到，比如要让买家快速而且满意地在成千上万的店铺中找到想要的商品，为买家提供更多的店铺信息、店铺口碑、商品对比等，为卖家提供诸如“数据库营销”“旺铺装修”“直通车”“超级卖霸”这样的增值营销服务，一个小众化的商业生态平台才算得上完整。目前的 C2C 网站已经开始演变成一个虚拟城市，有知名品牌的商家，也有小到摆地摊式的卖家；有高达上万元的奢侈品，也有低至几块钱的小玩意儿，如何打造一个舒适、有活力的“城市”，将是 C2C 平台的重中之重。

（四）定制化的消费时代来临

C2B 是在美国率先流行起来的电子商务模式之一，目前还没有中国企业真正尝试C2B模式，C2B模式的核心是通过聚合庞大数量的用户群，以此形成一个强大的采购集团，而凭借规模效应来改变买方在消费中的弱势地位，使之可以主动地享受到物美价廉的商品。实际上，团购就是典型的C2B模式，只不过它是C2B的初级阶段，个性化定制才是C2B的终极目标。

1. 电子商务产业升级的未来

马云认为C2B模式一定会成为电子商务产业升级的未来，就是以消费者为导向，把消费者融入到产品研发、产品创新的过程中，定制化生产个性化产品，以此满足不同消费者的不同需求，同时网络销售的商品让生产厂家的利润提高，价格战减少，中间渠道消失。反过来，卖家的信用更加具有透明度，更受消费者尊重。

2. 电子商务行业的最高境界

对于生产厂家而言，必须有足够的能力提供个性化定制产品，并承受更高的成本，做到更精准地营销，对于买家来说，则要接受更高的产品价格，而对于C2B商务平台来说更是一个巨大的挑战，既要整合有定制能力的厂家，又必须协助其精准地找到有个性化需求的窄众。

3. 电子商务与传统行业紧密结合

C2B实现的前提是中国的电子商务进入到一个相对成熟的阶段，有待于社会诚信体系的建立、大部分传统企业普及电子商务、平民百姓把网购当作生活必需的事情。目前，中国电子商务还不是真正意义上的电子商务，因为只有当电子商务与传统行业紧密结合，才能真正迸发出巨大的发展潜力和空间。

二、电子商务的十大趋势

近年面临巨大拐点的电子商务：以马云主导的淘宝系，以及京东、1号店等，这些以产品为主要形式的实物型电商；以马化腾为主导的腾讯系以及美团等，这些以服务为主要形式的服务型电商。

（二）移动购物

大家知道2013年年底时，手机用户已达到了5亿，而PC用户是5.9亿，而手机的渗透率增速远大于PC的渗透率。也就是说在2017年，手机用户将超过PC用户，电子商务将来的主战场不是在PC，而是在移动设备上。而移动用户有很多的特点，首先购买的频次更高、更零碎，购买的高峰不是在白天，而是在晚上和周末、节假日。而移动购物将会革PC电子商务的命，我们要做好准备，我们要迎接这场新的革命。而做好移动购物，不能简简单单地把PC电子商务搬到移动上面，而要充分地利用这种移动设备的特征，比如说它的扫描特征、图像、语音识别特征、感应特征、地理化、GPS的特征，这些功能可以真正地把移动带到千家万户。

（二）平台化

大家可以看到大的电商都开始有自己的平台，其实这个道理很清楚，就是因为这是充分利用自己的流量、自己的商品和服务使之效益最大化的一个过程，因为有平台，可以利用全社会的资源增加自己商品的丰富度，增加自己的服务和地理覆盖。

（三）电子商务将向三四五线城市渗透

一方面来源于移动设备继续的渗透，很多三四五线城市接触互联网是靠手机、Pad来上网的，而且这些城市首先经济收入提高，再加上本地的购物不便，商品可获得性很差，以及零售业态比先进国家落后。

（四）物联网

大家可以试想一下，这些可穿戴设备和RFID的发展，将来的芯片可以植入在皮肤里面，可以植入在衣服里面，可以植入在任何的物品里面，任何物品状态的变化都可以引起其他相关物品的状态变化。如果你将一个牛奶放进你的冰箱，进冰箱的时候自动扫描，清楚地知道这个保质期，知道什么时候放进去，知道你的用量，当要用完的时候，马上可以自动下订单，商家接到订单马上给你送货，从供应商那里下订单，而那个订单触发生产，也就是说所有的零售、物流和最后的生产可以全部结合起来。

（五）社交购物

希望听到亲人、朋友、意见领袖的意见，作为参考，我们推荐社交购物。社交购物可以让大家在社交网络上面更加精准地去为顾客营销，更个性化地为顾客服务。

（六）O2O

沃尔马全球 CEO 来上海，他去中远两湾城参观，那里建了一个社区的服务点，那有三个功能：

第一，是集货的区域，由那个地方集散到顾客手中；

第二，是顾客取货的点；

第三，是营销的点，展示我们的商品，方便社区居民进行团购，帮助他们上网，帮助他们使用手机购物，起了三个作用。

但很感叹的是什么呢？传统零售在往线上走，电子商务往线下走，最后一定是 O2O 的融合，为顾客提供多渠道、更大的便利。

（七）云服务和电子商务解决方案

大量的电子商务企业发展了很多的能力，这些能力包括物流的能力、营销的能力、系统的能力、各种各样为商家为供应商为合作伙伴提供电子商务解决方案的能力，这些能力希望最大效率的发挥作用。而更多第三方电子商务服务机构也发展了更多电子商务服务项目，涉及电子发票、电子合同、电子招投标等电子商务流程，促使更多企业能够实现电子商务信息化，提供了更多的电子商务解决方案，而云平台的搭建，也让中小企业参与电子商务的成本降低。

（八）大数据的应用

1. 为供应商商品做营销

低级的，盈利是靠商品的差价，下一个能力是为供应商商品做营销，而做到返点，营销所带来的盈利。下一个盈利方面是靠平台有了流量、顾客，

希望收取平台使用费和佣金提高自己的盈利能力。

2. 增强金融能力

也就是说为我们的供应商、商家提供各种各样的金融服务得到的能力。

3. 增强数据能力

下一个能力是数据，也就是我们有大量电子商务顾客行为数据，利用这个数据充分产生它的价值，这个能力也是为电子商务盈利的最高层次。而数据，我们知道也是一个逐渐升级的过程，原始的数据是零散的，价值非常小，而这些数据经过过滤、分析而成为信息，而在信息的基础之上建立模型，来支持决策，成了我们的知识，而这些知识能够做预测，能够举一反三，能够悟出道理，成了我们的智慧。

所以在整个升级，数据升级和我们数据价值的升级，从中就能明显看出这个大数据的价值。

（九）精准化营销和个性化服务

这个需求大家都是有的，希望这个网站是为我而设的，希望所有为我推荐的刚好是我要的，以后的营销不再是大众化营销，而是窄众营销。每个人都希望最大效率地应用这个营销的渠道和营销的工具化是窄众营销，每个人精准地知道他的需求，为他提供个性化的营销和服务。

（十）互联网金融

这个平台可以说上面有演员、有观众，有很多的戏，这个戏就是这里面的一些内容，也就是说含有保险、基金、小贷，有各种各样的服务，演员就是那些银行、金融机构、保险公司等等。观众就是所有的大众顾客，还有比如说我们的商家、供应商、合作伙伴。这个平台最好的为所有的大众服务，所有的这台戏上面的观众服务，也就是这个平台的作用。

三、电子商务的发展前景

随着互联网的发展，越来越多的传统企业开始试水网络营销，中国电子商务达到了前所未有的发展高度。新型电子商务模式平台的盈利问题一直摆在参与者面前，中国电子商务网站目前仍没有在发展和盈利中找到好的平衡方式，而随着新型电子商务交易规模和用户规模的扩大，尤其是近年来B2C、团购等新型消费模式的出现，大大刺激了互联网经济的高速前进。

（一）电子商务应用呈现较高普及化、常态化趋势

近年来，电子商务服务已全面覆盖商业经济各个方面：

（1）不管是国民经济的制造业领域，还是服务业的流通领域；

（2）无论企业应用、个人应用，还是政府采购；

（3）无论内贸服务，还是跨国外贸服务；无论是基于互联网的电子商务，还是基于移动互联网的电子商务。

所有这些，都在各级政府、行业主管部门、行业协会和电子商务服务企业、电子商务应用企业、电子商务配套服务企业的共同努力下，取得了令人瞩目的发展成绩。当前的电子商务应用，已呈现出了较高的普及化与常态化趋势。

（二）企业电子商务应用呈现产业链与供应链全流程化趋势

不仅在企业商机与贸易撮合方面，即从发布商机、寻找客户开始，一直到洽谈、订货、在线付收款、开具电子发票以至电子报关、电子纳税等，都能够通过电子商务平台完成。而且，电子商务平台服务还能覆盖某行业或某领域产业链，甚至能全面应用于企业从采购、研发、生产、招商、市场、零售、企划、行政、财务、人力、设计等几乎所有企业的常规部门。

不难预测，电子商务企业尤其是专业化电子商务企业，其所扮演的角色将不仅满足于一般的信息发布与交易平台，更是“第三方行业综合服务商”，这其中包括信息平台、交易平台、信誉评级、行业媒体、咨询机构、会展服务商、信息化服务商，甚至融资促进平台等。

（三）移动电子商务成为电子商务发展新驱动力

1.“4G时代”的到来

在经历了对网络广告、SP、网游、垂直搜索、WEB2.0、B2C电子商务等热门市场争夺之后，随着“4G时代”的到来，中国电子商务已步入了对移

动电子商务市场进行抢滩布局的新阶段。各家具备前瞻意识的电子商务公司开始在移动支付、移动IM、移动搜索、移动旺铺、移动定位等领域抢先战略布局。

2. 可移植性

以阿里巴巴集团为例，由于B2B、B2C、C2C、支付宝等模式具可移植性，能迅速应用于手机电子商务。

（四）原“寡头垄断”格局渐被“多元化”竞争市场替代

“一枝独秀不是春，百花齐放才是春。”只有形成百家争鸣的市场格局，才可能最大程度上有利于用户的选择使用、准入门槛的降低，避免行业“寡头垄断”，才能更好促进电子商务整个市场的健康、持续与稳定发展。

1. 市场份额渐呈下降趋势

当前，综合B2B电子商务市场的高度集中，阿里巴巴虽看似仍保持一家独大的局面，但随着环球资源、慧聪、网盛生意宝等公司的崛起，其市场份额也渐呈下降趋势，而这种良性竞争的格局，最终受益的是几千万家中小企业。

2. 网购领域也渐呈下降趋势

网购零售领域竞争也在加剧，早年的网购市场只有屈指可数的几家电子商务企业，近年来数千家企业涌入后，不同角色企业加入电子商务行列，发展各自的电子商务战略，生产商、品牌商、销售商共同竞争的局面，传统企业也加入了电子商务市场。国美电器，苏宁电器等销售商也开始发展自己的电子商务战略，品牌商像李宁也加入网络销售领域，制造商如蒙牛、中粮集团也开拓了网上渠道。竞争多元化促进了行业良性循环发展，也降低了用户的网购成本。

（五）B2C替代C2C是未来网络购物发展的必然趋势

近年来，不仅涌现了众多线上业务的B2C网站，而且各大传统企业亦纷纷涉水B2C领域。此外，C2C企业开始涉足代表网购的未来趋势的B2C业务，如淘宝推出的天猫商城、百度提出X2C进军B2C领域，这意味着B2C

与 C2C 的“大融合时代”即将到来。

由于 B2C 平台提供的产品在质量、品牌、售后服务等系列核心环节上，远较 C2C 平台有竞争优势。B2C 电子商务市场呈现逆势“井喷”，且渐渐呈现替代 C2C 成为电子商务中网购第一大主流的趋势。据极速动力业务总监梁森表示，每月都有数十家 B2C 网店客户通过他们办理 400 电话，B2C 企业对用户体验的重视程度远远超越 C2C 商家。

（六）电子商务平台与搜索引擎平台呈融合化趋势

报告调查表明，中小企业开展网络营销有三大必备途径：一是电子商务；二是搜索营销；三是网络广告。而以往，这三类平台往往是被对立甚至孤立起来的，但随着电子商务的深入发展与应用，这三大平台已呈现出“融合化、互补化、一体化”的趋势。近期，阿里巴巴集团淘宝重金推出“一淘网”，是因为意识到搜索引擎在电子商务产业链中重要作用。而百度推出“有啊”进军电子商务，以及生意宝推“生意搜”电子商务搜索，更是见证了这一趋势的必然性。

（七）电子商务的安全、诚信与立法等逐步完善

随着阻碍电子商务发展的网络普及、在线结算、物流配送的“三座大山”的逐步移除，特别是随着“4G 时代”的到来，中国已经进入电子商务快速发展的时期。但与此同时，快速发展的电子商务也存在不容忽视的问题。

相比于欧美日韩等国，中国电子商务仍处于起步阶段，虽然市场潜力巨大，但还有不少瓶颈问题有待突破，如网上交易的安全问题、电子合同的法律问题、网络信用问题等。值得欣慰的是，政府部门与所有电子商务服务商都在为搬除这些“绊脚石”而努力着。在过去几年里，我国出台了 10 余部电子商务相关的法律法规。目前，有关部门和机构对商家进行认证以及评级、国家及地方日益完善的电子商务立法、交易金第三方保管及交易纠纷的协调仲裁等，这些措施将有效地保证电子商务的健康发展。

（八）本土电子商务阵营渐崛起，民族电子商务产业任重而道远

互联网企业已经历了多次上市潮，但绝大部分都是在境外上市。另有统计数据显示，在纳斯达克上市的中国互联网企业总市值超过数百亿美元。

以在我国经营的规模最大的代表性企业阿里巴巴为例，该公司早先虽由我国公民创办，但上市公司注册地、上市地点均在境外，其实际控股投资商均为境外投资商。不难想象，在股权多次被外资“稀释”后，这类公司创业高管能否长久保持对公司的控制力，在参与国际资本运作后而不至于失去对公司的控制权，沦为境外资本的“职业经理人”，也许是值得整个电子商务业界乃至互联网领域在向境外资本融资时，值得我们深思的重大问题。

众所周知，互联网产业安全、健康发展已是我国国家信息化战略的重要组成部分，如果互联网产业主流的电子商务由外资控制，引发的种种潜在问题将十分严重。

（九）第三方电子支付行业与电子商务平台应用加速

国内电子支付市场近两年增速虽有所放缓，但行业发展速度依然较高。这一方面因为随着中国经济形势回暖，消费活跃，网上支付交易额成长空间巨大；另一方面因为网上支付渗透率依然较低，商务电子化、支付在线化大有潜力可挖。而网络购物 B2C、航空客票、电子商务 B2B、网络保险等新领域逐渐成为促进电子支付市场的增长引擎。

然而，当前第三方支付行业除消费性领域外，应用行业渗透率仍较低，高黏度用户仍然有较大拓展空间，除了最早 C2C 外，还加大了在 B2C、B2B 等领域应用与融合，成为一个新兴潜在增长点。

（十）线上电子商务平台与线下实体平台呈融合化趋势

随着电子商务服务多元化的发展，以及产业链上下游控制的内在需要，近年来逐渐呈现出线上电子商务平台向线下实体平台扩张的趋势。这在弥补线上平台服务能力的同时，也使得电子商务平台的赢利模式由单一走向多元化，而行业准入门槛而随之进一步提高。

1.B2B 领域

几家 B2B 电子商务上市公司在线下展览或买家见面会和认证服务中均有覆盖。有些还在行业咨询调研服务、自办发行线下刊物有所尝试。在 B2C 与 C2C 领域，一些行业领先的 B2C 企业，如当当网、京东商城等，也从依托第三方物流逐渐加大对物流的资金投入，在主要城市自建物流，向线下实体扩张。

2.B2C 市场

反之传统产业的制造商（如家电领域的海尔）与渠道商（如家电领域的苏宁、国美）大规模介入 B2C 市场，纷纷借自建网上商城，进军网络直销领域。甚至像慧聪网、环球资源，它们本身就是从线下商情刊物和行业会展公司向线上 B2B 转型而来，且其目前大部分营收还来自线下业务。

无疑，那些能提供更为全面服务的电子商务平台对于用户而言会更有吸引力。当然，不论以何种方式提供服务，都想借此抢占更多的市场份额，加强自身核心竞争力。

第六节　电子商务的基本原理

一、电子商务的基本原理

（一）内容和流程

1. 内容

（1）网站运营；

（2）电商支付；

（3）电商模式；

（4）网络营销；

（5）电商技术。

2. 交易流程

不同类型的电子商务交易，虽然都包括以商情沟通、资金交付、商品配送为核心的三个阶段，但流程却有所不同，对于Internet商业来讲，目前基本上可以归纳为两种：网络商品直销、网络商品中介交易。

（1）网络商品直销流程。网络商品的直销是指商品需求方和供应方（也可指消费者和生产者）直接利用网络做买卖，排除批发、代理等中间环节。通常为B to C电子商务模式。这种交易的最大特点是直接见面，环节少、速度快、费用低。网络商品直销过程分为六步：

①消费者进入Internet，查看企业和商家的网页；

②消费者通过购物对话框填写购物信息：姓名、地址、选购商品名称、数量、规格、价格；

③消费者选择支付方式，如信用卡、电子货币、电子支票、借记卡等；

④企业或商家的客户服务器检查支付方服务器，看汇款额是否被认可；

⑤客户服务器确认消费者付款后，通知销售部门送货上门；

⑥消费者的开户银行将支付款项传递到他的信用卡公司，信用卡公司开给他收费单。

（2）网络商品中介交易流程。这种交易是通过网络商品交易中心，即虚拟网络市场进行的。在整个过程中，交易中心以互联网为基础。将商品供应商、采购商和银行紧密地联系起来，为客户提供市场信息、商品交易、仓储配送、贷款结算等全方位服务。网络商品中介交易过程可分为四步：

①买卖双方将供需信息从网上告诉网络商品交易中心，交易中心向参与者发布大量的、详细的交易数据和市场信息；

②买卖双方根据这些信息选择自己的贸易伙伴，交易中心从中撮合，促

使买卖双方签订合同；

③买方在交易中心指定的银行办理转账付款手续；

④交易中心设在各地的配送部门。

（二）电子商务活动内容

1. 活动内容

电子商务活动包括与客户的信息沟通、电子数据交换、网络营销、网络交易、网络支付、供应链管理、客户关系管理、人力资源管理等各种在企业战略指导下，为了创造良好环境、扩大市场份额、建立品牌形象、提高资源利用效率和效益的活动。

2. 技术类人才的业务范围

（1）电子商务平台设计。主要从事电子商务平台规划、网络编程、电子商务平台安全设计管理等工作。

（2）电子商务网站设计。主要从事电子商务网站规划设计、网页制作、数据库建设管理、程序设计、站点管理与技术维护等工作。

（3）电子商务平台美术设计。主要从事平台颜色处理、文字处理、图像处理、视频处理、信息收集整理发布等工作。要求有扎实的计算机功底，但考虑到最终设计的系统是为解决企业的管理和业务服务，也需要分析企业的客户需求，所以还应该对企业流程、管理需求以及消费者心理有一定了解，而这将成为电子商务人才的特色所在。

3. 电子商务产业链上的中介机构

（1）广义上泛指为双方完成交易提供服务的组织。为商品和资金所有权的转移过程（即支付机制）服务的，像一些金融机构、支付服务、物流服务、法律服务等；软硬件和解决方案提供商。

①提供电子商务软硬件服务、通信服务；

②提供信息及搜索服务的信息服务增值商。

（2）狭义上讲，中介机构是指非直接生产产品的企业或个人建设的，或生产企业自建的垂直型的和综合型的商业网站。电子商务的中介结构，如商品的各级经销商网站就是提供网上中介服务的。

4. 电子商务的业务模式

（1）收入驱动模式：网络交易、广告模式、社区模式和订阅模式。

（2）成本驱动模式：制造商模式、采购商模式和中间商模式。

（3）服务驱动模式：交易平台模式、搜索代理模式和信息中介模式。

（4）规模驱动模式：关联结盟。

（5）战略驱动模式：价值网模式。

5. 电子商务的基础结构

（1）一般业务服务基础结构（安全、电子支付、电子目录、智能卡、身份认证）；

（2）通信和信息发布基础结构（EDI、电子邮件、聊天室、HTTP）；

（3）多媒体和网络出版基础结构（HTML、JAVA、XML、VRML）；

（4）网络基础结构（光纤电缆、无线网、互联网、内部网、外部网）；

（5）接口基础结构（与数据库的接口、与企业应用的接口）。

6. 电子商务的关联领域

（1）参与者：消费者、企业、中介结构、政府；

（2）公共政策：税收、法律、隐私问题、法规和技术标准；

（3）市场营销：广告、市场调查、促销、网站内容；

（4）支持服务：物流、支付、内容提供、安全、扩展；

（5）业务合作：虚拟企业、商业联盟、流程便利、交易、电子市场、行业联盟。

7. 企业追求临界点可以采取的策略

（1）降低消费者的购买成本，实行免费赠送；

（2）减少用户的学习成本；

（3）寻求风险资金的帮助；

（4）率先推出产品；

（5）其他策略（建立联盟、开放技术等）。

8. 数字产品的分类

（1）内容性产品。内容性数字产品是指表达一定内容的数字产品。这类产品主要有新闻、书刊（含报纸）、电影和音乐、软件等代表性形式。

（2）交换工具。交换工具指代表某种契约的数字产品，如数字门票、数字机票等。

（3）数字过程和服务。任何可以被数字化的交互行为都是一个数字过程。

二、电子商务的成本构成

电子商务的成本应该是商家和客户所有应用于其中的软硬件配置、学习和使用、信息获得、网上支付、信息安全、物流配送、售后服务以及商品在生产和流通过程中所需的费用总和。

（一）电子商务下企业交易成本构成

提供交易条件的费用、发现交易对象和交易价格的费用、讨价还价的费用、订立交易合约的费用、执行交易的费用、监管违约行为并对之制裁的费用、维护交易秩序的费用等。这可细分为：

（1）技术创新成本；

（2）信息安全成本；

（3）物流配送成本；

（4）客户消费成本；

（5）使用法律成本；

（6）风险成本等。

（二）B2B 市场的价值

（1）电子交易联盟的交易产品标准化程度越高，或者需求弹性越大，厂商加入电子交易联盟的收益就越大；

（2）电子交易联盟的价格越接近外部市场的交易价格，厂商加入电子交易联盟由于交易创造获得的收益就会越大；

（3）潜在进入厂商的现有价格与电子交易联盟的价格差距越大，电子交易联盟而获得的交易创造的价值越大；

（4）电子交易联盟的交易量越大，或参加会员数量越多，厂商加入电子交易联盟由于交易创造获得的收益也会越大；

（5）如果这种过程不断得到重复放大，它就会不断推动着电子交易联盟出现正反馈的急剧膨胀，成为某个行业或区域的电子交易核心网站或电子社区。

三、电子商务主要法律法规问题

（1）电子商务操作的基本规则方面的法律法规问题。

①电子合同成立的形式及效力；

②数字签名、认证及公钥基础设施；

③网上支付；

④网络广告；

⑤电子商务守法经营等。

（2）电子商务安全性方面的法律法规问题。

①用户隐私权；

②诚信体系建设；

③网络实名制；

④加密和解密系统；

⑤安全性认证；

⑥计算机犯罪等。

（3）信息基础设施和市场准入方面的法律法规问题。

①电信市场的有效竞争；

②政府及服务商的角色；

③三网融合等。

（4）电子商务中知识产权保护的法律法规问题。

①网上著作权；

②域名规范；

③网上商标的保护等。

（5）司法管辖及法律冲突问题。

①管辖权；

②诉讼；

③虚拟财产等。

由此可见，电子商务的法律法规问题表现在不同层面、不同领域，需要由不同层面的立法加以解决和规范。

（三）电子商务的安全需求

（1）有效性和真实性；

（2）机密性；

（3）数据的完整性；

（4）可靠性、不可否认性和可控性。

（5）网络消费需求的特征

（1）个性化的消费需求；

（2）消费者需求的差异性；

（3）消费的主动性增强；

（4）消费者与厂家、商家的互动意识增强；

（5）追求方便的消费过程；

（6）消费者选择商品的理性化；

（7）价格仍是影响消费心理的重要因素；

（8）网络消费仍然具有层次性。

6. 网络消费者购买动机的类型

（1）生理性购买动机。消费者为了寻求温饱与安全、逃避痛苦与危害、组织家庭与延续后代，以及增强体质与智能等方面的需要所引发的购买动机都属此类。

（2）心理性购买动机。习惯性购买动机、理智性购买动机、自信性购买动机、冲动性购买动机、诱发性购买动机、被迫性购买动机、时髦性购买动机和保守性购买动机等多种具体形式。

7. 企业开拓网络市场的方法

商情发布、网上调查、网上促销、网上销售、网上业务往来。

（四）电子商务模式的基本内容

1. 商务体系结构

（1）反映了商务的固有特性，显示出商务运作的基本框架；

（2）为消费者提供什么价值（战略目标和价值主张）；

（3）向哪些消费者提供价值（目标市场）的问题。

2. 价值创造

（1）商务模式的本质和核心，不同的商务模式创造和体现的价值不同，价值的实现方式也存在差异；

（2）如何制定价值的价格；

（3）谁来以及如何收取费用（盈利模式）问题。

3. 商业策略

（1）反映了商务的外延特征，对商务模式分析与描述可以为商业策略的制定提供参考；

（2）所需资源的数量及提供价值的相关成本；

（3）需要执行什么策略、结构和步骤来提供价值；

（4）可能影响商业模式前景的法律等问题。

4. 电子商务模式的创新

从客户价值创造、盈利模式、核心资源和核心流程等四个方面进行分析。

（1）客户价值创造包括锁定目标客户，了解客户需求和提供商品；

（2）盈利模式包括收入模式、成本结构、边际模型和资源配置；

（3）核心资源是用来传递客户价值的人、技术、设备、信息、渠道、联盟和品牌；

（4）核心流程则是保障客户价值得以传递的标准和规范等。

5. 电子商务模式创新的步骤

（1）发现新需求 。通过产业链和价值链分析，寻找其中的薄弱环节，通过自身的优势加以强化，从而获取竞争优势，是发现新需求的最直接、最有效的方法。

（2）提供新价值 。电子商务模式创新的核心是为用户提供新的价值。

①效率；

②互补性；

③锁定性；

④新颖性。

（3）构建新的盈利模式 。比较常见的电子商务盈利模式：

①商品交易型盈利模式；

②服务营销型盈利模式；

③信息交付型盈利模式：信息中介服务和信息咨询服务。

6. 企业规划电子商务模式重点考虑的内容

（1）业务模式。包括企业的服务对象、核心业务和赢利模式、核心竞争力以及价值链增值模型。

（2）价值链增值模型。通过对企业核心商务流程进行分析，以缩短企业产品供应链、加速客户服务响应、提高客户个性化服务、提高企业信息资源的共享和增值为目标，抽象企业业务流的基本逻辑组成单位，并界定其相互关系。

（3）应用系统框架建设。将企业信息系统、电压调节模组、软件配置管理、客户关系管理及电子交易市场（EM）等进行系统集成信息融合，形成统一的商用系统服务平台，实现从原材料采购一直到产品销售和最终社会服务的一体化运作是电子商务的目标。

7. 企业电子商务对CRM的需求

（1）提供电子商务环境下的销售、服务和营销的自动化工具，并且使三者实现无缝连接；

（2）通过电子商务拓宽与客户联系的渠道；

（3）必须基于一个统一的客户数据仓库；

（4）具有与其他企业应用系统的集成能力。

第二章

电子商务市场

一、电子商务市场

（一）定义

电子商务市场给企业带来的最大影响是使市场由原来的以产品为中心变成了以客户为中心，企业 CRM 的经营由原来的规模化生产变成今天的一对一的个性化服务。现今，许多企业已经认识到以客户为中心是当今市场竞争的必由之路，可是由于传统企业的销售、市场、客户服务及技术支持等部门的工作很多都是独立和垂直进行的，各部门间的沟通存在障碍，以致不同的业务往往很难协调一致地集中到客户身上，造成企业对客户资源没有有效的保存和利用。

客户关系管理（CRM）能够解决上述问题，它能使公司在设计它的市场营销策略和营销体系时集中注意力发展顾客，及向顾客递交最优越价值的管理，加强企业对客户的认识或理解，以便对企业的决策提供强大支持。

作为解决方案的客户关系管理集合了当今最新的信息技术，包括 Internet 和网络化经营、多媒体技术、数据仓库和数据挖掘、专家系统和人工智能、呼叫中心等等，作为一个应用软件的客户关系管理系统，它凝聚了市场营销的管理理念、市场营销、销售管理、客户关怀服务和支持构成了客户关系管理软件的基石。

（二）CRM 的框架功能

CRM 的框架功能可以归纳为三个方面：

（1）对营销、产品销售和客户服务三部分业务流程的信息化；

（2）与客户进行沟通所需要的手段（如电话、传真、网络、E-mail 等）的集成和自动化处理；

（3）对上面两部分功能所积累下的信息进行加工处理，产生客户智能，为企业的战略战术的决策作支持。

（三）CRM 的目标

CRM 的目标在于维护客户满意度的同时最大化整体客户利润贡献率。

CRM 系统分为三类。协作型、翻译公司操作型和分析型。

其中分析型 CRM 是 CRM 中非常重要的一部分，包括前两种系统的功能，并同时提供商业智能的能力，最终使得运营商将宝贵的客户信息转变为客户知识，强调对各种数据的分析，并从中获得有价值的信息。电动隔膜泵先将完整的和可靠的数据转化为有用的、可靠的信息，再将信息转化为知识，为客户服务和新产品的研发提供准确的依据。

二、市场营销概述

（一）定义

市场营销是电子商务网站获得持续流量的重要手段，市场营销包括互联网营销和传统市场营销，互联网营销就是以互联网为主要手段开展的营销活动；传统市场营销则是在线下现实市场上进行营销活动。

1. 职能

简单来说，就是进行“揽客”。负责对外的合作、推广和宣传工作，包括搜索引擎营销、EDM 营销、网站合作、媒体合作、新闻炒作、口碑合作、活动及研讨会等。

2. 推广和合作

有些公司的市场部的职能包括两块，对外是推广和合作，对内是站内营销，两块职能相互交叉和协同，推广合作必须以营销分析结果为主，提高推广效果。

（二）基本岗位设置

1. 商务拓展 (BD) 岗位职责

（1）负责公司企业合作，以及商务拓展的规划、组织、实施；

（2）及时把握行业市场动态，不断优化市场拓展业务体系，并建立商务合作关系网络；

（3）定期组织并策划相关的商务活动，并落实到商务合作的年度计划、季度计划及月度计划；

（4）定期提交商务合作及业务拓展的分析报告。

2. 公关 (PR) 岗位职责

（1）根据公司的发展需要，主持并制定公关传播计划；

（2）平面媒体日常宣传策划及执行；

（3）平面媒体关系维护，区域平面媒体开拓。

3. 媒介岗位职责

（1）理解业务规划，明确平台外部伙伴的合作需求；

（2）找到潜在合作伙伴以及市场需求，并进行沟通；

（3）整理合作伙伴的商业资料，并和合作伙伴及相关业务部门沟通，确认商业资料；

（4）起草合同，并完成签约；

（5）跟踪合作执行，并为执行过程中提供支撑；

（6）负责业务开展方案编写、实施及相关项目对外合作谈判并负责对合作项目的进度跟进、管理；

（7）主动挖掘市场需求，为公司的产品和服务寻找新的业务增长点；

（8）与合作方建立并保持正常稳定的关系，保证业务良好开展。

4.EDM 营销岗位职责

（1）负责邮件营销项目（EDM Marketing）的平台管理与维护；

（2）负责邮件营销策略即策划、建立、测试、执行和跟踪所有的 E-mail 活动；

（3）负责邮件营销项目的日常发送、分析 E-mail 跟踪结果，不断优化邮件，使得邮件更加个性化并具针对性；

（4）负责邮件营销项目的数据统计工作，整理用户信息数据，统计分析用户使用习惯；

（5）从内容层面，以数据为基础，为邮件营销项目提供改进意见；

（6）从产品层面，不断改进邮件营销项目，发挥邮件营销最大效能。

5. 搜索营销 (SEM) 岗位职责

（1）负责搜索营销推广、优化和分析工作；

（2）根据公司营销需求，制定搜索营销推广方案；

（3）制定搜索优化策略，最大化提高搜索营销的转化率；

（4）对搜索推广结果进行数据分析、判断和整理；

（5）定期准备搜索推广数据报告。

6. 搜索引擎优化（SEO）工作职责

（1）负责所有网站内容针对搜索引擎的优化工作；

（2）制定公司网站 SEO 规范，参与公司网站开发中的 SEO 咨询和审核；

（3）负责以搜索引擎优化为主的网络营销研究、分析与服务工作；

（4）网站的结构优化和流程优化；

（5）网页关键词分析；

（6）提高网站点击率；

（7）提高网站在各大搜索引擎的排名。

7. 网站联盟推广岗位职责

（1）对于联盟的基本数据进行各种维度的分析和总结；

（2）根据数据分析对联盟的业务发展做出评估和建议；

（3）与技术部门合作，完善和加强联盟的数据追踪和挖掘平台系统；

（4）自建和第三方联盟的佣金结算工作。

第一节　电子商务市场的基本概念

电子商务市场是指在Internet通信技术和其他电子化通信技术的基础上，通过一组动态的Web应用程序和其他应用程序把交易的买卖双方集成在一起的虚拟交易环境。

一、电子商务市场的基本概念

（一）定义

1. 电子化市场（电子市场）

电子化市场是指一个交互式的企业所提供的一个中立的市场空间，有很多的买方和供应商从事电子商务交易与其他电子商务活动。

2. 电子市场的主要特征

包括增值网服务商、横向电子市场以及纵向电子市场。

（二）构成

1. 电子市场的创建者

电子市场的创建者，即发展和管理电子商场的组织。一部分互联网公司就属于这种性质，一些为横向市场服务，如MRO和Free Markets（为超出行业范围部分进行反向拍卖）；一些则主攻纵向市场，如Internet Capital Group和Vertical Net等试图进入纵向市场。许多电子市场创建者已经尝试推动市场，把以前的非在线业务搬到互联网上来做，而其他人则注重以前从没有开展的业务（如超级宽带、超级空间）。

2. 基础结构

电子市场中的核心技术如下。

（1）应用平台

标准电子商务平台、静态和动态网页、引擎、内容创建和管理、负载平衡等。

（2）买方商务服务器

带有电子采购规则的、对单个的买方组织进行订单管理、提供历史采购报告的流程引擎。

（3）卖方商务服务器

提供交易过程和订单身份信息，创建购买订单、确立交易流程、产品推销及其他卖方功能，对业务服务提供系统整合，如装船或信贷。

（4）市场营运交易引擎

通过多个买方和卖方（在多种格式下，如交易、拍卖等）进行订单跟踪，从多个供应商处将电子产品目录集中。

（5）目录/内容管理

创建、更新、维护电子目录和其他形式的搜索与相关内容工具。

（6）社区管理

提供讨论组、电子公告牌、新闻及其他相关的社区功能。

中心也需要产品库存信息和交易注册的数据库，确保安全和鉴定身份的功能,具备运输模拟和路线确定的能力,在电子市场参与者间进行可靠的沟通。

二、电子市场的标准

电子市场需要一个普通的、通用的手段来描述产品、过程、业务伙伴和其他数据类型。中心的工具——扩展标记语言（XML），用不同的“标签”来定义电子文件的数据类型，如价格、发票号、业务伙伴等，它正在迅速发展为 B2B 电子商务中信息交换的沟通标准。

（一）分类

1. 横向电子市场

是指一个连接了很多行业买方和卖方的电子化市场，主要是 MRO 物料的交易。此外，MRO 物料包括范围很广泛的产品和服务，比如办公室、旅游、运输以及一些金融服务等。

2. 纵向电子市场

是指一个连接特点行业的买方和卖方的电子市场（比如石油和天然气、纺织品以及零售业）

（二）具体形式

1. 电子市场主要有两种形式

（1）有自己独立的网络服务器 (Web 服务器) 构成的商业站点；

（2）集中在某一“购物中心”或“商业街”中的商家网站，这是规模较小的商家租用别人的 Web 服务器，在上面开设主页，类似于传统商业街上开设电子市场的一个店面。

2. 区别

电子市场经营的商品与传统商场没有什么区别，有生活必需品，如食品、服装；也有学习用具、计算机硬软件、电器设备及图书、工艺品等。

（1）电子市场同传统商场的主要区别

电子市场中没有实际货物，是一个虚拟商店，有关商品的各种信息均存储在服务器上，消费者通过网络浏览这些服务器就可了解各种商品信息，若对某种商品有购买要求，通过电子订购单发出购物请求，然后输入信用卡号码或采用其他支付方式，最后厂商托运货物或送货上门。

（2）网上购物的优点

网上购物的优点在于大大缩短了销售周期、提高销售人员的工作效率，而且可降低展销、销售、结算、发货等环节的费用，比传统的零售店、专卖店、连锁店、超市和仓储商场有更强的竞争力。值得指出的是，厂商建立的电子市场或电子商店只需一个就行了，没有传统连锁商业横向扩张的分店投资和风险，但业务却不局限于一个城市、一个省或一个国家，而可以面向全球。与沃尔玛、麦当劳一类的连锁店靠星罗棋布的店面来实现销售增长，显然电子市场有其优越性。

（三）建立可靠电子市场的关键

建立功能完善可靠的电子市场对网上销售至关重要。那么，怎样才能建立好电子市场呢？应注意以下一些方面。

1. 建立网络服务器

在网络营销中没有实物店铺，只有网络服务器提供商品信息，因此服务器的作用相当于一个“商场”，建立性能可靠的服务器就是为消费者提供良好的购物环境。由于服务器是广告信息的驻留地，所以这些广告信息能否应访问者的调阅、查询请求顺畅地输出去，服务器与因特网的连接速率和可靠性如何，服务器硬件性能和运行状态是否稳定，其软件配置如何，技术支持是否及时可靠，都是至关重要的。

2. 因特网技术

因特网技术加强了顾客获得商家信息的能力，但也增加了某些敏感或有价值数据被非法盗用的风险，因而网上交易系统必须确保其保密性、安全性。

（1）目前建立网络服务器有两种办法

一是自建，此法投资大、见效慢，需要高水平的维护队伍，运行成本高，适用于大型厂商，或专门为中小型厂商提供接驳服务的网络服务供应商（ISP）；

二是托管，此法就是租用 ISP 网络服务器的存储空间。

（2）租用空间又有两种

其一是具有独立 IP（Internet Protocol）地址和独立域名；

其二是在别人的独立空间中以路径的形式出现，一般适用于中小型企业。

3. 确定好的域名

众所周知，一个好的产品名称对于树立产品的品牌形象非常重要。同样，在搭建一个高速、安全、功能强大的网络服务器的同时，要为自己的网站起一个好的域名很重要。好的域名应该简洁、响亮、易记，内涵深刻。

4. 大力宣传

建立了电子市场后要大力宣传商场的网址，尽可能做到家喻户晓，吸引更多的人光顾。宣传网址的办法大致有两种：

一是利用传统媒体宣传，如广播、电视、报纸、杂志等；也可以在员工名片上、公司介绍上、产品广告或包装上印上公司网址信息；

二是利用因特网推介，如在新闻组上按专题方式发布、用E-mail方式宣传。

5. 市场定位

电子市场的市场定位直接影响到商场的成败，所以必须引起足够的重视。虽然因特网蕴藏无限商机，吸引着大大小小的厂商，但正如传统经营那样，网络营销也有成功者和失败者。究其原因，市场定位是否准确是根本原因。在建设电子市场之前首先应明确在网上想做什么、对象是谁、怎么做。从一些统计资料来看，电子市场对消费者有较大吸引力的商品首先是计算机及相关产品，其次是书籍、CD、家用电器以及旅游服务等。

6. 展示铺面

网络营销没有直观的铺面，只有虚拟铺面。这种铺面的一个关键环节是提供电子目录，它是顾客获得商品名录的数据库。此数据库应具备全面查询能力所以它应包含多数据类型，并按用户的标准生动的图形来显示。在用户查询时，他只需在电脑界面简单地点一下鼠标即可获得，这样顾客就能在几秒钟内轻而易举地从大量商品目录中选择自己所需的商品。

7. 配备虚拟货车

电子市场还应配备一辆虚拟的货车，在电子市场内跟踪顾客和他们有意购买的商品。顾客可将任何欲购买的虚拟商品放入虚拟购货车内。结账时，货款和运输费能自动结算，且所有订单应都能存储在中央区域，便于顾客退换商品。

8. 多媒体展示

网上购物过程也会受到其他许多因素的影响。在实际商店中，大量精力都花在商品展示和整体的环境气氛中，期望以此来赢得回头客并建立牢固的客户关系。在网络上，妙趣横生的多媒体展示，动态内容的创造也会刺激顾客的网上购物欲望。除了有吸引力的商品内容展示，还要保证顾客的购买简单易行，收货有多种选择，以吸引网上顾客，促成购买行为。

9. 具备付款能力

全面的付款处理能力有助于厂商展开快速有效的网络营销活动。付款系统将网上商业交易系统与金融网络相连，这样该系统就能认可并处理信用卡的付款方式。此外，该系统还应能支持其他付款方式，如电子现金、电子支票、智能卡等，并能兼容商家提出的不同付款计划，如免费试用期、延期付款方式等。

第二节　电子交易中的中介

一、电商中介

（一）定义

电商中介就是电子商务市场中的服务媒介，与传统的市场中介差别在于电子商务中介运作于虚拟的互联网环境中。

（二）职能

1. 从职能上看

电商中介与传统市场中介并没有本质的差别，目的都是为市场主体服务。

2. 从管理主体来看

传统市场中介主要是通过管理者来进行管理，而电子商务中介是应用人与计算机的结合来进行管理。打通广大企业和个人从实体销售到互联网销售的最优路径就是集合优势平台与专业团队为线上线下商务互联提供有效的解决办法。

（三）发展趋势

从中介可以提供的两类服务来看，不管在传统运作模式还是在电子商务模式下，这两类服务仍是中介为客户提供的主要业务内容，但其侧重点却因信息技术的发展而发生了根本变化。从国外开展电子商务的经验来看，传统运作模式的服务可以被完全自动化，因此可以由提供免费服务的电子市场门户承担；而电子商务模式服务则要求专家参与，只能被部分自动化，所以很多原来从事中介服务的公司在开展电子商务时大多只向第二类服务收费，仅提供（或主要提供）第一类服务的中介将逐渐被淘汰。但从电子商务的深入发展的要求来看，电子商务中介对增值服务的要求将会更高。

二、在线中介

（一）定义

在线中介又称电子经纪，是指电子商务环境下，通过虚拟的网络平台将买卖双方的供求信息聚集在一起，协调其供求关系并从中收取交易费用的市场中介商。

（二）在线中介的职能

1. 改变了传统的零售分销渠道

以在线零售为例，在线中介改变了传统的零售分销渠道。传统上，产品设计、制造、仓储、营销、包装和运输都由同一个企业处理。而在线产品的处理方式则有所不同，一个企业以公共信息的形式发布产品描述信息，客户就用订单的方式回应，企业可根据客户的偏好修改产品，然后直接将产品运送到客户那里；这样不仅提高了生产效率和配送效率，而且降低了价格。

2. 实现增值服务

显然，对处理交易链上的信息并实现增值服务的在线中介来说，可利用的机会有很多。基于信息的产品既有技术上很简单的产品（如接收订单），也有技术非常复杂的产品（如定制生产）。

3. 通过计算机网络完成信息包装和销售

最成功的中介行业是在线商品目录，例如，CUC 公司的客户可在公司的数据库中浏览 250 多种产品（包括家电、箱包和珠宝）。CUC 将订单以电子方式转给生产商，然后由生产商将商品直接运送给客户。由于 CUC 不需要店铺、销售员、仓储和运输工具，因此它的价格比传统的零售商低得多。

第三节　电子商务物流

一、电子商务物流的定义及特点

（一）电子商务物流定义

1. 电子商务物流又称网上物流，就是基于互联网技术，旨在创造性的推动物流行业发展的新商业模式；

2. 通过互联网，物流公司能够被更大范围内的货主客户主动找到，能够在全国乃至世界范围内拓展业务；

3. 贸易公司和工厂能够更加快捷地找到性价比最适合的物流公司；

4. 网上物流致力于把世界范围内最大数量的有物流需求的货主企业和提供物流服务的物流公司都吸引到一起，提供中立、诚信、自由的网上物流交易市场，帮助物流供需双方高效达成交易。

目前已经有越来越多的企业通过网上物流交易市场找到了客户，找到了合作伙伴，找到了海外代理。网上物流提供的最大价值就是更多的机会。

（二）电子商务物流的特点

电子商务时代的来临，给全球物流带来了新的发展，使物流具备了一系列新特点。

1. 信息化

电子商务时代，物流信息化是电子商务的必然要求。

（1）物流信息化的表现

物流信息化表现为物流信息的商品化、物流信息收集的数据库化和代码化、物流信息处理的电子化和计算机化、物流信息传递的标准化和实时化、物流信息存储的数字化等。因此，条码技术、数据库技术、电子订货系统、电子数据交换、快速反应及有效的客户反映、企业资源计划等技术与观念在我国的物流市场中将会得到普遍的应用。

（2）信息化是一切的基础

信息化是一切的基础，没有物流的信息化，任何先进的技术设备都不可能应用于物流领域，信息技术及计算机技术在物流中的应用将会彻底改变世界物流的面貌。

2. 自动化

自动化的基础是信息化，自动化的核心是机电一体化，自动化的外在表现是无人化，自动化的效果是省力化，另外还可以扩大物流作业能力、提高劳动生产率、减少物流作业的差错等。物流自动化的设施非常多，如条码/语音/射频自动识别系统、自动分拣系统、自动存取系统、自动导向车、货物自动跟踪系统等。这些设施在发达国家已普遍用于物流作业流程中，而在我国由于物流业起步晚,发展水平低,自动化技术的普及还需要相当长的时间。

3. 网络化

物流领域网络化的基础也是信息化，这里指的网络化有两层含义：

一是物流配送系统的计算机通信网络，包括物流配送中心与供应商或制造商的联系要通过计算机网络，另外与下游顾客之间的联系也要通过计算机网络通信；

二是组织的网络化，即所谓的企业内部网 (Intranet)。物流的网络化是物流信息化的必然，是电子商务下物流活动的主要特征之一。当今世界 Internet 等全球网络资源的可用性及网络技术的普及为物流的网络化提供了良好的外部环境，物流网络化不可阻挡。

4. 智能化

这是物流自动化、信息化的一种高层次应用，物流作业过程大量的运筹和决策，如库存水平的确定、运输 (搬运) 路径的选择、自动导向车的运行轨迹和作业控制、自动分拣机的运行、物流配送中心经营管理的决策支持等问题都需要借助于大量的知识才能解决。在物流自动化的进程中，物流智能化是不可回避的技术难题。好在专家系统、机器人等相关技术在国际上已经有比较成熟的研究成果。为了提高物流现代化的水平，物流的智能化已成为电子商务下物流发展的一个新趋势。

5. 柔性化

柔性化本来是为实现“以顾客为中心”理念而在生产领域提出的，但要真正做到柔性化，即真正地能根据消费者需求的变化来灵活调节生产工艺，没有配套的柔性化的物流系统是不可能达到目的的。20 世纪 90 年代，国际生产领域纷纷推出弹性制造系统、计算机集成制造系统、制造资源系统、企业资源计划 (ERP) 以及供应链管理的概念和技术，这些概念和技术的实质是要将生产、流通进行集成，根据需求端的需求组织生产，安排物流活动。因此，柔性化的物流正是适应生产、流通与消费的需求而发展起来的一种新型物流模式。这就要求物流配送中心要根据消费需求“多品种、小批量、多批次、短周期”的特色，灵活组织和实施物流作业。

另外，物流设施、商品包装的标准化，物流的社会化也是电子商务下物流模式的新特点。

二、电子商务物流技术及其应用

（一）条形码技术及其在物流中的应用

1. 条形码技术

条形码技术是在计算机的应用实践中产生和发展起来的一种自动识别技术。它是为实现对信息的自动扫描而设计的，是实现快速、准确而可靠地采集数据的有效手段。

2. 条形码技术的应用

条形码技术的应用解决了数据录入和数据采集的“瓶颈”问题，为供应链管理提供了有力的技术支持。物流条形码是条形非对抗性的一个重要组成部分。它的出现，不仅在国际范围提供了一套可靠的代码标识体系，而且为贸易环节提供了通用语言，为 EDI 和电子商务奠定了基础。物流条形码标准化在推动各行业信息化、现代化建设进程和供应链管理的过程中将起到不可估量的作用。

（二）EDI（电子数据交换技术）技术及其在物流中的应用

EDI 是一种信息管理或处理的有效手段，它可以对物流供应链上物流信息进行有效的运作，比如传输物流单证等。EDI 在物流运作的目的是充分利用现有计算机及通信网络资源，提高交易双方信息的传输效率，降低物流成本。

EID 包括的内容有：

1. 对于制造业来说，利用 EDI 可以有效地减少库存量及生产线待料时间，降低生产成本；

2. 对于运输业说，利用 EDI 可以快速通送报检、科学合理的利用运输资源、缩短运输距离、降低运输成本费用和节约运输时间；

3. 对于零售业来说，利用 EDI 可以建立快速响应系统，减少商场库存量与空架率，加速奖金周转，降低物流成本；同时也可以建立起物流配送体系，完成产、存、运、销一体化的供应线管理。

（三）GPS（全球定位系统）技术在物流中的应用

1. 汽车自动定位、跟踪调度

利用 GPS 的计算机管理信息系统，可以通过 GPS 和计算机网络实时收集全路汽车所运货物的动态信息，实现汽车、货物追踪管理，并及时地进行汽车的调度管理。

2. 铁路运输管理

利用 GPS 的计算机管理信息系统，可以通过 GPS 和计算机网络实时收集全路列车、机车、车辆、集装箱及所运货物的动态信息，实现列车及货物的追踪管理。只要知道货车的车种、车型和车号，就可以立即从近 10 万公里的铁路网上流动着的几十万辆货车中找到该货车，还能得知这辆货车现在何处运行或停在何处，以及所有的车载货物发货信息。铁路部门运用这项技术可大大提高其路网及其运营的透明度，为货主提供更高质量的服务。

3. 军事物流

全球卫星定位系统首先是因为军事目的而建立的，在军事物流中应用相当普遍，如后勤装务的保障等方面。通过 GPS 技术及系统，可以准确地掌握和了解各地驻军的数量和要求，无论在战时还是在平时都能及时地进行准确的后勤补给。

（四）RFID(射频识别)技术在物流中的应用

1.RFID

RFID 是一种自动识别技术，是集编码、载体、识别与通信等多种技术于一体的综合技术。典型的 RFID 系统由 RFID 读写器和 RFID 标签组成，标签承载物品信息，作为标识附着于物品上；读写器利用感应无线电波、微波实现标签信息的识别与采集，并将信息输入信息管理系统。RFID 不局限于视线，识别距离比光学系统远，射频识别卡具有读写能力，可携带大量数据、难以伪造并且有智能。

2. 主要应用目标

与其他自动识别技术一样，主要应用目标是实现信息系统的自动化信息采集，保证被识别物品的信息化管理。

3.RFID 的应用

（1）仓储管理

将 RFID 系统用于智能仓库货物管理，有效地解决了仓库里与货物流动有关信息的管理，它不但增加了一天内处理货物的数量，还监督这些货物的一切信息。

（2）生产线自动化

用 RFID 技术在生产线上实现自动控制和监视，能提高效率、降低成本。在各个流水线位置处能毫不出错的完成装配任务。

（3）分析和预测

企业通过 RFID 对物流体系进行管理，不仅可对产品在供应链中的流通过程进行监督和信息共享,还可对产品在链中各阶段的信息进行分析和预测。

电子商务是21世纪的商务工具,而现代物流将成为电子商务发展的支点。在信息化的电子商务时代，物流与信息流的配合也变得更重要，必须借助现代物流技术。只有正确而有效地将现代物流技术应用于电子商务物流管理中，才能很好地解决电子商务物流中存在的诸多问题，使电子商务物流更好地服务于电子商务活动，也使电子商务更好更快地发展。

三、我国物流业发展现状

21 世纪以来，中国物流业总体规模快速增长，物流服务水平显著提高，发展的环境和条件不断改善,为进一步加快发展中国物流业奠定了坚实基础。

（一）我国物流业发展现状

1. 发展水平显著提高

（1）一些制造企业、商贸企业开始采用现代物流管理理念、方法和技术，实施流程再造和服务外包；

（2）传统运输、仓储、货代企业实行功能整合和服务延伸，加快向现代物流企业转型；

（3）一批新型的物流企业迅速成长，形成了多种所有制、多种服务模式、多层次的物流企业群体；

（4）物流费用成本呈下降趋势，促进了经济运行质量的提高。

2. 基础设施条件逐步完善

交通设施规模迅速扩大，物流园区建设开始起步，仓储、配送设施现代化水平不断提高，一批区域性物流中心正在形成。物流技术设备加快更新换代，物流信息化建设有了突破性进展。

3. 发展环境明显好转

在国家“十一五”规划纲要中明确提出“大力发展现代物流业”，中央和地方政府相继建立了推进现代物流业发展的综合协调机制，出台了支持现代物流业发展的规划和政策。物流统计核算和标准化工作，以及人才培养和技术创新等行业基础性工作取得明显成效。

（二）目前存在的问题

但是，我国物流发展还处于起步阶段，运输基础设施与发达国家相比还相距甚远，即使这些现有设施，由于种种原因也不能充分利用。相对落后的信息跟踪服务体系和网络体系也制约了我国物流业的发展。总的来说，目前存在的问题主要有：

1. 企业自货自运部分过大，对专业化物流的需求不迫切

拿公路运输来说，目前我国自货自运车辆占社会运输车辆总数的 70% 以上，运输效率低，物流过程浪费惊人。长期起来“大而全”、“小而全”的

生产模式和经营观念使货运市场呈现货源封闭状态，社会物流专业化服务程度很低。

2. 物流服务规模小，范围窄

一方面基础设施落后，且利用效率不高，如目前全国仓储行业仓库利用率仅为40%；另一方面，物流经营对管理和信息要求都很高，而我国这两个环节都比较薄弱。

3. 法律法规不配套

物流是一项高度系统化的工程，需要从业者具有完善的市场意识和法制观念，而我国有关物流经营的法律法规还很不健全，大部分从业者市场意识薄弱。

（三）多年发展的长足进步

我国物流业虽然存在问题，但经过多年的发展也有长足的进步，主要表现在以下几个方面。

1. 物流理论研究水平显著提高；

2. 企业的物流意识逐步增强；

3. 出现了一批具有现代物流特征的物流企业；

4. 物流技术和设施水平不断提高；

5. 宏观物流管理得到加强。

（四）我国物流业发展的有利因素

挑战与机遇并存，在现实的市场环境与自身条件下，我国物流业的发展有以下几个有利因素。

第一，供应渠道呈现多样化，流通环节减少，这符合现代物流的发展趋势；

第二，货物运输中小批量、多品种、高价值的货物越来越多，客户在运输的时间性和服务质量方面的要求越来越高；

第三，生产制造业对专业物流服务需求增长。一些大型生产企业开始转向寻求专业运输企业为其服务；

第四，我国的运输企业和储运企业专业化物流服务能力有所提高；

第五，物流服务领域有相当大的发展空间。目前我国一般工业产品的流通费用占商品价格的 50% 左右，而新鲜水果、易变质食品和某些化工产品的流通费用有时高达商品售价的 70% 以上，我国汽车生产中 90% 以上的时间是原材料、零配件的储存、装卸和搬运时间。这些费用和时间上的消耗正是实施物流管理的领域，为物流的发展留下了巨大的空间。

（五）我国与世界物流业发展水平的差距

从整体上看，我国物流管理技术还不成熟，物流技术装备还比较落后，物流产业政策建设刚刚起步。

全社会物流运行效率偏低，社会物流总费用与 GDP 的比率高出发达国家 1 倍左右。有专家估算，我国仅汽车空驶率就高达 37%，相当于 150 万辆载重汽车来回空跑。一件商品从生产出来到消费者手中，要经过十几次的搬动、装卸、长时间的储存、保管，因此每年造成的全国物资损耗约在 3000 亿元以上。

1. 社会化物流程度低

在美国，第三方物流业被认为尚处于产品生命周期的发展期；在欧洲，尤其在英国，普遍认为第三方物流市场有一定的成熟程度。欧洲目前使用第三方物流服务的比例约为 76%；美国约为 58%，且其需求仍在增长。

在这种情况下往往会出现“大而全、小而全”的经营方式，企业自身的优势发挥不出来。这样就会制约企业核心竞争力，并出现庞大的物流成本的灰色区域。

2. 物流信息化水平低

国外物流企业的信息化已达到相当高的水平，广泛地采用无线互联网技术、卫星定位技术、地理信息系统（GIS）、射频标志技术（RF）等信息技术使得国外物流企业能够更好地把握市场发展和客户的需求，同时也能够最大化地满足客户的要求。

我国物流企业除了个别实力较大的企业能够采用信息化实现企业的管理和服务，大多数的物流企业的信息化并没有真正地实现。有些企业只是购买了一些硬件设备就以为达到了信息化，其实不然。要想达到信息化，必须从观念上改变对信息化的认识。

3. 我国工业企业流动资金周转慢，库存大

周转速度为 1.93 次，而日本制造业的平均周转速度为 15 ~ 18 次，一些知名的跨国连锁企业，如沃尔玛、家乐福等已达 20 ~ 30 次。物流基础设施能力不足，尚未建立布局合理、衔接顺畅、能力充分、高效便捷的综合交通运输体系，物流园区、物流技术装备等能力有待加强。据统计，我国库存商品沉淀的资金高达 4.7 万亿元，占当年 GDP 近 50%。目前国际公认的库存商品与 GDP 的比例，发达国家一般不超过 1%，发展中国家也不过 5%。

4. 我国交通运输基础设施较差，总体规模较小

我国交通运输基础设施总体规模仍然很小，按国土面积和人口数量计算的运输网络密度，我国仅为 1344.48 公里 / 万平方公里和 10.43 公里 / 万人，美国为 6869.3 和 253.59、德国为 14680.4 和 65.94、印度为 5403.9 和 21.6、巴西为 1885.8 和 118.4，不仅远远落后于欧美等经济发达国家，就是与印度、巴西等发展中国家相比也存在较大差距。

5. 物流成本高

据世界银行的推测，我国的物流费用占 GDP 的比重约 20%，比发达国家高出 1 倍左右。 物流技术、人才培养和物流标准还不能完全满足需要，物流服务的组织化和集约化程度不高。

目前我国物流发展现状和国外相比差距比较大，但我国物流产业的发展潜力和发展空间同时也非常大。因此，我国的物流企业应充分认识到所面临的机遇和挑战，加快改组步伐，调整内部机制结构，以跟上国际物流发展的潮流。

6. 绿色物流发展的差距

美国早在 19 世纪就提出绿色物流的概念，并在其长期的经济发展规划中将绿色物流的发展作为带动社会经济发展地战略目标。欧美和日本等国家也随后引入了绿色物流的概念，并在其社会规划和生产中不断地完善和发展绿色物流的概念，形成了自身的绿色物流发展规划。

我国物流业刚刚起步，绿色物流这个概念也是刚刚兴起，人们对它的认识还非常有限，国内绿色物流的研究还处于起步阶段，需要在观念上、政策上和技术上得到全面的提高。

（六）电子商务环境下国内物流业未来发展趋势

电子商务时代的到来，给全球物流带来了新的发展机遇，促使物流业出现了新的发展趋势。

1. 多功能化

在电子商务时代，物流发展进入集约化阶段，一体化的物流配送中心就不仅单单是提供仓储和运输服务，还必须开展包括配货、配送以及各种提高附加值的流通加工服务在内的物流项目，此外还可以按客户的需要提供其他服务。

2. 系统化

物流过去一般指产品出厂后的包装、运输、装卸、仓储，而现在提出了物流系统化、供应链管理 SCM 的概念，并付诸实施，使物流向两头延伸并注入了新的内涵；使社会物流与企业物流有机地结合在一起，通过统筹协调、合理规划，控制整个商品的流动，以达到利益最大成本最小，同时满足用户需求不断变化的客观要求。

3. 一流服务

在电子商务下，物流业是介于供货方和购货方之间的第三方，是以服务作为第一宗旨。从当前物流的现状来看，由于顾客需要的服务点不只是一处，而是多处，所以物流企业既要为本地区服务，也要有长距离的服务。因此，如何服务好，便成了物流企业管理的中心问题。配送中心离客户最近，联系最密切，商品都是通过它送到客户手中。

4. 社会化

随着市场经济的发展，专业化分工越来越细，一个生产企业生产某种产品除了一些主要部件自己生产以外，大都是外购。生产企业与零售商所需的原材料、中间产品、最终产品大部分由不同的物流中心、批发中心或配送中心提供，以实现少库存或达到零库存。第三方物流的兴起是社会化的表现，优质的服务满足了客户复杂多变的物流服务要求，为传统企业的创造了真正的“第三方利润源泉”。

5. 信息化

电子商务时代，物流的信息化是电子商务的必然要求，要想提供最佳的服务，物流系统必须有良好的信息处理和传输系统。良好的信息系统能够提供较好的信息服务，以赢得客户的信赖。配送货物跟踪信息的增加大大提高了物流企业的服务水平，降低了成本从而增强了竞争力。

6. 网络化

物流领域网络化的基础也是信息化。这里指的网络有两层含义：一是指物流配送系统的计算机通信网络，二是物流组织的网络化。物流的网络化是物流信息化的必然，是电子商务下物流活动的主要特征之一。

7. 物流与商流、信息流一体化

按照流通规律，商流、物流、信息流是三流分离的。商流解决的是商品价值的实现，商品变更了所有权；物流解决的是商品生产地域与销售地域的位移、生产时间与销售时间的变更，所有权没有改变；信息流解决的是流通主体之间的信息传递。但在现代社会，不同产品形成不同的流通方式与营销业态，这就要求物流随之而变化，实现商流、物流、信息流的统一。

8. 全球化

电子商务加速了全球经济的一体化，也使物流企业发展到了多国化的阶段。物流的全球化趋势使物流企业和生产企业更紧密地联系在一起，形成了社会大分工。

（七）电商企业采用的物流模式

1. 自营物流模式

（1）优势：

①自营物流模式能够帮助企业摆脱第三方物流的限制，解决物流的瓶颈问题，并能提高在对第三方物流机构讨价还价的优势；

②自营物流模式使得电子商务企业能够实现对供应链各个环节有较强的控制能力；

③自营物流模式能完全服务于企业经营战略，具有区域优势；

④自营物流模式物流服务灵活度高，能有效地保证服务质量，提升企业形象；

⑤自营物流模式使得企业能够节省交易成本，缩短回款周期。

（2）劣势：

①增加了企业用于物流的投资规模，并且投资回收周期长，占用了大量资金；

②业务覆盖范围是有限的。因为大范围的物流配送中心的建设和施工队伍，需要大量资金的物流配送体系，将带来巨大的投资风险。大部分的电子商务企业，尤其是对中小型的电子商务企业来说，在企业经营区域内完全实现自主物流难度很高；

③需要企业较高的物流管理水平及综合物流管理能力。电子商务企业组建自营物流系统与专业物流服务提供企业相比，可能存在的问题之一是缺乏专业的人员，及对专业人员的有效管理。

2. 与传统商业结合模式

（1）优势：

①采用与传统商业相结合的物流模式，无须重建物流系统，比较经济；

②相对于第三方物流模式，采用与传统商业共用模式的物流可操控性强，对服务质量可实现有效地控制。这对与企业品牌的宣传、推广较为有利。如采取此模式的 1 号店推出了“半日达”服务，实现了率先在业内推行并实现当日配送的物流服务；

③采用与传统商业共用物流的模式可以降低电子商务企业进行物流管理的难度。相对完全自营模式的物流体系是在空白的基础上进行建设，与传统商业共用物流系统的模式能减低物流系统不确定性的风险。

（2）劣势：

①我国传统商业物流的整体水平不高，电子商务企业可以选择合作的对象比较少；

②物流效率较低、服务质量落后；

③与传统商业共用物流，成本优势未必得以凸显。

3. 第三方物流模式

（1）优势：

①用第三方物流模式，有助企业专注于核心业务，培育核心竞争力；

②通过用第三方物流模式来降低成本；

③采用第三方物流模式有助提升服务质量。

（2）劣势：

①物流尚未成熟。在西方国家，第三方物流存在的时间已经超过 20 年，发达程度较高。而对我国第三方物流行业进行现状分析很容易看到，第三方物流在我国还没有达到一定规模和专业化程度，如帮助企业节省成本，改善服务。在我们的国家这种第三方物流企业不具明显优势的情况下，物流外包往往会导致失败。

②易受制于人。尽管物流服务外包需要签订合约，但将物流服务交给外部的第三方物流公司完成，其物流服务的质量会受到第三方物流服务公司的制约。选择第三方物流模式的电子商务企业，往往不再构建自己的物流系统。

在此情况下，随着电子商务网站业务的开展，对第三方物流公司的依赖程度会逐渐增加。如果此时第三方物流公司提出提高物流服务价格，电子商务企业将缺少谈判的优势。

4. 物流联盟模式

（1）优势：

①从电子商务网站的角度看，物流联盟的建立可以帮助网站更好地控制物流系统。电子商务网站在开发物流信息平台上具有技术优势；

②从 C2C 交易双方的角度看，物流联盟的建立比起从前增加了网购便利性，降低了物流费用并保证了物流质量；

③从加入物流联盟的物流公司的角度来看，物流联盟也促进了这些企业的战略性合作。电子商务物流业的整体水平还比较低，单个物流企业的竞争力还很弱。

（2）劣势：

①采用物流联盟模式，由于物流联盟成员的信息化水平可能存在较大差异，在将电子商务网站的物流管理控制平台与物流企业的平台进行对接时需要投入较多的资金和精力，并且在安全性和稳定性上存在潜在的问题，给合作双方的信息沟通造成不畅，进而影响整个物流联盟成员间的合作；

②当发生货物损坏或丢失时，赔偿责任难以认定；

③随着物流联盟成员自身的发展、能力的增强，联盟成员可能会脱离物流联盟组织，造成联盟不稳定，给信息平台对接带来更大的风险。

电子商务环境下我国物流业具有巨大的发展前景，呈现出多元化、信息化、智能化、全球化等新的发展趋势。我国必须抓住经济全球化和对外开放的大好机遇，借鉴国外物流业的先进经验，结合我国的实际，采取多种渠道、多种方式，促进我国物流业在电子商务的环境下健康快速发展。

第四节　电子商务中的客户关系管理

一、CRM 的产生、特点及内涵

（一）CRM 的产生

CRM 的产生是市场与科技发展的结果。

1. 现代企业的发展阶段

在社会的进程中，客户关系管理一直就存在，只是在不同的社会阶段其重要性不同、其具体的表现形式不同而已。现代企业理论经历了几个发展阶段，从以生产为核心到以产品质量为核心，再到现在的以客户为中心，这些变化的主要动力就是社会生产力的不断提高。

2. 新经济条件下的特征

在以数码知识和网络技术为基础、以创新为核心、以全球化和信息化为特征的新经济条件下，企业的经营管理进一步打破了地域的限制，竞争也日趋激烈。如何在全球贸易体系中占有一席之地、如何赢得更大的市场份额和更广阔的市场前景、如何开发客户资源和保持相对稳定的客户队伍已成为影响企业生存和发展的关键问题，CRM 为解决这些问题提供了思路，并正在成为企业经营策略的核心。

（二）电子商务环境下客户关系管理的新特点

在传统条件下实现客户关系管理有较大的局限性，主要表现在客户信息的分散性以及企业内部各部门业务运作的独立性，基于因特网的客户关系管理是一个完整的收集、分析、开发和利用各种客户资源的系统，它的新特点有：

（1）集中了企业内部原来分散的各种客户数据形成了正确、完整、统一的客户信息为各部门所共享；

（2）客户与企业任意一个部门打交道都能得到一致的信息；

（3）客户可选择电子邮件、电话、传真等多种方式与企业联系都能得到满意的答复，因为在企业内部的信息处理是高度集成的；

（4）客户与公司交往的各种信息都能在对方的客户数据库中得到体现，能最大限度地满足客户个性化的需求；

（5）公司可以充分利用客户关系管理系统，可以准确判断客户的需求特性，以便有的放矢地开展客户服务，提高客户忠诚度。

（三）CRM 的内涵

所谓 CRM 是指通过管理客户信息资源，提供客户满意的产品和服务，与客户建立起长期、稳定、相互信任、互惠互利的密切关系的动态过程和经营策略。CRM 作为一种新的经营管理哲学，对其内涵的进一步理解，可以从不同角度、不同层次来理解。

1. 客户关系管理是一种管理理念

（1）核心思想。其核心思想是将企业的客户（包括最终客户、分销商和合作伙伴）作为最重要的企业资源，通过完善的客户服务和深入的客户分析来满足客户的需求，保证实现客户的终生价值。现在是一个变革和创新的时代，比竞争对手领先一步，而且仅仅一步，就可能意味着成功。

（2）业务流程。业务流程的重新设计为企业的管理创新提供了一个工具。在引入客户关系管理的理念和技术时，不可避免地要对企业原来的管理方式进行改变，创新的思想将有利于企业员工接受变革，而业务流程重组则提供了具体的思路和方法。在互联网时代，仅凭传统的管理思想已经不够了。互联网带来的不仅是一种手段，也触发了企业组织架构、工作流程的重组以及整个社会管理思想的变革。所以，客户关系管理首先是对传统管理理念的一

种更新。

2. 旨在改善企业与客户之间关系的新型管理机制

（1）它实施于企业的市场营销、销售、服务与技术支持等与客户相关的领域，通过向企业的销售；

（2）市场和客户服务的专业人员提供全面、个性化的客户资料，并强化跟踪服务、信息分析的能力，使他们能够协同建立和维护一系列与客户和生意伙伴之间卓有成效的“一对一关系”，从而使企业得以提供更快捷和周到的优质服务，提高客户满意度，吸引和保持更多的客户，从而增加营业额；

（3）通过信息共享和优化商业流程来有效地降低企业经营成本。

3. 客户关系管理也是一种管理技术

它将最佳的商业实践与数据挖掘、数据仓库、一对一营销、销售自动化以及其他信息技术紧密结合在一起，为企业的销售、客户服务和决策支持等领域提供了一个业务自动化的解决方案，使企业有了一个基于电子商务的面对客户的前沿，从而顺利实现由传统企业模式到以电子商务为基础的现代企业模式的转化。

4. 客户关系管理是一种企业商务战略

客户关系管理并非等同于单纯的信息技术或管理技术，它更是一种企业商务战略。其目的是使企业根据客户分段进行重组，强化使客户满意的行为并连接客户与供应商之间的过程，从而优化企业的可营利性，提高利润并改善客户的满意程度。具体操作时，它将看待“客户”的视角从独立分散的各个部门提升到了企业，各个部门负责与客户的具体交互，但向客户负责的却是整个企业。以一个面孔面对客户是成功实施 CRM 的根本。为了实现 CRM，企业与客户连接的每一环节都应实现自动化管理。

二、CRM 给传统企业带来的冲击

随着 CRM 的迅速发展，许多公司发现当用户需求成为商业流程的中心时，“传统”的企业运营方式在很多地方产生了不协调，这些不协调妨碍了

CRM 发挥出完整的效力。因为 CRM 直接从“客户接触点”开始为企业管理换了一种思维方式，它也往往成为企业走向电子商务的第一次尝试。日新月异的科技手段经常让企业目不暇接，要跟踪评估客户就更加困难。在这种情况下，传统企业开始感受到不同寻常的冲击。

（一）来自营销方面的冲击

过去用户只能被动地听取介绍，通过大众媒体进行的广告促销，如果能够树立起独特的产品形象，就有可能成为最热门的商品。企业不必考虑每个客户的专门需要，只要能保持在电视和报纸上经常“曝光”就可以树立并保持自己的品牌。而实施 CRM 后则能够就指定的消费群体进行一对一的营销，用户往往是主动的，而且成本低、效果好。

（二）来自竞争对手的冲击

美国东北航空公司曾经是一家规模颇大的航空企业，拥有不少条航线和飞机的固定资产，但在 20 世纪 80 年代不得不宣布破产。其倒闭不是因为服务质量或别的什么原因，而是因为当其他航空公司纷纷采用计算机信息系统让全国各地的旅游代理商可以实时查询、订票和更改航班的时候，东北航空公司没有这么做。很快他们就发现在价格和服务方面无法与其他航空公司竞争。别的航空公司及时向客户提供折扣，或在更改航班的时候通知客户，保持每次飞行的客满率，而他们仍然要用昂贵的长途电话方式人工运作。等他们决定投资订票系统的时候为时已晚，最后不得不以倒闭告终。

（三）来自企业内部的冲击

无论是像 Amazon 这样的新型网络企业，还是像 Ford 这样的致力于网络化改造的传统企业，网上客户的要求并不仅仅是信息交换，最后仍然要落实在产品和服务上，这就要求企业流程要能够在制造、运输、售后服务等各方面与加速流通的用户信息相匹配。通过互联网和电话与企业进行交流的用户往往更加没有耐性，他们要求电子邮件能够立刻回复、订单可以及时查询、更新修改都要能够及时办到。

（四）来自科技的冲击

为了让用户更满意，同时保持批量生产带来的低成本和高效率，长期以来人们进行了多种尝试，包括进行市场细分、不断吸收用户反馈、设计可调整流水线和运用自动控制技术等，但直到今天，这些努力都没有达到惊人的成效。主要是由于差异过大，要让产品做到“完全适合你”“为你定制”，用户和企业之间必须进行不断的、迅速的“一对一”的信息交换，在网络未出现之前，这只能是幻想。随着网络的发展和电子商务的展开，以“量身定做”为主要特征的批量定制迅速得到发展，正在越来越多的企业中得到应用，而 CRM 则是专门为此服务的软件系统。

三、客户关系管理带给企业的主要优势

（一）降低成本，增加收入

在降低成本方面，客户关系管理使销售和营销过程自动化，大大降低了销售费用和营销费用；并且，由于客户关系管理使企业与客户产生高度互动，可帮助企业实现更准确的客户定位，使企业留住老客户，获得新客户的成本显著下降。在增加收入方面，由于客户关系管理过程中掌握了大量的客户信息，可以通过数据挖掘技术，发现客户的潜在需求，实现交叉销售，可带来额外的新收入来源；并且，由于采用了客户关系管理，可以更加密切与客户的关系，增加订单的数量和频率，减少客户的流失。

（二）提高业务运作效率

由于信息技术的应用，实现了企业内部范围内的信息共享，使业务流程处理的自动化程度大大提高，从而使用业务处理的时间大大缩短，员工的工作也将得到简化，使企业内外的各项业务得到有效的运转，保证客户以最少的时间，最快的速度得到满意的服务。所以，实施客户关系管理可以节省企业产品生产、销售的周期，降低原材料和产品的库存，对提高企业的经济效益大有帮助。

（三）保留客户，提高客户忠诚度

客户可以通过多种形式与企业进行交流和业务往来，企业的客户数据库可以记录分析客户的各种个性化需求，向每一位客户提供“一对一”的产品和服务，而且企业可以根据客户的不同交易记录提供不同层次的优惠措施，鼓励客户长期与企业开展业务。

（四）有助于拓展市场

客户关系管理系统具有对市场活动、销售活动的预测。分析能力，能够从不同角度提供有关产品和服务成本，利润数据，并对客户分布，市场需求趋势的变化，做出科学的预测，以便更好地把握市场机会。

（五）挖掘客户的潜在价值

每一个企业都有一定数量的客户群，如果能对客户的深层次需求进行研究，则可带来更多的商业机会。客户关系管理过程中产生了大量有用的客户数据，只要加以深入利用即可发现很多客户的潜在需求。

四、电子商务中的客户关系管理实施

（一）电子商务网站上的客户关系管理

电子商务离不开因特网，网站是电子商务中企业与客户进行联系的特殊且重要的平台和沟通工具。网站将提供产品和服务的厂商与最终客户之间的距离消除了。作为客户，可以通过网站直接向厂商咨询信息、投诉意见、发表看法；作为厂商，则可以利用网站实现向客户提出一对一的个性化服务。另外，企业通过网站可以了解市场需求和客户信息，加快了信息传递、加快了商流的周期。在一定程度上可以说，正是由于电子商务网站提供了企业与客户（包括潜在客户）之间的新的沟通渠道和沟通方式，才使电子商务具有如此旺盛、鲜活的生命力。为了和客户沟通，在电子商务中采取的措施如下。

1. 电子邮件链接

电子邮件链接，便于客户和网站管理者通过邮件联系。邮寄目录，请客户签署邮寄单。让所有在邮寄单上的人及时了解你所提供的最新产品，为了

把客户放在邮寄单上，在做第一次交易的时候询问客户的电子邮件地址，可以提供给他们两种选择：一种是明确列在邮寄单上，一种是不明确的，一旦有了地址，勾画出他们的购买行为，就可以传送适当的信息了。不久就会感受到顾客反馈的信息。

2. 网络社区

社区建立的原则基于基本的心理学常识，人类不喜欢改变，不喜欢决策。一旦他们寻求某种大目标的时候，就会融入一个团体中，他们不愿意轻易放弃。

（1）考虑到客户第一次决定购买你的产品的难度，如果使下一次购买的障碍尽可能的低，他们就会非常满足，创造一种环境，让客户在其中培养良好的感觉，认识到他们是被理解的，成为了一种强势集团的成员；

（2）运用电子公告板，供客户在网上公开发表意见。通过邮件列表，定期或不定期向不同的客户群体发送不同信息；

（3）网上调查，了解市场需求和客户消费倾向的变化；网上呼叫服务，及时解答客户的问题和投诉。

3. 客户购物专区

客户购物专区，存放每一个客户的购物信息，便于客户跟踪、查询订单的执行。与顾客进行成功互动的一个先决条件是：需要向客户提供其购物全过程的全面情况，以推动他的购买决策。应当非常明确地告诉客户何时预订，一旦预订了商品，就要告诉客户它的价格。这种说明应该包括购买前、购买中、购买后。这样便提高了购物过程的透明度。

（二）客户关系管理的实施

1. 要有明确的远景规划和近期实现目标

管理者制定规划与目标时，既要考虑企业内部的现状和实际管理水平，也要看到外部市场对企业的要求与挑战。只有明确实施CRM系统的初始原因，才能给出适合企业自身的CRM远景规划和近期实现目标。

2. 高层管理者的理解与支持

高层管理者对 CRM 项目实施的支持、理解与承诺是项目成功的关键因素之一。缺乏管理者支持与承诺会对项目实施带来很大的负面影响，甚至可以使项目在启动时就已经举步维艰了。要得到管理者的支持与承诺，首先要求管理者必须对项目有相当的参与程度，进而能够对项目实施有一定理解。CRM 系统实施所影响到的部门的高层领导应成为项目的发起人或参与人，CRM 系统的实现目标、业务范围等信息应当经由他们传递给相关部门和人员。

3. 让业务来驱动 CRM 项目的实施

CRM 系统是为了建立一套以客户为中心的销售服务体系，因此 CRM 系统的实施应当是以业务过程来驱动的。IT 技术为 CRM 系统的实现提供了技术可能性，但 CRM 真正的驱动力应来源于业务本身。CRM 项目的实施必须要把握软件提供的先进技术与企业目前的运作流程间的平衡点，以项目实施的目标来考虑当前阶段的实施方向。同时，也要注意任何一套 CRM 系统在对企业进行实施时都要做一定程度上的配置修改与调整，不应为了单纯适应软件限制而全盘放弃企业有特点、有优势的流程处理。

4. 有效地控制变更

项目实施不可避免地会使业务流程发生变化，同时也会影响到人员岗位和职责的变化，甚至引起部分组织结构的调整。如何将这些变化带来的消极影响降到最低，如何使企业内所有相关部门和人员认同并接受这一变化，是项目负责人将面临的严重挑战。新系统的实施还需要考虑对业务用户的各种培训，以及为配合新流程的相应的外部管理规定的制定等内容，这些内容都可以列入到变更管理的范围之中。

5. 建立项目实施组织

项目组成员会由企业内部成员和外部的实施伙伴共同组成。内部人员主要是企业高层领导、相关实施部门的业务骨干和 IT 技术人员。业务骨干的挑选要十分谨慎，他们应当真正熟悉企业目前的运作，并对流程具备一定的发言权和权威性，必须全职、全程地参与项目工作。

6. 明确项目人员的奖惩制度

CRM 实施过程中会发生人员流动，也会出现工作人员的效率不高、情绪不积极等情况。针对上述情况，要求项目组在建立项目小组和人员定位时，一定要在企业内部达成共识，防止在项目实施期间对人员的随意抽调。同时，还必须对项目组成员的职责分工有明确定义，将每项任务落实到个人，明确对个人的考核目标，对优秀人员予以奖励，不能完成任务的予以处罚。

总的说来，CRM 是一种旨在改善企业与客户之间关系的新型管理机制，它实施于企业的市场营销、销售、服务与技术支持等与客户相关的领域。CRM 虽然仅仅是“电子商务”的一个子集，但是它把客户放在了核心位置。企业实施 CRM，必须补上过去落下的“功课”——要求企业更了解现存和潜在客户，要求企业能够准确及时地判断竞争对手的行为，要求企业能够追赶得上日新月异的信息技术，尤其要求企业的内部管理能够适应这些变化。如果一个企业可以很好地吸收 CRM 理念，会看到在利润、客户忠诚度和客户满意度等多方面的提高，对未来的整体性的“电子商务时代”的来临也就更有准备。

许多企业客户关系管理的实践表明：在电子商务发展时代，有效实施客户关系管理是企业保持旺盛生命力的强劲动力，只有客户关系管理的成功，才有电子商务的成功，也才有企业持续、快速、健康的发展。

第五节 电子支付系统

随着社会的进步，计算机、网络技术的不断发展，商务模式也在迅速的发生改变，电子商务作为网络时代一种新的生产力，以其特有低成本、跨地域、随时随地及个性化等优势，正在以一种前所未有的方式改变着传统商务活动的模式和格局，也深刻地影响着人们的商务理念和生活方式。作为中间环节的网上支付，是电子商务交易双方最为关心的问题，而网上支付的安全性与方便性是双方专注的重点。支付宝作为第三方支付平台中用户人数与信赖程度最多的一个，其支付系统的操作与安全性都是值得进行分析与研究的。

一、网上电子支付的概念

（一）研究背景

1. 研究的目的与意义

电子商务的发展，使得人们可以不见面就完成交易的整个过程，大幅度地节约了交易成本，提高了交易效率。

2. 电子支付的优势

电子支付它作为网络时代一种新的生产力，以其特有低成本、跨地域、随时随地及个性化等优势，正在以一种前所未有的方式改变着传统商务活动的模式和格局，也深刻地影响着人们的商务理念和生活方式。第三方支付平台满足了电子商务中商家和消费者对信誉和安全的要求，成为目前我国电子商务发展的推动力。

（二）网上电子支付的概念与特点

1. 网上电子支付的概念

网上电子支付就是指以电子化工具和各类电子货币为媒介，以计算机技术和通信技术为手段，通过电子数据存储和传递的形式在计算机网络系统上实现资金的流通和支付。网上电子支付系统是电子商务系统的重要组成部分，它是消费者、商家和金融机构之间使用安全电子手段交换商品或服务，即把新型支付手段（包括电子现金、信用卡、借记卡、智能卡等）的支付信息通过网络安全传送到银行或相应的处理机构，以此来实现电子支付。

2. 网上电子支付的特点

（1）交易双方在使用电子支付时，是通过信息技术来传递数字流，将支付信息传递到银行或相应的处理机构，再由这些机构来完成资金的流通的模式，相对于传统的支付方式，这种方式节省了从银行取出现金或票据的转让这一步骤，既节省了时间，又给用户带来了方便。

（2）支撑电子支付的是由先进的通信技术构建起来的电子化平台，进行支付时也是数字流的传递，不是传统支付时使用的货币。

（3）要进行电子支付，进行交易的双方都需要有先进的通信技术，还必须具备支持电子支付的软件和硬件系统，只有达到了这些条件，才能进行数字流的传递，也就能进行电子支付了，与传统支付相比在条件上要求要高一些。

（4）相对于传统支付的高要求，电子支付所带来的优点也是很大的，其中最大的好处就是给用户带来的方便、快捷、高效、经济的服务。在现代信息化的社会，用户只需要通过一台联网的电脑就能在很短的时间内完成支付过程。

（三）网上电子支付的现状

近年来，电子支付市场每年以高于30%的速度在增长。虽然电子商务与电子支付均发展迅速，但与国外电子支付市场相比，相对于我国互联网、电子商务对电子支付的需求，国内的电子支付市场只能算是刚刚起步。网上电子支付目前的状况主要有以下几点。

1. 市场混杂，没有相关政策的规范

目前支付服务只是解决了有无的问题，接下来服务商的主要任务是不断更新、完善支付产品以让用户体验更加顺畅、安全。只有这样，互联网及电子商务的明天才会更加美好。

（1）需要政府支持。电子支付行业只是刚起步，以后会出现各种情况，可能会出现打价格战或者竞争的情况，用户在安全性方面会有担忧，能不能很快地使这个支付方式得到推广，就非常需要政府的力量了，有些中小型企业也想做电子支付，但是在现今免费提供第三方支付的前提下，质量上就会不行。如果政府机关对支付市场进行有效监管，可以保证其健康、规范的发展。

（2）第三方支付 。目前，支付市场的格局仍然没有形成，如果银行能成立具有网络银行牌照的组织进入这个行业，推动这个领域，那么支付的格局一定会有很大的变化，第三方支付将会规范化，市场的细分与创新也会在新的规范下进行。

2. 网上电子支付与银行建立合作关系

从行业分析的角度会发现银行和第三方支付有共同的一个客户，在利益关系问题上可能会有竞争，但并不存在太多实际上的竞争。如果存在竞争，企业绝对不是银行的对手，因此提高了交易效率。它作为网络时代一种新的生产力，以其特有低成本、跨地域、随时随地及个性化等优势，正在以一种前所未有的方式改变着传统商务活动的模式和格局，也深刻地影响着人们的商务理念和生活方式。第三方支付平台满足了电子商务中商家和消费者对信誉和安全的要求，成为目前我国电子商务发展的推动力。

3. 以支付宝为代表的第三方支付平台

但是支付宝作为第三方支付平台最有代表性的一个支付方式，在网上电子支付中起到了很重要的作用，对其支付系统进行研究分析，能有助于我们对网上电子支付系统有一个全面的认识，并且对我们使用支付宝进行网上电子支付有一定的帮助。

银行是鼓励第三方支付平台发展的，因为第三方支付帮银行把很多银行本身做不了的服务和推广实现了，最后所有的商户还是要汇总到银行，客户不会流失。所以现在还是合作支持为主。网上电子支付与银行的合作支持主要是在相关业务上的支持与互动。

二、支付宝网上支付系统的现状及使用

（一）支付宝网上支付系统的背景与现状

1. 支付宝网上支付系统的背景

支付宝崛起之时，很多人都误认为它只是阿里巴巴旗下网上购物平台淘宝网的支付工具。但是支付宝从未把自己只定位在淘宝的应用上，在电子支付市场发展的过程中，它逐渐被更多的行业和用户所认可，发展迅猛。支付宝业务涵盖了虚拟游戏、数码通信、商业服务、机票等行业。已和工行、农行、建行、招行、浦发银行以及中国邮政、VISA 等建立了合作，适用于 C2C、B2C 和 B2B 领域，更适合于 C2C 模式。

2. 支付宝网上支付系统的现状

目前，支付宝已经成为中国网游行业的主流支付工具，成为电子商务支付的默认标准，基本上垄断了第三方支付市场。尽管支付宝在第三方独立支付行业里占据的份额最大，但是面对着市场竞争日益激烈的现实，在竞争升级的今天如何提升自己，如何在竞争中占据优势也是对支付宝的考验。

（二）支付宝网上电子支付系统的优缺点

1. 支付宝网上电子支付系统的优点

（1）良好的品牌形象

由于阿里巴巴以及旗下淘宝网的良好品牌形象，增强了支付宝的信用度。支付宝是由阿里巴巴公司创办，提供网上支付服务的第三方支付平台，支付宝致力于为中国电子商务提供各种安全、方便、个性化的在线支付解决方案。

（2）方便的即时联系工具

以淘宝旺旺联系工具，买卖双方可以在拍前互相联系。拍前联系可以使买方与卖方沟通联系后再付款，采用这种方式的网站必须同时提供便于买卖双方进行沟通的工具。淘宝网以淘宝旺旺为即时沟通工具，实现买卖双方付款前的交流。

（3）与银行的合作降低了风险

对于中国消费者来说银行的诚信度是很高的，一方面支付宝与银行等金融机构的合作大大降低了用户对网上支付风险的担心。支付宝已经与国内几家大的金融机构如工商银行、招商银行等建立了战略合作，这在很大程度上分散了其运营的风险，另一方面，由于消费者对银行的信任，消费者会提高对支付宝的信任，减少对交易风险的担心。

2. 支付宝网上电子支付系统的不足

（1）交易中会出现资金积压问题。现在的网上支付系统有款到发货和货到付款。其中款到发货对卖方有利，使卖方处于主动地位，能保证卖方的利益。货到付款对买方有利，在买方收到货物以后才向卖方付款，使买方处于主动地位。

支付宝的支付方式就是货到付款，买卖双方在支付宝上进行交易时，在买方收到商品通知“支付宝”后，“支付宝”才能与卖方结算，向卖方支付货款。这样一来，用于交易的资金就会在支付宝保留一段时间，对于卖方而言，存在着支付周期过长、资金积压的问题，如果是规模较小的卖方，资金的积压问题很有可能造成其资金的周转困难，无法持续经营。而对于支付宝来说，由于它不是金融机构，大量的资金积压是不符合法律规范的。

（2）交易流程中对退款情况的处理比较困难。在网上交易中，由于买家在交易前看不到货物，所以在买家收到货物后就有可能对货物不满意，在这种时候就需要进行退货操作。如果交易时选择的是款到发货，主动权就在卖家那一方，想要进行退货是很困难的，如果选择的是货到付款，主动权就

在买家手上，进行退货就会显得比较容易。

支付宝的交易模式为货到付款，交易流程中若买方对于商品不满意或有其他原因，买方需在支付宝要求的期限内申请退款，退款处理周期也较长。此外，若买方未在此期限内申请，那么支付宝将直接将货款汇至卖方账户，买方将无法追回此次交易的货款，或在确认付款后才发现货物有质量问题或者与网上描述不符，支付宝也不负责退款事宜，买家只能通过与卖家协商，在这种情况下买家都是处于被动，很难达到退款的目的。

3. 支付宝无法处理交易中发生的纠纷

（1）容易产生纠纷。买卖双方在进行交易时经常会出现纠纷，在传统交易中买卖双方虽然都能看见货物并且是现场交易，但是也有可能会产生纠纷，在网上交易时由于买方对货物的不了解就更容易产生纠纷。

（2）中介的作用。支付宝在交易中只起到中介的作用，如果在交易过程中双方发生纠纷，支付宝或淘宝没有所产生纠纷的解决办法，这时支付宝或淘宝网都无法处理，只能进行调解，最终只能由买卖双方协商解决，如果最后的结果令双方不满意，就会影响支付宝在用户心中的地位，降低对支付宝的信任。

4. 支付宝抵御风险的能力较差

在第三方支付平台进行网上交易是我国电子商务网上支付的主要交易方式，而电子商务在我国才刚起步，还存在着很多不足与漏洞，这些不足与漏洞就会成为用户在使用支付平台时的风险。

支付宝是一个非金融性的机构，其信用度是无法与银行相比的，作为第三方支付平台，在我国才刚起步，技术方面也不够成熟，与银行相比，其抵御各类风险的能力也相对较弱。

（三）对支付宝网上电子支付系统的建议

对于支付宝网上电子支付系统的不足，如果是可以解决的，我们可以采取一些措施来进行完善，主要可以从以下几个方面着手。

1. 增加第三方监管机构

支付宝是一个非金融机构，在交易流程中的资金流通和积压都使它充当了金融机构的角色，由于当前没有明确的法律法规，也没有明确的监管机构，已经出现了多处风险点，其中包括第三方支付机构信用风险、网络黑客盗用资金风险、信用卡非法套现风险、发生洗钱犯罪行为风险等。

在这种情况下，第三方支付平台就急需一个权威的监管机构进行监督，以便于行业的规范化。

要想掌握非金融机构从事支付清算业务的情况，完善支付服务市场监督管理政策，维护社会公众合法权益，就需要有一个被大家所公认的权威机构制定出一套监控体系，现在大家最信任的金融机构就是银行，如果银行能出台一些政策对第三方支付进行规范和监控，那将会使第三方支付市场更加规范化，进而保持这个行业健康有序的发展。

2. 妥善处理退款事宜

支付宝目前所支持的退款情况是在买家确认付款前的退款，如果在退货期限后的时间申请退货，即交易已经完成的情况下，则支付宝不负责退款的处理，买家只能与卖家协商解决。在这种情况下，买家将处于被动地位，很多时候是没办法退款的。作为在支付宝进行交易所发生的问题，支付宝应增加在买家确认付款后的退款处理。在确认退货请求合理性后，就需要督促卖方进行退款了，在这时就需要支付宝对用户资料有详细的记录，这样才能使退款顺利完成。

3. 进一步完善支付宝网上电子支付各阶段的规定

针对支付宝无法处理交易中发生的纠纷问题，支付宝应制定出一套解决纠纷问题的规定。在规定中应对交易过程中每一个环节所必须承担的责任和义务更加具体化，对所有可能的情况制定出具体的解决办法。如纠纷是发生在交易前、交易中或交易后，是买家的原因还是卖家的原因，这些都是解决方案所要考虑的因素。这样就可以减少纠纷的发生，一旦发生纠纷，可以根据纠纷具体发生在哪个环节，用规定的解决方案来进行解决，避免了发生纠纷时各执一词，无法解决的情况发生。

4. 完善网上交易安全技术

在这个信息化时代，通信技术高速发展的今天，网络安全越来越受到人们的重视。网上支付中对安全技术的要求更高，网上交易安全主要是通过数字签名和数字证书来实行身份验证实现的。支付宝应加强交易时的安全技术，以避免数字签名和身份认证被盗用时对用户带来的损失，如在交易发生时提醒用户，当用户确认时才能进行交易，这样可以增加使用支付宝交易的安全性，使用户对网上支付更加放心。

5. 建立个人信用体系

在西方国家，信用体系建设和发展已经经历了上百年，而我国信用体系才刚起步。在我国公民和各类市场主体信用意识普遍淡薄、信用管理法律法规很不健全的情况下，进行网络支付时就会发生很多的问题，如欺骗的行为，会让一些人铤而走险，进行一些欺骗性质的行为。这就限制了第三方支付的发展，会使用户对网上支付存在一定的顾虑。如果建立了健全的信用体系，就可以减少欺骗的行为，就算发生了也可以通过信用体系中的个人资料对行骗人进行惩罚。

随着社会的进步、科学的发展、新技术的应用，尤其是计算机网络化，全球化进程加快，网上电子支付在电子商务中的应用，已经成为一个很热门的话题，在电子商务活动中进行电子支付的安全性与方便性深受广大用户的关注。支付宝网上电子支付系统，已经成为用户在网上电子支付中不可缺少的重要工具，给用户提供了一个安全快捷的交易环境，为用户能够放心地进行网上电子支付带来了极大的便利，提高了买卖双方的效率。

第六节　电子商务安全

随着信息化时代的到来，电子信息技术得到了迅速普及和广泛应用，与此同时，电子商务以其快捷、便利等优点越来越受到社会的认可。电子商务的发展前景十分诱人，但商业信息的安全依然是电子商务的首要问题。由于电子商务的开放性及其所基于的网络全球性、无缝连通性、共享性、动态性发展，使得电子商务的安全问题成为现今的聚焦中心，并制约着电子商务的进一步发展。构建安全电子商务交易系统将成为今后电子商务发展的关键。电子商务交易的核心问题是安全问题。

一、电子商务中存在的安全问题

（一）网络信息安全方面

1. 安全协议问题

目前安全协议还没有全球性的标准和规范，相对制约了国际性的商务活动。此外，在安全管理方面还存在很大隐患，普遍难以抵御黑客的攻击。

2. 防病毒问题

互联网的出现为电脑病毒的传播提供了最好的媒介，不少新病毒直接以网络作为自己的传播途径。在电子商务领域如何有效防范病毒也是一个十分紧迫的问题。

3. 服务器的安全问题

装有大量与电子商务有关的软件和商户信息的系统服务器是电子商务的

核心，所以服务器特别容易受到安全的威胁，并且一旦出现安全问题，造成的后果会非常严重。

（二）电子商务交易方面

1. 身份不确定问题

由于电子商务的实现需要借助于虚拟的网络平台，在这个平台上交易双方是不需要见面的，因此带来了交易双方身份的不确定性。攻击者可以通过非法的手段盗窃合法用户的身份信息，仿冒合法用户的身份与他人进行交易。

2. 交易的抵赖问题

电子商务的交易应该同传统的交易一样具有不可抵赖性。有些用户可能对自己发出的信息进行恶意的否认，以推卸自己应承担的责任。

3. 交易的修改问题

交易文件是不可修改的，否则必然会影响到另一方的商业利益。电子商务中的交易文件同样也不能修改，以保证商务交易的严肃和公正。

二、电子商务的安全性要求

1. 服务的有效性要求

电子商务系统应能防止服务失败情况的发生，预防由于网络故障和病毒发作等因素产生的系统停止服务等情况，保证交易数据能准确快速地传送。

2. 交易信息的保密性要求

电子商务系统应对用户所传送的信息进行有效地加密，防止因信息被截取破译，同时要防止信息被越权访问。

3. 数据完整性要求

数字完整性是指在数据处理过程中，原来数据和现行数据之间保持完全一致。为了保障商务交易的严肃和公正，交易的文件是不可被修改的，否则必然会损害一方的商业利益。

4. 身份认证的要求

电子商务系统应提供安全有效的身份认证机制，确保交易双方的信息都是合法有效的，以免发生交易纠纷时提供法律依据。

三、电子商务运用的安全技术

（一）网络节点的安全

1. 虚拟专用网 (VPN)

在电子商务中通常采用 VPN 技术，通过加密和验证网络流量来保护在公共网络上传输私有信息，而不会被窃取或篡改。对于用户来说，就像使用他们自己的私有网络一样。

2. 配置防火墙

防火墙是一种由计算机硬件和软件的组合，使互联网与内部网之间建立起一个安全网关，从而保护内部网免受非法用户的侵入，它其实就是把互联网与内部网(通常指局域网或城域网)隔开的屏障。防火墙的应用可以有效地减少黑客的入侵及攻击，为电子商务的施展提供一个相对更安全的平台。

（二）通信安全

1. 加密技术

数据加密就是按照确定的密码算法将敏感的明文数据变换成难以识别的密文数据。通过使用不同的密钥，可用同一加密算法，将同一明文加密成不同的密文。当需要时可使用密钥将密文数据还原成明文数据，称为解密。数据加密被认为是最可靠的安全保障形式，它可以从根本上满足信息完整性的要求，是一种主动安全防范策略。密钥加密技术分为对称密钥加密和非对称密钥加密两类。

2. 数字签名和数字证书

（1）数字签名

数字签名是用来保证文档的真实性、有效性的一种措施，如同出示手写签名一样。将摘要用发送者的私钥加密，与原文一起传送给接收者。接收者只有用发送者的公钥才能解密被加密的摘要。通过数字签名能够实现对原始报文的鉴别与验证，保证报文的完整性、权威性和发送者对所发报文的不可抵赖性。数字签名机制提供了一种鉴别方法，保证了网络数据的完整性和真实性。

（2）数字证书

数字证书就是标志网络用户身份信息的一系列数据，用来在网络中识别通信各方的身份，其作用类似于现实生活中的身份证。数字证书由可信任的、公正的权威机构 CA 中心颁发，以数字证书为主的加密技术可以对网络上传输的信息进行加密和解密、数字签名和签名验证，确保网上传递信息的机密性、完整性、交易实体身份的真实性、签名信息的不可否认性，从而保障网络应用的安全性。

（三）用户认证管理

1. 身份认证

电子商务企业用户身份认证可以通过服务器CA证书与IC卡相结合实现。CA 证书用来认证服务器的身份，IC 卡用来认证企业用户的身份。个人用户由于没有提供交易功能，所以只采用 ID 号和密码口令的身份确认机制。

2.CA 证书

认证中心 (CA) 就是承担网上安全交易认证服务，能签发数字证书，并能确认用户身份的服务机构。认证中心通常是企业性的服务机构，主要任务是受理数字证书的申请、签发及对数字证书的管理。CA 中心一般是社会公认的可靠组织，它对个人、组织进行审核后，为其发放数字证书，证书分为服务器证书和个人证书。

3. 安全套接层 SSL 协议

安全套接层 SSL 协议是 Netscape 公司在网络传输层与应用层之间提供的一种基于 RSA 和保密密钥的用于浏览器与 Web 服务器之间的安全链接技术。(SET) 安全电子交易公告。为在线交易设立的一个开放的、以电子货币为基础的电子付款系统规范。SET 在保留对客户信用卡认证的前提下，又增加了对商家身份的认证。SET 已成为全球网络的工业标准。

（四）完善电子商务安全措施

1. 发展电子商务完善配套措施

（1）突破关键技术受制于人的瓶颈；

（2）我国应尽快对电子商务的有关细则进行立法；

（3）大力开发大型商务网站，发展与之相配套的物流公司；

（4）为了确保系统的安全性，除了采用技术手段外，还必须建立严格的内部安全机制；

（5）建立网络安全维护日志，记录与安全性相关的信息及事件，有情况出现时便于跟踪查询；

（6）对于重要数据要及时备份，且对数据库中存放的数据，数据库系统应视其重要性提供不同级别的数据加密。

2. 完善和提高电子商务信息安全的措施

（1）提高网络信息安全意识；

（2）加强网络安全管理；

（3）加快网络安全专业人才的培养；

（4）开展网络安全立法和执法；

（5）强化网络技术创新。

3. 加强企业电子商务信息安全的措施

（1）提高网络安全防范意识；

（2）建立电子商务安全管理组织体系；

（3）制定符合机构安全需求的信息安全策略；

（4）人员安全的管理和培训；

（5）增强法律意识，促进电子商务立法。

（五）电子商务安全问题总结

1. 电子商务信息安全

信息安全是电子商务生存和发展的关键要素，随着科技信息技术的不断发展，电子商务平台的安全性和管理策略将不断改进和完善。保证电子商务活动的安全，单是从技术角度防范是远远不够的，还必须通过完善电子商务法律和政策来正确引导和促进我国电子商务的快速健康发展。

2. 加强对电子商务的研究

我国电子商务处于初级普及阶段，需要政府加强对电子商务的研究，建立和规范电子商务的法律框架，促使电子商务实现公开化、合理化、合法化。而企业也必须对其内部所有员工进行信息安全意识教育，充分理解信息安全对企业开展电子商务活动的重要性，还必须通过专业人员对网站进行安全分析、风险评估。在运行效率分析的基础上，制定出完整、严谨的安全解决方案。并针对电子商务活动中存在的不安全因素采取适当的防范措施，例如硬件的电源故障可以通过设置不间断电源来解决，软件漏洞问题可通过针对性的设置加以弥补。

3. 积极防御最新的网络威胁和攻击

随着新技术的发明和应用，电子商务中存在的通信安全问题与数据存储安全问题都将得到解决。在网络中没有绝对的安全只有相对的安全，只要企业始终采用新技术，并积极防御最新的网络威胁和攻击，电子商务带给企业的好处必将大大超越它所带来的风险。

4. 电子商务活动的新模式

基于网络开展的电子商务，已逐渐成为人们进行商务活动的新模式，电子商务依托于网络技术和远程通信技术，降低了客户信息的收集成本，减少了客户服务费用。然而，开放的信息系统必然存在众多潜在的安全隐患。

由于因特网是一个完全开放的网络，任何一台计算机都可以与之连接，并借助其进行各种网上商务活动，且交易双方不能面对面地进行交流，这就给那些别有用心的组织或个人提供了窃取他人机密，甚至破坏他人网络系统运行的机会。可以说安全问题是制约其发展的重要因素，是关系到电子商务系统能否成功运行的最为重要的问题。

第三章

电子商务战略

一、电子商务市场的三种战略

（一）卖方控制型市场战略

它指由单一卖方建立，以寻求众多的买者，其目的是建立或维持其在交易中的市场势力的市场战略。

例如，由全球最大的网络路由器生产商思科 (cisco) 系统公司建立的因特网站，使顾客能够了解他们订货的全过程，检查生产提前期、价格、订货和货物发运的状态，并在网上获得相关的技术咨询服务。

目前，这个站点每年销售 30 亿美元的产品，约占思科公司总销售额的 40%。此外，通过在网上发布技术文件，向顾客提供产品信息，思科公司每年节约了 2.7 亿美元的印刷费、订单及其处理错误损失和以电话为基础的技术支持费用。其网上营销也通过加速订单处理和订货状态实时跟踪而增加了顾客的品牌忠诚度。

（二）买方控制型市场战略

它是由一个或多个购买者建立，旨在把市场势力和价值转移到买方的市场战略。虽然很多情况下涉及中介商，但有些特别大的购买者已经为自己建立了电子市场。例如，日本航空公司是一个机上消费品的大客户，他经常在其网上发布诸如塑料垃圾袋、一次性杯子等产品的需求信息，以便发现最有吸引力的供应商。

买方控制型市场战略除了由一个购买者直接建立的电子市场之外，还包括买方代理型和买方合作型两种买方控制型市场战略。

1. 买房代理型

“在线自由市场”公司建立了一个典型的买方代理型电子市场，该公司为传统的工业企业寻找一批竞争的零部件和半成品供应商。该公司提供一次离线（offline）服务，它针对每一个买主的要求，寻找出一批潜在的供应商，一旦这批可行的供应商确定后，该公司为这些供应商进行一次为期 3 个小时的网上竞价。“在线自由市场”公司建立的这种买方代理型市场帮助买方迅速有效地获得了满足其专门需要的供应商，更重要的是，供应商之间的网上竞价使买方购入的零部件和半成品的价格下降 10% ~ 25%。

2. 买方合作型

买方合作型电子市场则采用另一种方式。它把若干公司的采购联合起来，以增加其讨价还价的能力。“tpn 登记表”公司是由通用电器信息服务公司和汤姆生出版公司出资成立的一个合资公司。刚开始，它仅为通用电器公司灯泡事业部属下的各分厂进行联合采购，后来扩展到通用电器公司的所有事业部，现在，它的服务对象已经超越了通用电器公司，成为包括通用电器在内的多家大型企业进行联合采购的公司。这一买方合作型电子市场大大降低了订货的处理时间（例如，使通用灯泡分部的订货处理时间从一周下降至一天）、减少了订货处理成本，而且使采购物品的价格下降了 10% ~ 15%。

（三）中介控制型市场战略

它是由买卖双方之外的第三者建立，以便匹配买卖双方的需求与价格的市场战略。“快速配对”（fast parts）公司是一个专门交易积压电子元件的电子市场，它拥有大量的供应商和购买者的信息。通常，该公司根据不愿对用户公开公司名称的企业的积压电子元件的产品信息，通过电子市场对商品进行拍卖。这使三方都受益：

（1）卖方获得了比传统经销商出价更高的销售价；

（2）买方以市场价迅速获得了他需要的电子元件，更重要的是，“快速配对”公司检验了这些产品，并给予这些产品以完全的质量保证；

（3）“快速配对”公司赚得 8% 的佣金。

在这个市场中，三方都是赢家，输家可能只有传统的经销商。

但是，中介控制型电子市场的出现并不必然排斥传统中间商。例如，“数字市场”（digital markets）公司建立了一个以电子元件为交易对象的电子市场，其目的不是改变买卖双方的关系，而是要使交易更有效率。它通过电子市场把买方的订单提供给分销商，再把价格、送货等信息反馈买方。“数字市场”

公司还能使买方确认和跟踪他们的订单。为此，公司向卖方收取一定的交易费用，买方则不需为此付费。

对于那些快速变化的产品，购买者的战略应该是尽量多地利用电子商务市场，以便节约成本；而供应者的战略应是利用电子市场以获得更多的消费者，并阻止或推迟买方控制型市场的形成；而中介商的战略则是集中精力吸引市场买卖双方中的关键群体参加到他的电子市场中来。

4. 中介控制的市场份额和市场势力

为了确定什么样的市场战略对卖方最有效，我们需要考虑卖方的市场势力及其产品的牌知名度两个因素。如果一个厂商是这个行业的主导厂商并且其产品具有明显的品牌知名度，那么他应该考虑建立自己的因特网站点销售产品。例如，思科公司是路由器市场的主导厂商，利用它的品牌知名度的其因特网站点上获得大量的客户。

而那些缺乏足够的市场势力和品牌知名度的厂商，则应该进入多个电子商务市场，以便扩大它的销售范围。

5. 采购量和供应数量

对于买方电子商务市场战略的选择略有不同。

（1）关键的因素。这里关键的因素是买方的采购量和潜在供应商的数量。对于有许多供应商且采购量特别大的购买者可以建立自己的因特网站点，或者用与其他大买主合作采购的形式进一步加强买方的市场势力。

（2）合作采购的形式。合作采购的形式还适用于许多小买主的联合采购。对于有大量供应商的小买主则可以利用企业集市（business mall）以便对更多的供应商进行比较，在这种情况下，招标采购也是一种可以利用的形式，因为供应商之间同样存在着激烈的竞争。

二、传统品牌企业电子商务战略设计

传统品牌企业指针对传统线下市场，通过塑造自有品牌，开发满足目标客户需求的产品，建立销售渠道，积极市场营销，并占有一定市场份额的企业。

互联网的快速发展对传统商业流通产生深远冲击，原先传统市场开始分裂为线下市场和网购市场。网购市场已经具备一定规模，并不断裂化快速增长。所有有战略远见的传统企业家，都已经意识到未来几年将形成庞大的网购市场，因此都积极进行战略布局，以谋求在网购市场上，维持或超过自己在传统市场的市场份额。

但是，传统企业电子商务业务，涉及面极其庞杂，就如一个横切面，与传统企业的所有部门都会发生关联；同时又和外部所有新旧业务单位都会发生业务关联。在如此纷杂的业务关系中，传统企业如何梳理、规划和驾驭电子商务，成为其必须面对的重大问题。

（一）传统企业电子商务战略分析

1. 从被动到主动

电子商务开展对传统品牌服装企业带来了冲击，服装企业很多时候是“被电子商务”。

（1）网上充斥着品牌商品，对品牌产生了巨大的负面影响，不得不拯救品牌

①网上产品混杂，价格混乱。

②传统渠道对网络低价的冲击投诉不断。由于销售相同产品，店铺出现客户试衣而最终去网上订购，网上低价销售冲击传统店铺正常销售秩序。

③无品牌推广、无品牌形象、无售后服务。

④网络客户因为低消费体验而对品牌评价不高。

（2）公司各部门都涉及网络业务，存在短期行为，缺乏网销政策的引导。

①内部员工利用公司政策漏洞和工作时间，私下开设网上店铺，为个人谋利；

②对网商的供货没有政策指导，公司利益不能最大化，存在利益输送问题；

③公司销售部门下辖网店，以销售为导向，注重个人销售提成，不重视

公司整体市场管理。

（3）试水电子商务过程中，已经发现电子商务的销售动能，竞争对手纷纷进军电子商务。盲目地担心落伍、冲动地赶潮流，或者其他原因，很多品牌企业匆匆进军电子商务。

以上现象表明，很多传统品牌企业进军电子商务时不是着眼于中长期战略规划，而是从淘宝开一个旗舰店，或者收编一两个网络分销团队匆匆开始的。这种匆忙的电子商务大多是从繁杂的最基本业务开始进行着重复的摸索，走着相同的弯路，其中聪明的企业已逐步走出企业内部磨合期，征战更广阔的电子商务市场，而更多的企业则仍纠缠于内部关系的协调，错失市场先机。而规范品牌企业应有规划地开展其电子商务业务，避免走弯路，加快其电子商务进程，这就需要制定适合自身的与电子商务发展相适应的全局性的企业电子商务战略目标规划。

2. 战略目标

许多企业进军电子商务市场时，由于对电子商务业务的着眼点和对未来的看法不同，设定的企业市场目标也各有不同，如目标定位在品牌宣传方式的延伸；线下传统渠道的一种补充；渠道占位、市场占位等。

这些都只是简单地融入电子商务，缺乏系统的规划。一个品牌企业应该构造其独立完整的电子商务运行体系，制定清晰的电子商务运营目标，并通过目标的指引，不断修正日常运营，以实现其电子商务战略目标。

要求传统品牌企业要在电子商务市场上谋求一定的销售额和市场份额，就需要从战略层面全面规划，层层推进，以最终实现所制定的市场目标。最终市场目标可通过几个量化数字目标为参考，即绝对销售额、电子商务市场占有率、电子商务销售占企业总销售额的比率、电子商务销售利润及电子商务销售增长率等。

（二）企业电子商务战略设计

1. 战略模型

企业电子商务战略中，核心战略要素有：

（1）核心战略—品牌战略；

（2）运营战略—产品战略、客户战略、渠道战略、营销战略；

（3）支持战略—平台战略、资金战略和组织战略。

电子商务战略各要素关系中，核心是确定品牌定位，定位目标客户，分析用户需求，并开发匹配产品，塑造并施展品牌影响力，影响用户的购买决策。

运营的目的是最终将产品卖给客户，但产品是通过网络渠道以最便利快捷的方式、最有竞争力的价格销售给目标客户，积极开展营销活动，提高销售额。

在以上全部电子商务业务处理过程中，全部信息均需要一体化的业务平台来支持，并编制严格的预算资金和合理的组织架构。

2. 品牌战略

明确自身品牌定位，并有序推动网络品牌塑造，积极进行品牌的网络推广。品牌战略的核心内容：

（1）品牌定位。清晰定位消费目标人群，分析目标人群在消费市场的需求特征，针对市场竞争状况，明确品牌在市场的中长期定位。并以品牌指导客户的开拓和产品的开发等工作。

（2）品牌形象。打造品牌独有的标识和个性，并不断通过统一形象标准，拍摄品牌产品、塑造服装风格，印刷产品期刊，来塑造和强化品牌形象。

（3）品牌美誉度。制定年度品牌推广计划，通过杂志、影视赞助、跨界合作等方式，提升品牌美誉度。

（4）品牌知名度。集合目标客户特征，积极而有序开展品牌推广，提高品牌知名度。

（5）品牌的视觉形象塑造。品牌在网购市场的视觉形象塑造，需要和自己的品牌定位相符合，即品牌形象和品牌产品、品牌价格相吻合。在网购市场上，品牌的形象、产品和价格是同步展现的。鲜明的品牌视觉，良好的产品展示、产品款式品质相互映衬，并且价格符合用户对产品的预测，那么三者是完美一体的，能够促进客户的消费。客户在网上消费感觉是脆弱和敏感的，如果形象和产品、价格定位不一致，给客户一个混乱的感觉，因此客户就会转买其他品牌商品。

（6）品牌与热款的关系。在网购市场上，用户对比产品非常便利快捷无成本，因此在淘宝网等 C2C 平台，存在爆款一说，就是一个店铺里，总有几个产品强者恒强，极度热销，并且爆款给品牌延伸销售和关联销售带来极大好处。于是大家认为款式比品牌重要。但是我们仔细分析淘宝各品类销售额中的品牌占比，可以发现销售额的绝大部分，还是被知名品牌瓜分，品牌产品的长尾还是远远大于个别热款产品。

3. 品牌推广的最终目的

在我们战略模型中，将品牌的推广和营销的推广是严格区分的。品牌推广的考核是品牌知名度和美誉度，而营销的考核，是流量、转换率和销售额。企业电子商务，也需加强品牌的宣传。品牌推广一系列活动，是将品牌形象植入消费者记忆中，在用户购买时，品牌就会帮助用户做选择，优先考虑贵品牌的产品。

4. 品牌授权 + 集权管理模式

强势品牌应构建有序授权分销体系：

（1）根据平台的不同、渠道的不同，设定待授权店铺规划；

（2）根据各店铺的实际情况，设置销售指标（最低累计进货额），明码标价（缴纳相应比率保证金）；

（3）有了完整的分销政策，就可以展开招商，与有意分销商进行洽谈，最终将授权名额落实。

为了维护这个分销体系，降低整个授权体系运营成本，提高竞争力，我们需通过业务软件支持和统一发货机制。即：

（1）企业建立专门的电子商务仓储中心，统一储备货品，并划分虚拟库存给各分销店铺。

（2）统一提供商品数据包，交由各分销店铺经营。

（3）通过 API 接口，一键导入分销订单；统一快速批量发货，发货信息一键导入各分销店铺。

（4）设立分销管理规则，对产品价格、形象、客服、活动及售后做出统一规定。并且企业应设定两个业务中心，一个中心支持管理分销店铺的管理，如品牌统一市场策划，各店铺个性活动的申请，货品各店铺之间的调配，店铺日常运营监控等；另外一个中心，则是销售内勤业务，含所有授权店铺的订单审核，如确认货款、配货、发货、发货反馈、处理客户退换货，企业内部账务处理等。

5. 渠道与目标数字的关联

企业电子商务的销售额目标和渠道战略紧密相连，目标的完成需要渠道战略指标的全面支持。

（1）热度和重要性。我们测算，当前品牌企业 B2C 网站销售占电子商务总销售的比是 5% 上下，但应该将 3 ~ 5 年后的比率目标定位到 20%~30%，因此可见当前品牌企业建立自己 B2C 网站的热度和重要性。企业通过 C2C 平台的销售额，目前占企业电子商务总销售额比率 >70%，但后期应该下降并维持在 50% 左右，C2C 平台是非常重要的销售渠道。B2C 平台和 B2C 网站，目前占比较小（<5%），但后期同样增长迅速，需要积极布局。网上特卖会和新平台，同样发展快于电子商务的发展，特别以唯品会为代表的名品折扣，销售动能强劲，可以纳入重要分销渠道中来。

（2）制定销售额预算目标。根据以上数据，我们在制定销售额预算目标的时候，首先根据渠道市场容量制定销售目标，汇总后形成预算初步数值；其次企业根据数值修正数字后，再分解到各个渠道。各个渠道收到最终演算数据，进行店铺规划和分解，并层层落实，通过后期的执行，最终实现数字目标。

（3）战略规划。市场销售目标的确定，会影响到其他战略规划。但我们接触很多传统品牌企业，其电子商务市场目标的制定均缺乏严格的决策流程，预算不切合实际，也就没有明确的思路去执行，最终电子商务部门处于被动状态。

6. 营销战略

营销不是独立存在的，需要和品牌宣传、渠道等要素相结合，但营销战略最终解决两个问题：客户流量和转化率。其中含广告（软硬）投放、活动营销、店铺装修和数据分析等。

（1）流量营销。最直接的方法，就是硬广（那些直接宣传产品或店铺的纯广告就是硬广告。硬广特点是传播快、店铺多、杀伤力大、涉及人群广），但硬广费用相对较高，单次营销活动的直接效果可能是亏损，经营相对稳健的传统品牌企业，在运作这个模式上过于慎重。还有更多的方式，就不一一列举，但我们需要特别明确营销的目的：吸引流量。流量的转换和流量营销引入的客户质量是有很大关系的，因此企业在做流量的时候，应选对目标客户群体，有针对性地投放。

（2）软文广告。就是持续由企业的市场策划人员或广告公司的文案人员来负责撰写的“文字广告”。软文广告投入较少、信息较多、贴近用户、能增加浏览量。我们也可以将在博客、社区、帮派、点评、事件营销等交互平台的活动，也可简单归纳到软文广告。

（3）做好 SEO。企业自有的 B2C 网站和平台上的店铺，都需要做好 SEO，通过关键词吸引有目的地搜索客户。这是一个费用低转化率较高的方式。

（4）转化营销

影响流量转化的因素很多，有店铺形象、产品拍摄、销售价格、客户服务、购物便利等等。但这里我们重点研究的是，在以上因素相对固定的情况下，设计营销活动，激发客户潜在需求，设法让客户冲动消费，最终实现提升转化率的目的。

①基本形式。主题活动、优惠、赠送等主要方式。应季应节的主题活动，比较切合客户消费需求，能够很好转化流量，提升销售。所以企业要抓住这些特殊的日子，提前做好应对措施。

②优惠营销。无论是秒杀、买减、折扣或者其他更多形式，对客户进行让利销售的，都属于优惠营销。其实也是一种变相降价，只是这些价格折让应该和企业固定时期一些特定运营目的相结合。降价是有很大的效果，但是为了品牌、产品和定价体系的稳定，这样活动应该安排在特定一段时间、局部产品中实行。

③礼品促销。就是通过非常能够吸引人的礼品，让用户立即购买，或者把客户从竞争对手、替代者的邻域中争取过来。

④口碑营销。这是集合流量营销和转化营销的新型营销方式。在网购市场的营销领域，口碑营销有时候称为打造品牌爆款，也是营销活动快速见效的一种方式。

（5）营销工具

目前，淘宝网在协助商户打造爆款做得比较好，开发了很多营销工具，比如淘江湖，商品通过一些特价活动，获得庞大销售数据，但同时淘宝网商家销售数据显示标示价格而非特价价格。因此商家就可以依靠这些数据，再参加其他活动（如钱庄、淘分享、快乐岛主等），将产品销售量和客户评论等数据做到极致，从而最终打造成功爆款。

当然，这些研究给我们提供这样思路：企业在电子商务营销上，要做好口碑营销。有步骤去管理店铺专款的销售量、评论、好评率等数据。再去宣传推广专款产品的销售量、客户评论等，从而获得宣传竞争优势，吸引客户，获得流量。并且良好客户点评的口碑会对新客户的购买产生较大的影响，让用户能够获取他们认为足够的信息，帮助他们下定决心，立即购买。

这些道理，转移到店铺上亦然，热卖店铺总是利用这些营销战略工具，获得比冷门店铺更多的成交机会。

第一节　电子商务带来的革命

一、电子商务带来的革命

电子商务作为行业最先进的经营模式，将为企业大大地节约金钱、时间和资源，并将对整个行业的商业运作产生重要的影响。据初步统计，电子商务的经营模式比传统的商业经营模式所能节省的资金大约是营业总额的5% ~ 7%以上，国际贸易的电子商务甚至能超过15%。

（一）交易费用降低

电子商务免去了一切烦琐的手续，所有的商务活动均在网上一气呵成，诸如海关、商检、外贸、外汇、工商、税务、银行、保险、货运方式、费用、货物保险、合同签署等都能在网上完成，节省大量的财力、物力、人力和时间，为企业减少了大量的费用，降低了成本，提高了效率。

（二）掀起一场新的革命

电子商务正在掀起国际贸易领域里的一场新的革命。电子商务是经济全球化的技术基础，它冲破了国家和地区间设置的各种障碍，使国际贸易走向无国界贸易，引起了世界经济贸易的巨大变革。

二、传统经营方式与电子商务的区别

电子商务将传统商业活动中物流、资金流、信息流的传递方式利用网络科技整合，企业将重要的信息以全球信息网、企业内部网或外联网直接与分布各地的客户、员工、经销商及供应商连接，创造更具竞争力的经营优势。电子商务与传统经营方式相比，具有以下几个特点：

（一）交易虚拟化

通过Internet为代表的计算机互联网络进行的贸易，贸易双方从贸易磋商、签订合同到支付等，无须当面进行，均通过计算机互联网络完成，整个交易完全虚拟化。对卖方来说，可以到网络管理机构申请域名，制作自己的主页，组织产品信息上网。而虚拟现实、网上聊天等新技术的发展使买方能够根据自己的需求选择广告，并将信息反馈给卖方。通过信息的推拉互动，签订电子合同，完成交易并进行电子支付。整个交易都在网络这个虚拟的环境中进行。

（二）交易成本低

电子商务使得买卖双方的交易成本大大降低，具体表现在：

（1）距离越远，网络上进行信息传递的成本相对于信件、电话、传真而言就越低。此外，缩短时间及减少重复的数据录入也降低了信息成本。

（2）买卖双方通过网络进行商务活动，无需中介者参与，减少了交易的有关环节。

（3）卖方可通过互联网络进行产品介绍、宣传，避免了在传统方式下做广告、发印刷产品等大量费用。

（4）电子商务实行“无纸贸易”，可减少90%的文件处理费用。

（5）互联网使买卖双方即时沟通供需信息，使无库存生产和无库存销售成为可能，从而使成本降为零。

（6）企业利用内部网（Intranet）可实现“无纸办公（OA）”，提高了内部信息传递的效率，节省了时间，并降低了管理成本。通过互联网络把其公司总部、代理商以及分布在其他国家的子公司、分公司联系在一起，及时对各地市场情况做出反应，即时生产，即时销售，降低存货费用，采用快捷的配送公司提供交货服务，从而降低产品成本。

（7）传统的贸易平台是地面店铺，新的电子商务贸易平台则是网吧或办公室。

（三）交易效率高

由于互联网络将贸易中的商业报文标准化，使商业报文能在世界各地瞬间完成传递与计算机自动处理，将原料采购，产品生产、需求与销售、银行汇兑、保险，货物托运及申报等过程无须人员干预，而在最短的时间内完成。传统贸易方式中，用信件、电话和传真传递信息、必须有人的参与，且每个环节都要花不少时间。有时由于人员合作和工作时间的问题，会延误传输时间，失去最佳商机。电子商务克服了传统贸易方式费用高、易出错、处理速度慢等缺点，极大地缩短了交易时间，使整个交易非常快捷与方便。

（四）交易透明化

买卖双方从交易的洽谈、签约以及货款的支付、交货通知等整个交易过程都在网络上进行。通畅、快捷的信息传输可以保证各种信息之间互相核对，可以防止伪造信息的流通。例如，在典型的许可证 EDI 系统中，由于加强了发证单位和验证单位的通信、核对，假的许可证就不易漏网。海关 EDI 也帮助杜绝边境的假出口、兜圈子、骗退税等行径。

1. 电子商务对传统经营方式的挑战

在电子商务产生之前，产销分离型流通渠道被认为是流通职能专门化的产物，是社会经济发展的一大进步。但是，电子商务的出现，为买卖双方在网上直接交易提供了现实可能性。于是，制造商和服务商与消费者的距离大大缩短，传统商业作为批发商和零售商的活动空间随之收缩。

2. 直接同零售商进行交易

同样，电子商务的引入也将取代批发环节而使生产者至少可以直接同零售商进行交易。运输、储备和整理等与批发伴生的业务也随之发生整合。运输大都会独立出来归入专门的服务项目，整理则由于商品加工的深化而并入生产环节，而储备随着敏捷制造系统和对客户需求的快速反应系统的推广而不断萎缩。因此，电子商务的发展对批发商业的冲击是致命的。

3. 提供更多的便利和选择

互联网给消费者提供了更多的便利和选择权。消费者利用网络足不出户便可购得天下之物，大大节约了购物时间。消费者只要有联网的电脑终端，其余所需的便是点动鼠标来进行选择，所以有人称此为“点击经济”。

4. 了解更多的商品信息

消费者可以通过网络了解更多的商品信息，对商品进行比较，从而有更多的选择余地和购买机会。再有，就是在世界经济全球化的影响下，世界各国间经济联系和相互依赖日益加深，全球成为一个“地球村”，再加之网络的全球化，信息流动加快，企业的广告一旦上网便可行销天下，对消费者有统一的示范效应。同时，一种消费理念、消费时尚也可以通过网络在世界各地快速传播，世界的消费偏好有趋同的潮流。因此，如果传统商业不改变其销售经营方式,使用电子商务技术的网上商业就会逐步蚕食传统商业的领地。

总之，电子商务的兴起和成熟必将是对传统经营方式的重大革命。

第二节　电子商务流程与运作模式

一、电子商务流程

（一）传统电子商务的交易流程

1. 交易前的准备

对于商务交易过程来说，交易前的准备就是供需双方如何宣传或者获取

有效的商品信息的过程。商品的供应方的营销策略是通过报纸、电视、户外媒体等各种广告形式宣传自己的商品信息。对于商品的需求者企业和消费者来说，要尽可能得到自己所需要的商品信息，来充实自己的进货渠道。因此，交易前的准备实际上就是一个商品信息的发布、查询和匹配过程。

2. 贸易磋商过程

在商品的供需双方都了解了有关商品的供需信息后，就开始进入具体的贸易磋商过程，贸易磋商实际上是贸易双方进行口头磋商或纸面贸易单证的传递过程。纸面贸易包括询价、价格磋商、定购合同、发货、运输、发票、收货等等，各种纸面贸易单证反映了商品交易双方的价格意向、营销策略管理要求及详细的商品供需信息。在传统商务活动的贸易磋商过程中使用的工具有电话、传真或邮寄等，因为传真件不足以作为法庭仲裁依据，所以各种正式贸易单证的传递主要通过邮寄方式传递。

3. 合同与执行

在传统商务活动中，贸易磋商过程经常通过口头协议来完成的，但在磋商过程完成后，交易双方必须要以书面形式签订具有法律效应的商务合同，来确定磋商的结果和监督执行，并在产生纠纷时通过合同由相应机构进行仲裁。

4. 支付过程

传统商务中的支付一般有支票和现金两种方式，支票方式多用于企业间的商务过程，用支票方式支付涉及双方单位及其开户银行。现金方式常用于企业对个体消费者的商品销售过程。

（二）Internet 上的电子商务交易流程

对于 Internet 上的电子商务交易来讲，大致可以归纳为网络商品直销和网络商品中介交易这两种基本的流程。不同类型的电子商务交易，其交易过程虽然都包括上述的四个阶段，但各自的流程是不同的。

1. 网络商品直销的流程

网络商品直销是指消费者和生产者，或者是需求方和供应方直接利用网络形式所开展的买卖活动。这种在网上的买卖交易最大的特点是供需方直接见面、环节少、速度快、费用低。

（1）消费者在 Internet 网上查看企业和商家的主页 (Home Page)；

（2）消费者通过购物对话框填写姓名、地址、商品品种、规格、数量、价格；

（3）消费者选择支付方式，如信用卡、借记卡、电子货币、电子支票等；

（4）企业或商家的客户服务器接到订单后检查支付方的服务器，确认汇款额是否被认可；

（5）企业或商家的客户服务器确认消费者付款后，通知销售部门送货上门；

（6）消费者的开户银行将支付款项传递到信用卡公司，并由信用卡公司负责发给消费者收费单。

上述过程中认证中心 (CA) 作为第三方，确认在网上经商者的真实身份，保证了交易的正常进行。

2. 网络商品中介交易的流程

网络商品中介交易是通过网络商品交易中心，即虚拟网络市场进行的商品交易。在这种交易过程中，网络商品交易中心以 Internet 网络为基础，利用先进的通信技术和计算机软件技术，将商品供应商、采购商和银行紧密地联系起来，为客户提供市场信息、商品交易、仓储配送、货款结算等全方位的服务。

（1）买卖双方各自的供、需信息通过网络告诉网络商品交易中心，网络商品交易中心通过信息发布服务向交易的参与者提供大量的、详细准确的交易数据和市场信息。

（2）买卖双方根据网络商品交易中心提供的信息，选择自己的贸易伙伴。

网络商品交易中心从中撮合，促使买卖双方签订合同。

（3）买方在网络商品交易中心指定的银行办理转账付款手续。

（4）网络商品交易中心在各地的配送部门将卖方货物送交买方。

二、电子商务运作模式

电子商务运作模式是指企业运用互联网开展经营取得营业收入的基本方式。传统的观点是将企业的电子商务模式归纳为以下四种经营模式。

（一）企业与政府之间的电子商务 B2G

企业与政府之间的电子商务涵盖了政府与企业间的各项事务，包括政府采购、税收、商检、管理条例发布，以及法规政策颁布等。

（1）政府作为消费者，可以通过 Internet 网发布自己的采购清单，公开、透明、高效、廉洁地完成所需物品的采购。

（2）政府对企业宏观调控、指导规范、监督管理的职能通过网络以电子商务方式更能充分、及时地发挥。借助于网络及其他信息技术，政府职能部门能更及时全面地获取所需信息，做出正确决策，做到快速反应，能迅速、直接地将政策法规及调控信息传达于企业，起到管理与服务的作用。在电子商务中，政府还有一个重要作用，就是对电子商务的推动、管理和规范作用。

（二）电子商务 BMC

企业、中间监管与消费者之间的电子商务 BMC（Business Medium Consumer）企业、中间监管与消费者之间的电子商务模式即指 BMC 模式，是一种全新的电子商务模式。BMC 是英文 Business-Medium-Consumer 的缩写，率先集量贩式经营、连锁经营、人际网络、金融、传统电子商（B2B、B2C、C2C、C2B）等传统电子商务模式优点于一身，解决了 B2B、B2C、C2C、C2B 等传统电子商务模式的发展瓶颈，是 B2M 和 M2C 的一种整合电子商务模式，即 B2M+M2C=BMC（M=Medium）。

1.Medium 是第三方监管平台

BMC，其中的 Medium 就是第三方监管平台，它指的是在企业与消费者之间搭建的一个空中的纽带与桥梁。它是一个多维的、可以无限转换的连接点，将网站与消费者、机构与终端、企业与渠道代理商，根据不同的需求有机、立体地结合，形成利益互动，打造共赢的一个大同的平台。就是通过第三方监管平台为企业提供第三方质量监控、多媒体整合推广、全民参与经营、保障企业 / 消费者权益、改变网络诚信危机、降低企业运营成本等的新型电子商务模式。

2.BMC 商业模式

BMC 商业模式由太平洋直购官方网独创。新型 BMC 模式致力于为人们提供一个“信息高度流通 + 交易高度诚信 + 交易范围高度广泛 + 交易对象多样转换”的绝佳的电子商务平台，成功地把消费者、供货商、诚信渠道商的商品资源、服务资源、资金资源、人脉资源整合到一起，最大限度地保证消费者的消费权益，创造社会、商家和消费者的共赢局面。

（三）企业与消费者之间的电子商务 B2C

B2C 就是企业透过网络销售产品或服务给个人消费者。企业厂商直接将产品或服务推上网络，并提供充足资讯与便利的接口吸引消费者选购，这也是目前一般最常见的作业方式，例如网络购物、证券公司网络下单作业、一般网站的资料查询作业等等，都是属于企业直接接触顾客的作业方式。

（四）消费者与企业之间的电子商务 C2B

消费者与企业之间的电子商务 (Consumer to Business，即 C2B)。这是一种创新型的电子商务模式，不同于传统的供应商主导商品，这是通过汇聚具有相似或相同需求的消费者，形成一个特殊群体，经过集体议价，以达到消费者购买数量越多，价格相对越低的目的。

C2B 是商家通过网络搜索合适的消费者群，真正实现定制式消费。对消费者而言，是一种理想化的消费模式。比如说当下如火如荼的团购。

第三节 电子商务系统基本技术体系

一、电子商务系统几种主要应用技术

电子商务可以说是信息产业技术下的集成化电子业务。它需要诸多技术作为其本身技术的有力支撑，目前来说，已经发展了多种较为成熟的主要技术。

（一）电子商务的核心技术

1.EDI

EDI 是电子商务的主要核心业务，简单来说，就是在企业以及其他组织机构的计算机网络系统与外界互联，并且这种互联通过电子化的形式去传递过去，传递的当然是商业化的文件，而这种程序的执行，则就是电子商务。

显而易见，这种方式，大幅度降低了经济成本与交易前的准备时间，很符合现代商务化模式管理以及多种服务需求。尤其是从目前来看，许多代理商、制造商以及诸多零售企业等，都对电子商务这种简约、先进管理、集成化的特性所吸引，需求 EDI 的技术辅助。另外，EDI 所独特具备的商业价值极高的商业单证，在通过专门机构所管理的增值网络进行管理，可以加强它自身的安全性质与可靠性质。

2.Internet 网络技术

可以说，电子商务发展建设的基础凭证与关键就是 Internet 的自身发展所带动的。虽然从电子商务的发展角度来说，Internet 技术不是电子商务研究领域中所独有的专项技术，但是作为网络化高速发展的今天，Internet 本身全网互联的性质，就使得电子商务必然会不断奔着这方向加以改进、改造。而因为Internet在当今来说，人们都较为熟悉，因此不再做以详细的介绍。

3.Web浏览技术

Web浏览技术的应用，必然离不开网络技术的有力支撑，也就离不开Internet的支持。从当前来看，人们对Web浏览技术的熟悉程度仅次于Internet。而从Web本身角度来看，它是随着HTTP与HTML相继出现的。它们的关系非常密切，即Web浏览技术主要用HTTP传递着HTML文件，所以这时当Web服务器一经检索到传递过来的信息，Web自身就利用浏览器的加工处理，制作成各种文本、图像等的显示方式，从而达到浏览的目的。

（1）HTML的信息传递。从电子商务的需求发展程度来看，Web技术中HTML的信息传递已经不能满足现代商业化企业的需求。而DHTML却提供了一个有利设计方案。所谓DHTML就是由微软所提出的HTML的加强改进版本，主要是它在HTML的基础之上，优化了网络浏览器（Internet Explorer）的对象，同时又结合了Java Script技术的应用。

（2）改进优势特点。改进优势特点主要体现在，它优化每一标签对象的结构属性，并用Java Script在执行控制阶段加以有效改进。因此，对DHTML来说，它的显示方式更加灵活、多样，它比HTML更多了一层动态、灵活能力，可根据设计的想法需求，来改变文件的显示形式。如，当光标移动在某文字旁，对其改变文字样式，甚至内部可能会改变整个网页的结构。

（3）网络交易平台。另外，ASP网页开发设计方案的应用，对电子商务在Internet上搭建网络交易平台也很有利，目前来说，它是当前网络化网页动态设计开发所非常普遍应用的开发工具。它与Web的关系也很密切，主要体现在它对Web服务器执行程序上的应用，即当网络化交易平台展开交易时，对于客户那一方信息之间的传递，ASP就能够通过Web服务器上的执行程序应用，接收到客户那一方的执行参数，从而在进行相关后台处理。

4.数据库技术。电子商务业务中所构建的交易平台，需要大量的数据库存储信息进行调动、利用。如商家为用户、顾客、客户所提供的商品信息，平台中心的交易角色信息、运输配送中心提供的配送方式、商家所统计客户的购买信息等。这些就以利用到计算机数据库技术的应用，并作为技术支撑。

目前来看，数据库管理已经发展到非常熟悉的应用阶段，应用起来高质、高效。该技术主要包括：

（1）模型；

（2）数据库系统（SQL Server、FoxPro、Sybase 等）；

（3）数据库搭建以及联机分析处理等技术。

对于应用在电子商务中的数据库技术要完成：

（1）数据收集、存储和应用；

（2）决策支持；

（3）Web 数据库支持。

（二）我国电子商务发展现状与发展趋势

1. 电子商务的市场定位逐步走入细分化

随着现代人们物质生活水准、标准的需求化程度的不断提升，以及电子商务技术不断完善时，电子商务的发展趋势就会有两类。

（1）价格走低趋势发展；

（2）相对物价较高的发展定位路线。

这是由于人们对生活物质、需求等的观念认识不断提高，与社会经济消费水平相对均衡的情况下，人们已经无法满足于基本生活品必须消费，同时还会选择一些物质上高档消费，以满足自身的心理需求与生活需求等，而电子商务的服务项目就是在这种情形下应运而生。

2. 网络化运营模式

从企业以及其他组织机构的生产、经营模式来看，电子商务是结合了传统管理模式的基础上渗透了网络化运营模式，通过互联等技术渠道来不断壮大自身的知名度与品牌效应。而不论何种方式，电子商务最后所表现出来的成效，是通过建立优良的服务流程体系与良好信誉的客户关系而搭建成的，从而能够使企业以及其他组织机构的生产效益、竞争实力得到逐步提升。

3. 电子商务网站将会出现兼并热潮

（1）电子商务网站出现兼并。首先是因为，国内同类形式的商业化网站不断增多，但由于网络资源确是有限的，加之网络市场的竞争趋势不断日益加剧，所以使诸多商业化经营机构、相关网络产品代理商等都不断活跃起来，展现非凡实力，各显神通，最终实现“兼并通吃”。

（2）互补性兼并的主要体现。一些领先地位、实力显著的大型商务企业的品牌、客户发展规模以及品牌等都有着非常大的优势，但是和国际化的先进水准还留有一定差距，因此为了能够使自身网站的发展前景能够得到更强大的技术支持，必须采取互补性质的收购策略，结成战略联盟。这样，不仅使企业、各个行业之间的竞争实力得到逐步促进，还能满足现代客户的多元需求。由此可见像这种战略联盟的协作形式，将成为企业网站电子商务旗下的必然发展趋势。

4. 电子商务的应用深度将进一步拓展

虽然说电子商务的技术发展水平比较当前来看，已经有了一定程度上的提升。但随着信息化产业技术相关领域的不断开拓性研究与发展，电子商务应当拓宽研究深度，尤其是在网站上的商业交易行为，应当充分表现出企业间的文化、素质。即表现出企业细致化的业务流程、客户管理的层次结构等问题，让广大受用客户能够体会到企业的文化、企业的服务态度，从而在客户那一方面来看，既贴近了客户的实际需求，也满足客户的需要。

5. 电子商务需强化的创新实施策略

（1）企业信息化建设的创新。企业信息化建设不仅是做好电子商务应用设计、开发等的重要前提，而且还是我国信息产业技术的信息化数字化与网络化建设发展的重要实施基础。而电子商务可以是说现代企业的有效的贸易经济载体，同时它也是科技技术发展走向的主体之一。因此，做好企业现

代信息化建设是非常重要的。

（2）具体实施建设。应当针对企业信息业务的管理与企业本身自我管理两个方向去构建。也就是说，企业信息化业务的管理效率与质量决定了企业的经营建设的发展进度。因此，对于企业电子商务的具体应用、建设应根据企业从业、经营特点，去不断强化管理与业务信息化的发展进度。这是由于企业信息化工作的进行程度能够很好地促进企业电子商务的应用发展方向的适宜性，从而根据市场的相应需求，去分析产品价值特点、预测市场发展前景以及根据经营特点提前准备良好的售后服务流程。

（3）企业信息化建设内容明确

企业信息化建设内容应该足够明确。如，企业在加强计算机系统网络集成化管理以及在有利决策信息的基础之上，可将自身的内部产品转投为自动化、设备智能化的子系统去与自身网络管理系统搭接起来：

①外部可以通过虚拟 Internet 和 Extranet 实现与部门；

②专门领域和地区；

③地域网络的互联；

④加强企业与外部的联系；

⑤开展电子商务等各种活动。

（4）政府宏观调控作用的全面发挥。政府宏观调控在电子商务的发展中起着十分关键的作用。政府的宏观调控作用主要表现在四个方面：

①制定发展电子商务的宏观规划；

②对电子商务工程进行指导和协调；

③制定法律、法规，为电子商务提供良好的法律、法规环境；

④加强对信息基础设施的管理，确保国家的信息安全。

二、电子商务发展的制约因素及对策

（一）电子商务发展的制约因素

我国虽然在电子商务方面做了大量有益的工作，但这些只能算是电子商务初级阶段的尝试，还不能说是真正意义的电子商务活动。只有网络公司和网络技术与传统产业和经济实体结合，才是真正的电子商务，纯虚拟的网络公司仅仅是初始型的电子商务。从这个意义上来说，我国电子商务的发展就总体而言，尚停留在对安全、保密、认证、法律等技术手段和标准规范是否成熟可靠的讨论上。中国不仅需要解决全球电子商务发展过程中所遇到的共性问题，而且还亟待解决一系列特有的问题。

1. 公众购物观念落后于商务模式

首先，多数人的传统购物习惯是一手交钱一手交货，而从网上购物，交钱后需要等待的时间太长，认为网上购物并不方便；

其次，是“眼见为实”的商品常有假，何况是网上的商品？对网上展示的商品缺乏信任感；中国的大多数人尚未掌握网上购物的技能，比如如何上互联网，如何发E-mail，如何在网上发布信息，等等；还有就是语言障碍问题。由于网上的信息绝大多数是英文信息，对于相当多的企业和相当多的人来讲，语言上的障碍成为制约他们进行企业信息化和发展电子商务的令人头疼的问题。

2. 网络基础设施不够完善

这几年中国的计算机信息网络发展虽快，但从电子商务的要求看，无论是网络技术、网络管理、信息内容、技术标准、资费水平、通信速度、安全和保密条件等各方面都存在较大差距，影响了网络的继续扩大。52.98%的网民认为网络质量和带宽有待提高，网络“速度太慢”，拨号上网阻塞现象严重；资费比国外的高，超过了公众的支付能力。

3. 企业信息化普及率低

企业的信息化程度直接关系到电子商务的基础。中国的企业正在改制中、现代企业制度尚未普遍建立，目前企业信息化的进展并不令人满意。在15000家左右国有大中型企业中，大约只有10%左右的企业基本上实现了企业信息化，大约有70%左右的企业拥有一定的信息手段或者向实现企业信息

化的方向努力，大约有20%的企业只有少量的计算机，但除了用作财务、打字外很少有其他应用。目前在国家工商局注册登记的1000万家左右中小企业中，只有大约百分之几的企业拥有一定的现代化信息手段。

4. 网络安全和保密措施不足

网上交易的安全性是发展电子商务的重要因素之一，此点对电子商务尤为重要。目前涉及的电子交易主要通过Internet网进行，而当初设计Internet的目的是为使用者提供一种弹性、快速的通信方式，并不具备商业交易需要的安全性。所以，随着Internet逐渐发展成为电子交易的最佳载体，必须在本质上对其进行重新设计，使其满足商业交易的安全性，这包括防火墙、认证、加密，防黑客、防抵赖等技术方面，即信息传送者和接受者的确认，保证信息在传输过程中未经篡改，保护敏感信息的隐私权，不被拒付（确信买方不能假称已经支付或卖方假称未被支付）等。

5. 社会化信用体系不健全

目前中国的市场还很不成熟，社会化信用体系很不健全。市场上假冒伪劣商品屡禁不止，坑蒙拐骗时有发生，交易行为缺乏必要的自律和严厉的社会监督。电子商务的安全认证是实现电子商务的关键。在这种情况下，要发展电子商务，必须加速培育市场，创造比较成熟和规范的社会信用环境，才能有利于传统商务向电子商务的顺利转变。

6. 网上支付尚未真正解决

电子商务的进行需要支付与结算的手段。因此需要有高质、高效的金融服务及其电子化的配合。目前我国金融服务的水平和电子化程度不高，信用卡应用在我国尚不普及，我国仍以“网上交易，网下支付”为支付手段，网上支付问题很大程度上阻碍了我国电子商务发展的进程。我国金融业亟须适应全球一体化进程并加快变革步伐。

7. 缺乏一个覆盖全国的物流配送体系

一个完整的电子商务应该是信息流、货币流、物流为三位一体的商贸活动。众多的速递公司受制于“一手交钱，一手交货”的付款方式，而且快递公司的服务费价格高昂，普通的邮寄服务等待时间又太长。对于物流的分配管理，各个电子商务公司各有其道。因此高效的物流配送中心由谁来建设，是一个难题。

8. 缺乏电子商务发展的法律环境

电子商务的发展应当遵守国家的有关法律法规和安全管理制度，信息立法通常落后于信息技术应用。目前我国的信息化政策，特别是发展电子商务有关的政策还不够明朗，修订有关传统商业贸易的法律法规工作进展缓慢，相应的标准、法律、法规很不健全，开展国际电子商务立法合作、协调不够，跨部门、跨地区的协调存在较大问题。

（二）发展我国电子商务的对策

基于我国积极稳妥地推进电子商务发展的精神，因此发展我国电子商务要充分考虑我国的实际情况，主要采取以下对策。

（1）各级政府积极推动。发展电子商务，是政府经济工作的责任，政府部门要对发展电子商务加强宏观规划和指导,必须切实抓好组织协商工作，协助企业、社会发展电子商务工程；在用电子商务手段，发展对外贸易时，政府参与国际环境下的电子商务法律和法规的制定，更是当前必要而紧迫的任务。政府要组织银行、信息产业、税务、海关、法律等有关部门抓紧时间、集中力量攻关解决电子支付、安全保密、法律认可等电子商务急需解决的问题，并进行标准制定。尽快建立发展我国信息产业特别是以电子商务为重点的信息服务业所必需的法律环境和政策环境，并在实践中逐步加以完善。

（2）根据市场需求，确定发展电子商务的方向和目标。

（3）大力推动企业信息化进程

企业必须更新企业经营观念，改革企业经营管理，建立起市场经济环境下的现代企业制度。同时政府要为企业信息化做好组织工作，制定好发展规划。

（4）积累经验。首先，在一些管理和经营的特点比较适合电子商务发挥长处的领域中推行电子商务，试点工作应选择条件成熟的行业，国家优先发展的行业，例如银行、民航、证券、外贸、连锁店、软件、出版物和影视产品等。让这样的企业先行动起来，获得成功，在取得经验的基础上再去带动其他的企业。

其次，对那些经济比较发达、信息化程度相对较高、领导重视、对电子商务有需求和有效益的地区，特别是一些有条件的沿海省市，以及内地的少数省会城市和中心城市，应鼓励他们不失时机地发展各种方式的电子商务，发挥其示范效应，以便向其他地区推广普及。

最后，采取在电子商务和传统商务的结合中逐步扩大电子商务比重的做法，电子商务解决不了的问题先由传统商务解决，这样电子商务的起步和发展将会容易一些。

（5）坚持 IT 产业与传统产业相结合，电子商务应用与研究开发相结合，重点突破关键技术。要重视与电子商务相关的信息资源的开发和利用，为电子商务发展奠定坚实的基础。

三、我国电子商务的发展趋势

21 世纪进入电子商务时代，是社会发展的必然，我们将别无选择地生活在电子商务时代。如何面对电子商务方式，如何适应数字化生存并积极参与电子商务时代的国际竞争，是涉及每个人、每个企业、部门及国家发展与生存的重大问题，也是国家管理部门现在应该规划，并促进其发展的战略问题。今后中国电子商务将呈以下几个方面的趋势。

（一）向纵深化发展

1. 电子商务的基础设施将日趋完善

图像通信网、多媒体通信网将建成使用，三网合一潮流不可挡，高速宽带互联网将扮演越来越重要的角色，制约中国电子商务的“网络瓶颈”有望得到缓解和逐步解决。我国电子商务的发展将具备良好的网络平台和运行环境。消费者的上网费用将越来越低廉。移动电子商务将快速发展。移动通信将成为进行电子商务的主要媒体。

2. 电子商务的支撑环境将逐步规范和完善

随着电子商务的相关基本法律、法规的出台和实施，国内电子商务将得到有效的法律保障，电子商务的安全性将得到有力的提升。我国将结合国情，发挥国家在保障电子商务交易安全方面的主导作用，消除人们对目前电子商务公司安全性的担忧。电子商务的物流体系逐步完善。随着电子商务的发展和需要，跨地区的专业性物流渠道将适时建立和完善，使得电子商务公司在配送体系的选择方面空间更大，成本将降低。

3. 企业发展电子商务的深度将进一步拓展

随着电子商务技术创新与集成度的提高，企业电子商务将向纵深挺进，新一代的电子商务将浮出水面，取代目前简单地依托“网站 + 电子邮件”的方式。电子商务企业将从网上商店和门户的初级形态，过渡到将企业的核心业务流程、客户关系管理等延伸到互联网上，使产品和服务更贴近用户需求。

（二）向专业化发展

1. 个人消费者的专业趋势

要满足消费者个性化的要求，提供专业化的产品线和专业水准的服务至关重要。今后若干年内，我国网上购物人口仍将是以中高收入水平的人群为主，他们购买力强，受教育程度较高，生活的个性化诉求比较强烈。特别是对那些技术含量、知识含量较高的商品和服务，人们一般希望在购买前能够得到专家的指导。

2. 面向企业客户的专业化趋势

对于 B2B 电子商务模式来说，发展以特定行业为依托的“专业电子商务平台”也是一种趋势。如“美国商务网”就是为国内中小型企业开拓国外市场服务的专业网站；专为化工企业服务的“中国化工程信息网”在行业内影响较大。

（三）向国际化发展

电子商务能够超越时间、空间的限制，有效地打破国家和地区之间各种有形、无形的壁垒，刺激国家和地区的对外贸易发展。随着国际电子商务环境的规范和完善，中国电子商务企业必然走向世界。这是适应经济全球化，提升我国企业国际竞争力的需求。电子商务对我国的中小企业开拓国际市场、利用国外各种资源是千载难逢的机会。借助电子商务，中小企业传统市场的竞争力可以得到加强，并有更多机会将产品销售到各个国家及地区。

（四）向区域化发展

电子商务的区域化趋势是就中国独特的国情而言。中国是一个人口众多、幅员辽阔的大国，社会全体在收入、观念、文化水平等方面都有不同特点。我国总体特点仍然是一个人均收入较低的发展中国家，而且城乡经济的不平衡性、东西部地区经济发展的阶梯性、地区收入机构的层次性都十分明显。目前上网人群主要集中在大城市，今后相当长时间内，上网人口仍将以大城市、中等城市和沿海经济发达地区为主。而 B2C 电子商务模式的区域性特征非常明显。以 B2C 模式为主的电子商务企业在资源规划、配送体系建设、市场推广等方面都必须充分考虑这一现实，采取有重点的区域化战略，才能最有效地扩大网上营销的规模和效益。

总之，中国作为发展中国家，要顺利开展电子商务活动，还存在许多障碍。随着国家信息化的加强，企业信息化的提高，将会逐步缩短中国与发达国家的差距。应该说，中国电子商务的发展困难还不少，但前景非常光明。

第四节　电子商务的法律保障

一、中国电子商务法律法规

（一）加强第三方支付企业的监管力度

2010 年 4 月，央行、银监会、公安部和国家工商总局联合发布的《关于加强银行卡安全管理预防和打击银行卡犯罪的通知》出台。《通知》被视为是在为牌照发放预热。这似乎预示着国家监管部门开始真正着手加强对于第三方支付企业的监管力度。

（二）对电子商务的引导和扶持政策

2010 年 11 月，商务部发布了《关于加快流通领域电子商务发展的意见》，明确了政府部门对电子商务的引导和扶持政策。提出要扶持传统流通企业应用电子商务开拓网上市场，培育一批管理运营规范、市场前景广阔的专业网络购物企业，扶持一批影响力和凝聚力较强的网上批发交易企业。

（三）真实身份信息

2011 年 6 月 1 日，国家工商总局出台了《网络商品交易及有关服务行为管理暂行办法》，其中明确规定，通过网络从事商品交易及有关服务行为的自然人，应提交其姓名和地址等真实身份信息。该《办法》的出台将促进网络商品交易及有关服务行为的发展，促进网络商品交易及有关服务行为的健康发展。

（四）行业规范发展的引导

为鼓励支付创新，防范系统性风险，规范支付服务市场秩序，切实保障消费者合法权益，促进网络支付业务健康发展，中国人民银行公告发布《非银行支付机构网络支付业务管理办法》，于 2016 年 7 月 1 日起施行。

二、电子商务在法律法规建设中的作用

（一）政府的宏观规划和指导

政府在电子商务的发展过程中应发挥宏观规划和指导作用，通过宏观规划、协调组织，制定有利于电子商务发展的优惠政策，引导电子商务的发展，推动电子商务的应用。要加强政府有关部门间的相互协调，保持与电子商务有关的政策、法规和标准的一致性、连续性。

1. 电子商务的规则和法律

电子商务的规则和法律包括诸如贸易惯例和指导原则等自发形成的行业规则和政府确立的法律体系。政府应当为电子商务的发展提供必要的法律保证，以创建一个适合电子商务发展的法律法规。电子商务的参与者应在政府的指导下，理解电子商务的法律法规，制定行业规则，加强行业自律。

2. 法律法规重点领域

在促进和应用电子商务的法律法规重点领域包括：

（1）选择和实施值得信赖的技术和政策；

（2）制定网上交易恰当的支撑法规；

（3）制定行为规范、标准以及各产业和机构方面的规定；

（4）确定“行业自律”所必需的技术工具；

（5）在不同的环境下有效地保护用户和向消费者授权。

现有的民商法对于商业交易当事方之间（商家与商家、商家与消费者、商家与政府）进行交易的法律和商业框架是在非数字化时代设计的。当消费者和商家试图启用新的平台（数字化平台）时，他们希望政府能保证其“游戏规则”与物理世界的游戏规则是尽可能对等的；在绝对必要时才引进新的

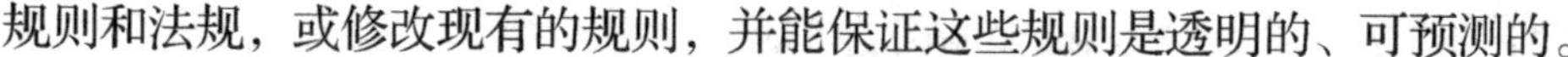

规则和法规，或修改现有的规则，并能保证这些规则是透明的、可预测的。

（二）建立用户和消费者的信任

用户必须对数字化市场具有信心，才能积极地参与电子商务的交易活动。

（1）随着电子环境下的商业活动的日益发展，消费者和商家期望他们使用的网络服务是安全可靠的；

（2）他们进行的交易是没有风险的；

（3）他们能够验证有关交易和交易对方的重要信息；

（4）消费者要求能控制对他们个人数据的收集和使用；

（5）确认并能够使用纠正错误的机制。如果可信的技术和政策法规能够到位，能够解决可能出现的失误、公众教育、纠错和防范滥用等问题，那么电子商务的发展就可能要顺利得多。从目前国际上的情况看，要做到这一点，在物理市场上提供这种信心的国家法规体系和保证措施必须加以修改，以确保人们对数字化市场抱有信心。在这方面，政府负有根本的责任，同时，也需要企业和消费者的主动性。

（6）形成良好的竞争环境。电子商务的成长有赖于对信息基础结构普遍的和价格合理的使用。电信市场的公平、有效竞争可以确保一个长期的、可持续的、低成本高质量服务的电子商务发展趋势，从而不仅促进了贸易的发展，也扩展了对信息基础结构及其服务的使用。

（7）市场经济体制的建立。社会主义市场经济体制的建立，决定了市场对电信资源的配置起支配作用，并以其内在规律约束和激励企业；同时，也决定了电信企业只有通过有效的市场竞争，才能真正加速创新、提高效率、降低价格、改善服务，才能不断提高企业素质，增强竞争能力，在激烈的国际市场竞争中立于不败之地。

（8）市场竞争。社会主义制度下的市场竞争应当是在国家宏观调控与管理下的有序竞争。这就需要法律先行。政府部门必须通过有力、完善的政策、法规来调控市场，进一步破除垄断，促进竞争，建立公平有效的竞争格局，引导企业发展，最终实现国家的战略规划。

①要完善市场准入制度，对不同的业务领域采取不同的管制手段，限制不正当竞争行为；

②要建立公平透明的互联互通规则，制定统一的技术标准，保证平等接入，保证信息流动的畅通和安全；

③要加强国家通信资源管理，实行资源的集中统一配置和监督使用；

④建立科学合理的资费调整机制，促进网络资源共享，减少重复建设；

⑤建立用户权益保障制度，监督管理企业及用户的市场行为，维护国家、企业用户的合法权益。

第五节　电子商务知识产权保护与标准化

一、电子商务发展中遇到的知识产权问题

知识产权是公民、法人或其他组织对其智力劳动成果依法享有的占有、使用、处分和收益的专有权利。它是一种财产权，受国家法律的保护，任何人不得侵犯。它可以像房屋、汽车等有形财产一样，进行买卖、赠予和使用，具有价值和使用价值，有些重大专利、驰名商标或作品的价值，要远远高于有形财产。

（一）商标权

商标权是商标所有人依法对其注册商标所享有的专有权利。商标权内容，是指商标权人享有的权利和应履行的义务，包括注册商标的专有使用权、禁

止权、转让权、许可使用权和续展权等。域名和超文本链接是互联网上的专属商标，同样其所有者也应该有域名和超文本链接的“商标权”。

（二）域名与商标权

域名是因特网上地址的名称，又称网址。一个完整的域名由两个或两个以上部分组成，各部分之间用英文的句号“.（点）”来分隔。在一个完整的域名中，最后一个点的右边部分称为顶级域名或一级域名。

例如域名 attorney.net.cn 中 cn 是顶级域名；最后一个点的左边部分称为二级域名，二级域名的左边部分称为三级域名，以此类推。例如，域名 attorney.net.cn 中 attorney 是三级域名。

1. 享有权利

域名作为与传统类型的知识产权密切相关的民事权益，域名所有人享有占有、使用、转让域名等权利。由于域名的经济价值，才发生抢注、囤注域名以及销售、购买、出借、质押、许可等域名交易现象。域名是地域空间上的知识产权在网络空间的自然延伸，是一种新类型的知识产权。

2. 域名的主要特征

（1）无形性

域名的载体是有形的（构成网络外部条件的计算机终端和缆线），但它本身是无形的，通过数字和文字来标识其互联网上的地址，以方便人们的记忆。没有域名和域名系统，就没有互联网。网络空间是独立的信息传播、交汇、衍生的空间，由于域名可为所有人创造无限的商机，从而带来一定的经济利益或竞争优势，域名已形成一种无形财产权。

（2）排他性

每个域名都有一个全球唯一的网际地址。域名虽在网络上代表着所有者，具有类似商标的识别作用，但是它的排他性要比商标强烈得多。相同或相似商标在不同国家或地区以及在不同的商品类别上可由不同的人同时使用，域名则绝对排他，只能代表一个用户。

（3）认可性

由于互联网是覆盖全球的计算机网络，使用范围的广泛性决定了域名必须向有关机构申请注册后才可确权。在域名申请上遵循“先申请先注册”的原则，即只有申请注册的域名不与已注册的所有域名相同，才能获得注册。注册明确了域名权人、使用期、网络服务商等内容。

（4）地域性

域名的地域性与传统的知识产权的物理地域不同，是特殊的空间地域，只以网络为限，具有国际性。

3. 商标权与域名权之间的联系

（1）商标权人一般不得以商标先占权而剥夺他人的域名权。

首先，域名资源相对贫乏，给予注册商标扩大的保护，不利于互联网的发展。

其次，自由地使用和选择语言文字是公民或法人的基本权利之一。

再次，商标先占权排斥他人域名权在法律上缺乏操作性。

最后，商标的先占权不得排斥他人商标的专用权以及他人名称、姓名或其他标记的先占权。

（2）基于对等的理由，域名权人一般不得以域名先占权而剥夺他人的商标权。

4. 商标权人反向域名侵夺的认定

CANN 制定的《统一域名争议解决办法实施规则》列举了商标权人反向域名侵夺的认定。

（1）注册及使用争议域名属于合理的竞争

争议域名的注册及使用没有恶意，也没有给商标权人带来不利影响，或者这种影响属于合理的竞争。

如果商标权人未提出任何足以证明争议域名的注册及使用构成恶意的证据，也没有举证证明其自身的利益因被投诉域名的注册与使用受到损害，即可直接认定商标权人的投诉本身已经构成反向域名侵夺，从而驳回商标权人的投诉。域名权人也可依据商标权人投诉书中存在的举证缺欠而以其构成反向域名侵夺为自己辩护。

（2）域名注册实行申请在先原则

域名注册实行申请在先原则，在申请域名注册时，域名注册机构并不要求申请人必须已经开通了实际的网络设备，对申请人申请注册的域名数量也不加任何限制，从而使所有商标权人有可能随时申请将其所拥有的全部商标注册为域名。如果商标权人在被投诉的域名注册之前已经申请了域名注册，表明其完全有机会将自己的全部商标都注册为域名。在此情况下，说明其无意将相关的商标注册为自己的域名。而当他人将与该商标相同或相似的字符串注册为域名时，其再行提出投诉，说明其本身即具有某种程度的“恶意”。

二、超文本链接与商标权

超文本链接是指因特网上存储于不同服务器上的文件通过超文本标记语言 (HTML) 相互关联。

（一）链接对象

链接的对象可以是网站、网站中的某个特定网页，甚至网上的某个组成部分，当然最常见的链接对象是一个网站的主页。任何一个稍具网上常识的人对这种链接都不会陌生，网页上蓝色（或绿色）的字符和图形就是它们的标志，当用鼠标点击它们时，被链的对象就会显示在用户的计算机屏幕上。这些字符和图形被称为“锚”，之所以用户在“锚”上轻轻一击就开启了另一方天地，是因为“锚”上面嵌着被链接文件的通用资源定位符 (URL)。

1. 信息集合体

超文本链接使得万维网成为一个天衣无缝的信息集合体。链接就像是船，是不能没有“锚”的。但是网上的链之锚比现实中的锚复杂得多，“锚”的外表引发了许多问题和纠纷。一般来说直接用被链接文件的网址作为锚的情况是比较少的，也就是说“表里如一”的情况不多。

2. 锚的外表

通常情况下，文字、标题或标记被用作锚的外表。我们也许会在一只可爱的小猫咪的图案上一点击就看到一篇关于小猫的文章，也可能在“长城”两字上一点就看到一幅气势磅礴的长城图案。而在电子商务中，由于一个网页的用户访问数通常与该网页的广告收入息息相关，因此网页制作得好坏将直接影响到网主的收入。

3. 网页制作水准

体现网页制作水准的除了链接对象、途径外，网页的外观形象也至为重要。因此网主通常会采用一些引人注目的图案、文字作为“锚”的外表。而对于任何一个企业公司来说最能体现其特征的无疑是商标，所以当一个网页与其他网页进行链接时有时就会利用对方商标作为“锚”，以增加本网页的吸引程度。但殊不知这时就很可能触犯了对方的商标权。

4. 商标侵权

近年来万维网上因这种情况引起的商标侵权案屡屡发生。例如北京清华文通信息技术公司诉清华紫光（集团）总公司侵犯商标专用权，被告在其软件安装、运行的界面（包括对话框、标题栏、图标）上，使用原告的商标。最后该案以双方和解而结束。

再如大名鼎鼎的微软公司由于在其网页上使用了某票务公司的商标作为链接到该公司网页上的“锚”，因而被该票务公司控告为商标侵权。

关于因链接而产生的商标侵权问题，判断此类纠纷的标准必须是结合具体案情，考虑网页上的“锚”是否被链接设置者当作商标使用，以及这种使用是否足以使消费者产生混淆。

三、著作权

著作权是指著作权人对作者在文学、艺术和科学领域内创作的作品依法享有的专有的权利。作者对自己创作的作品依法享有著作权，作者以外的其他人，包括自然人、法人、其他组织和国家依法可以通过继承、转让等途径享有著作权。网络中的著作权包括以下几个方面。

1. 复制权

由于复制权在网络中具有相当多的与传统意义上的复制权根本不同的特征,使得我们有必要重新考察其在网络中的运作以及当事人之间利益的平衡。从保护权利人的角度来讲，虽然这种意义上的复制权内容十分广泛，把网络上可能存在的一切复制都纳入其中，给著作权人以完善的保护。但是，从另一个角度来说，它对网络使用者的限制也是巨大的。

（1）网络的目的大多在于浏览。我们都十分清楚，社会公众使用网络的目的大多在于浏览，在于获取网络上存在的各种资源，而这种浏览行为时刻都发生着复制，如果采用十分严格的复制权，无疑使网络上所有的主体都处于随时都在侵犯他人的权利的尴尬境地。

（2）合理性与有效性。在当今网络经济正处于萌芽时期的条件下，这种限制显然不利于网络经济的快速发展，也不利于网络技术的进步，最终将会损害社会的广泛利益。同时，即使在版权法始终比较严格的美国，法官在“MAI 系统公司诉匹克计算机公司案”中做出的“仅仅将计算机软件调入到内存（RAM）中也会构成版权侵权”的判决也同样引起了大多数计算机公司的强烈不满。在中国这样的发展中国家中，这种规定又能否得到公众的广泛的认同，从而得到真正的执行更是一个很难确定的问题。这就不得不让我们怀疑这种对复制权的界定在网络环境中的合理性与有效性。

（3）网络环境中的复制权。我们认为，在网络环境中的复制权应当是一种能够维护著作权人和社会公众广泛利益并兼顾网络技术发展的复制权。它所指向的复制应当有一定的限制，即网络环境中的复制应当包括用户为达到特定目的，通过进行特定的操作而固定作品的行为，以及 Internet 缓存中所发生的复制，暂时复制不是具有法律意义的复制。

2. 数据传输与著作权

数据在网上的传输属于什么性质的行为——发行行为还是向公众传播的

行为，一度颇有争议。根据 WIPO 助理总干事米哈依·菲彻尔博士的解释，WCT 以“伞型解决方法”(Umbrella Solution，亦称为总解决方法)填补了伯尔尼公约的空白。

（1）数字传输行为应以中立方式来描述，而不受具体的法律特征化影响(比如，通过有线和无线方式将作品提供给公众访问)，这种描述不应是技术特殊性，同时又应在这种意义上表现出数字传输的交互性；

（2）它应当阐明当公众成员从不同地点和在不同时间可访问某作品时，该作品也被视为向公众提供，在这种独占权的法律特征化方面，即在权利和被使用权利的实际选择方面，应该留给国内立法足够的自由；

（3）应填补伯尔尼公约在向公众传播权和发行权这些权利规定的空白。

因此，如果法律规定网络传输为发行行为，就必须对“发行权一次用尽原则”另作规定。事实上，世界知识产权组织虽然表示将数字传输的归属问题交由各国自己判定，但在其通过的 WCT 和 WPPT 这两个因特网条约上却也体现出“将数字传输归属为大众传播”这种倾向。

WCT 第八条规定 :“在不损害伯尔尼条约有关条款的前提下，文学和艺术作品的作者应享有专有权,以授权将其作品以有线和无线方式向公众传播，包括将其作品向公众提供，使公众中成员在其个人选定的地点和时间可获得这些作品。”WPPT 第二条款将“向公众传播”定义为通过除广播之外的任何媒体向公众传送表演的声音，或以录音制品录制的声音或声音表现物。而这些也正体现了知识产权保护中的权力平衡原则——知识产权权利人与社会公众之间的利益平衡协调。

第四章

企业电子商务的创建与管理

一、如何建立电子商务平台

电子商务是以商务活动为主体，以计算机网络为基础，以电子化方式为手段，在法律许可范围内所进行的商务活动过程。

（一）电子商务操作流程

公司建立电子商务平台操作流程如下：

1. 企业自身主网站（包括分网站等）

具体操作方法：

（1）域名（域名的注册、购买与日常维护、解析）；

（2）主机或虚拟主机（主机或虚拟主机的注册、购买与自建主机、日常维护、指向问题）；

（3）公司网站设计（网站结构功能安排、页面的设计、便捷网站设计方法、上传到主机或虚拟主机方法）。

2. 各种信息平台网站（B2B、B2C、C2C、B2G）

例如，阿里巴巴、慧聪。

具体操作方法：

（1）各种网店的地址（附件）；

（2）注册网店（注册网店前的资料准备、注册信息的完整性、认证周期问题）；

（3）完善网店（产品图片与文字说明的准备、正确选择产品目录、填写更多的产品关键字）；

（4）维护网店（周期更新问题、与网店管理员的良好关系）。

3. 搜索引擎（百度、google、yahoo)

具体操作方法：

（1）百度竞价排名的操作（百度联络发 PIAO 问题、价格问题、竞价后台管理与注意事项）；

（2）Google 竞价排名的操作（google 联络发 PIAO 问题、价格问题、竞价后台管理与注意事项）；

（3）Yahoo 竞价排名的操作（yahoo 联络发 PIAO 问题、价格问题、竞价后台管理与注意事项），以上操作可由网络公关公司代办。

从企业来看，电子商务是将企业的核心商务过程通过计算机网络加以实现，基于 Internet 的电子商务可以不受国家及地区的限制，有利于企业开拓市场，扩大企业市场范围。同时企业开展电子商务有利于企业以廉价的方式与上下游进行沟通，以便改善客户服务，减少流通时间，降低流通费用，从而提高企业的管理水平、管理质量以及降低企业的运行成本，从有限的资源中得到更多的利润,所以电子商务已经成为企业提高自身竞争力的一把利器。然而企业在运用电子商务的过程中还存在许多问题。

（二）企业开展电子商务面临的问题

据商务部统计,近年来,我国企业在信息化方面的投入普遍比上年增长 1.2 倍，有近 41% 已不同程度地开展电子商务或通过第三方电子商务网站开展自己的商务活动，然而电子商务给企业带来了商机的同时也带来了一些问题。

1. 传统观念的制约

中国五千年的文化造就了华夏民族独特的消费习惯，一件商品必须亲眼看见，亲手触到，才算真正相信，才会愿意购买。这种传统观念与电子商务的空间虚拟性构成了矛盾冲突。传统观念无疑成了制约电子商务发展的绊脚石。现在大多数的消费者对新观念、新模式反映冷淡，接受很慢，严重影响了我国企业电子商务的推广速度。

2. 信用问题

电子商务是将传统的交易方式改为在网络上进行交易，这虽在多方面对传统商业交易有所改进，但在商业信用问题上仍然没有彻底得到改观。目前我国市场还不是很成熟，社会信用体系还不健全，消费者对网上购物就更会有一种恐惧心理，很多人怀疑从屏幕上指定的货物与实际送来的是否相符、质量如何。

3. 跨国在线交易纠纷

如果我国没有与 WTO 和进口国接轨的电子商务法律，难以建立电子商务在线纠纷仲裁机制，不能有效遏制电子商务信用风险，这种状况长期存在下去，必然会影响到我国企业国际电子商务的健康有序发展。集中在对电子交易纠纷的处理缺乏可行的法规规范，消费者权益难以得到有力保护。

由于互联网本身非中心性、虚拟性、跨地域性和高度自治性关联，网上违法行为的隐蔽性、低成本和便捷性以及跨国犯罪难以取证，一些国外公司借口“在线纠纷”逃避惩罚，国际贸易中存在的虚假交易、假冒行为、合同诈骗、网上拍卖哄抬标的、侵犯消费者合法权益等各种违法违规行为屡屡发生，在很大程度上制约了国际电子商务快速、健康的发展。

4. 安全问题

安全是电子商务最需要解决的问题之一，包括网络系统的安全、网络内部的信息安全、信息在网络上传递的安全、网络用户的身份识别、具有法律效力的数字签名等。任何独立的个人或团体都不愿意让自己的信息在不安全的电子商务流程中传输。企业与消费者对电子交易安全的担忧已严重阻碍了电子商务的发展。

5. 信息基础设施建设滞后

目前我国网络基础设施还较为薄弱，在网络技术、网络管理信息内容、资费水平、通讯速度、安全和保障条件各方面都难以适应高速发展的电子商务的要求。完备的网络设施、宽带传输速度是实现电子商务的基本条件，本来具有巨大潜力的市场，因缺乏相应的基础设施的支持而无法得到有效的运作。

6. 物流瓶颈

电子商务最终的资源配置还需要有物流系统来完成。目前我国的仓库周转率仅为发达国家的 30% 左右，这种滞后的物流与电子商务商流的快速、低成本不相适应，严重制约了电子商务的发展。直到目前为止我国依然缺乏系统化、专业化的全国性货物配送企业，单位商品的长途运输或邮递的巨大成本，以及时间上的延迟足以让消费者望而却步。

二、企业发展电子商务的对策

通过以上分析可以看出，我国企业电子商务发展状况受到许多障碍的影响。因此，必须制订切实措施，促进我国企业电子商务的健康发展。

（一）加大宣传力度，实现观念的转变

基于网络的电子商务应用将导致一场“结构性的商业革命”。因此，政府要加大对电子商务的宣传力度，利用舆论工具和通过其他途径引导和培养人们的新观念，引导和鼓励企业积极参与电子商务，形成全社会发展电子商务的共识，营造推进电子商务发展的社会基础。消费观念的改变仅靠宣传是不够的，要让人们体会到电子商务真正带来的方便，带来的价格和服务上的优势，观念自然就会改变过来，也就会吸收更多的人上网消费。

1. 树立信用意识、完善信用体系

为电子商务发展提供良好的社会信用环境，良好的社会信用环境的建立应从两方面入手。

（1）通过教育提高全民素质，树立信用意识，同时通过媒体和社会各方面的大力宣传和引导，创建一个具有良好信用意识的社会环境；

（2）通过成立电子商务协会，建立电子商务认证中心、社会信用评价体系及相应的法律、法规构建完善的社会信用约束体系。

2. 健全与国际接轨的电子商务法律体系

健全与国际接轨的技术法规是解决国际电子商务纠纷的法律依据。尽快建立一套与国际接轨的符合我国国情的电子商务法规、制度和办法。研究WTO相关协议和国际惯例，以及国际通用的采购规则。以下为全世界公认的有四大采购法则：

（1）《联合国采购示范法》；

（2）《世贸组织政府采购协议》；

（3）《欧盟采购指令》；

（4）《世界银行采购指南》。

（二）解决网络安全问题

电子商务交易过程中的网络安全问题是交易各方最为关注的，电子商务安全问题主要集中在有效性、机密性、数据的正确性和完整性以及不可抵赖性。对于网上交易安全管理，我们一方面要积极研究和改进相关的技术，同时，必须加强监管，建立各种相关的合理制度，并加强严格监督。另一方面通过健全法律制度和完善与网络信息安全有关的法律法规体系，来保证合法网上交易的权益，同时对破坏合法网上交易权益的行为进行立法严惩。

1. 切实加快信息基础设施建设

基础网络的建设和运营是电子商务的载体，电子商务在一国的应用和发展有赖于完备的信息基础设施。美国对国家网络基础设施的巨额投入是其电子商务遥遥领先的主要原因。与发达国家的高投入与密如蛛网的信息高速公路相比，我国在信息基础设施建设上的投入明显不足、基础薄弱。因此要促进我国电子商务的发展，首先要解决的问题就是政府必须加大投入，切实加强信息基础设施的建设力度，尽快形成电子商务的外在支撑环境，为电子商务的发展提供必要的物质基础。

2. 积极发展“第三方物流”

如果物流与配送的瓶颈不能解决的话，电子商务也只是一纸空谈而已。各级政府应积极引导，加快现代物流系统基础设施建设，建立高效快捷的物流配送中心，并实行规范管理，在政策上创造一个有利于企业物流发展的积极环境。第三方物流是一种比较理想的发展模式，大力发展第三方物流是企业在现代化的进程中减少沉重的物流成本负担、提高竞争能力的根本途径。必须以专业的第三方物流企业为发展重点，努力提高电子商务物流业的社会化、组织化、专业化和信息化水平，鼓励物流企业规模化经营。

第一节 电子商务与现代企业管理

随着网络的迅速发展，电子商务越来越引起了人们的重视。所谓电子商务，泛指用电子手段进行商务活动和交易。

一、电子商务与现代企业管理

（一）应用领域分类

它的应用领域分为三类：

（1）国际性的电子商贸，也就是应用于国际贸易；

（2）企业与企业之间交易，如通过网上签订单；

（3）消费者与企业之间的交易，如网上购物等。

（二）功能

（1）它使众多只有基本计算机知识的用户也能方便而且低成本地在网上进行交易；

（2）电子商务改变了传统的交易方式，对企业经营活动产生了深刻的影响；

（3）电子商务降低了企业的管理成本和交易成本，使企业给消费者带来了多种多样的消费渠道；

（4）电子商务降低了企业的采购成本，扩大了企业的市场，使产品能够在世界范围内销售；

（5）电子商务促使了虚拟产品的产生，减少了企业库存商品的积压，提高了交易的效率；

（6）电子商务是未来经济形势发展的大趋势，目标是实现交易信息的网络化和电子化；

（7）电子商务的开展，对企业运营提出了新的挑战，影响着现代企业的经营活动。

（三）Internet 的影响

1.Internet 正在影响公司的业务方式

Internet 是实现全球通信和联网的一项基本技术。它既为企业提供了大量新的业务机会，同时也会带来不断增加的业务和信息技术方面的挑战。各家公司都在探寻出路，如何投资以获取新的业务收益，同时又要认真对待随之而来的业务风险和复杂性。

2.Internet 正在影响着公司的业务流程

随着市场竞争的日益增强，各公司都在进行一些基本的变革，依赖信息来获取更大的效益。在 Internet 带来机会的同时，企业对有效的业务合作和交流方面的需求也比以往更为强烈。为了降低成本、增强反应能力、改进内部程序和加强客户服务，几年来各公司一直在精简组织机构，并重新构造重点业务的操作程序。现在，业务形势要求公司扩展传统的企业范畴，理顺与合作伙伴、供应商和用户的相互关系，达到新的水平。

（1）电子业务的作用 。电子业务应用包括所有可能的贸易伙伴，如用户、商品或服务的供应商、承运商、银行、保险公司、保健部门，以及所有其他外部信息源和收益人。任何一种组织功能，包括销售、用户服务、运作、采购、供应、制造、生产、运输、财政、账务及人事工作者等可利用一系列的电子业务应用。电子业务的作用主要包括：

①在时间、价值和服务方面提高竞争能力；

②改进用户服务质量；

③协调业务过程；

④低制造、发布和支持方面的成本。

（2）基本挑战。为实现这些收益，电子业务计算环境必须考虑四个方面的基本挑战：

第一，它必须提供数据的集成性、安全性和可控制性，这些都是信息技术管理人员在集中式处理系统上运行的关键业务应用所期望的；

第二，它必须提供可靠的灵活性和可扩展性，这些灵活性和可扩展性在过去10年里已使Unix系统和开放式系统受到了广泛的欢迎；

第三，它必须考虑日益增加的多系统共存性；

第四，它必须通过有效手段，充分发掘现有投资的作用，并采纳费用有效的管理解决方案，解决成本问题。

（四）新的营销观念

未来成功的营销者，必须具备新的营销观念。未来世界上最大的市场必定是电子商务市场，最大的顾客群必定是亿万上网的网民。作为未来网络营销的市场观念，其突出表现为下面三个特点：

1. 速度

在网络市场上从事营销活动，讲究的是一个“快”字，速度要高，行动要快。

（1）这种速度表现在产品的更新换代上；

（2）这种速度表现在网站内容更新的速度上。没有内容更新的网站，很快就会被顾客所抛弃；

（3）这种速度表现在信息查询的速度上。查询速度慢的网站，包括主页调出缓慢，检索功能不畅的网站，都不可能受到顾客的青睐。

2. 信用

电子商务是无纸贸易，与传统的营销方式相比，它没有物理介质保证交易的安全性，它所依赖的是密码、认证和其他保密措施。在这样一个市场中，信用程度的高低是关系到企业生死存亡的大问题。没有信用的企业，很难在网络上长久地把生意做下去。对客户来讲，也同样存在一个信用观念的培养

问题。认真履行电子合同、按时支付款项，是每一个客户应当树立的消费新观念。

3. 服务

电子邮件为厂商与客户之间的沟通创造了极为有利的条件。最大的特点在于快捷、准确，能够及时反映客户的意见。及时回复客户的电子邮件，满足客户的合理要求，提供优质的售后服务，努力改善与客户的关系，是每个厂商必须树立的电子营销新观念。

二、电子商务在中国的成功因素

（一）成功因素

在很多案例中，一个电子商务公司存活下来，不仅仅是基于自身的产品，而且还拥有一个有能力的管理团队、良好的售前服务、组织良好的商业结构、网络基础和一个安全的，设计良好的网站。这些因素包括：

（1）足够的市场研究和分析。电子商务需要有可行的商业计划并遵守供需的基本原理。在电子商务领域的失败往往和其他商业领域的一样，缺乏对商业基本原则的领会。

（2）出色的管理团队。一支出色的被信息技术策略武装起来的管理团队。一个公司的信息战略需要成为商业流程重组的一个部分。

（3）为客户提供一个方便而且安全的交易方式。信用卡是互联网上普遍的支付手段，大约 90% 的在线支付均使用信用卡的方式完成。在过去，加密的信用卡号码信息通过独立的第三方支付网关在顾客和商户之间传递，现在大部分小企业和个体企业还是如此。如今大部分规模稍大的公司直接在网站上通过与商业银行或是信用卡公司之间的协议处理信用卡交易。

（4）提供 360 度视角的客户关系。即确保无论是公司的雇员、供应商还是伙伴，均可以获得对客户完整和一致的视角，而不是被选择或者过滤的信息。因为，客户不会对在权威主义监视的感觉有好的评价。

（5）构建一个商业模型。如果在教科书上有这么一段，很多“.com”公司可能不会破产。设计一个电子商务价值链，关注在数量有限的核心竞争力上，而不是一个一站购齐的解决方案。如果合适的编制程序，网络商店可以在专业或者通用的特性中获得其中一个。运作最前沿或者尽可能得接近最前沿的技术，并且在紧紧跟随技术的变化。

（6）建立一个敏捷的组织，及时应对在经济、社会和环境上发生的任何变化。

（7）提供一个有吸引力的网站，有品位地使用颜色、图片、动画、照片、字体和足够的留白空间可以达到这一目标。

（8）流畅的商业流程，可以通过流程再造和信息技术来获得。

（9）提供能完全理解商品和服务的信息，不仅仅包括全部产品信息，还有可靠的顾问建议和挑选建议。

自然，电子商务供应商行业需要履行普世的原则，例如保证提供的商品的质量和可用性、物流的可靠性，并且及时有效地处理客户的投诉。

（二）成功由各种“顾客为先”因素构成

1. 提供额外的利益给顾客

电子销售商如要做到这一点，可提供产品或其产品系列，以一个较低的价格吸引潜在的客户，如传统商贸一样。

2. 提供优质服务

提供一个互动及易于使用的购买经验及场所，亦如传统零售商一样，都有助某程度上达至上述目标。为鼓励顾客再回来购买，可利用赠品或促销礼券、优惠及折扣等，还可以互相连接其他相关网站和广告联盟等。

3. 提供个人服务

提供个人化的网站、购买建议、个人及特别优惠的方式，有助增加互动、人性化来代替传统的销售方式。

4. 提供社区意识

聊天室、讨论板以及一些忠诚顾客计划（亦称亲和力计划）都对提供社区意识有一定的帮助。

5. 令顾客拥有全面性的体验

提供电子个人化服务，根据顾客的喜好，提供个别服务，使顾客感受与众不同的体验，便可成为公司独特的卖点及品牌。

6. 自助方式

提供自助式服务网站、易用及无需协助的环境，都有一定的帮助。包括所有的产品资料，交叉推销信息、咨询产品补替、用品及配件选择等。

7. 提供各种资讯

如个人电子通讯录、网上购物等。透过丰富的比较资料及良好的搜索设备，提供信息和构件安全、健康的评论给顾客。可协助个人电子服务来确定更多潜在顾客。

三、电子商务对现代企业管理的影响

电子商务在全球范围内的迅速发展，对世界各国企业来说，既提供了前所未有的机遇，也带来了极为严峻的挑战。电子商务对现代企业管理的影响是极为深远的，也是不可逆转的，在以下十个方面表现得尤为明显。

1. 电子商务对市场运作模式的影响

企业是市场竞争的主体，市场又是企业生存发展的基本条件。市场运作模式的优劣在一定程度上代表着某一时期经济发展水平的高低。

工业经济时代的市场模式必须有许多中间环节，企业与消费者之间需有大量的批发商、零售商作为中介，这就决定了工业经济是“迂回经济”的特点。迂回经济的各个中间环节主要是依靠占用和耗费各种经济资源来维持它的生存。电子商务的出现从根本上减少了传统商务活动的中间环节，缩短了企业与用户需求之间的距离，同时也大大减少了各种经济资源的消耗，使人类进入了“直接经济”时代。“直接经济”的实质就是减少中间费用、库存和流动资金，使生产“直达”消费。

2. 电子商务对企业营销活动的影响

电子商务的迅速发展必将使传统市场的性质发生新的变化，表现在四个方面：

第一，随着 B2B（企业与企业之间）电子商务模式的不断普及，生产厂商之间可直接借助因特网实现从原材料采购到商品销售全过程的联系，大大提高了企业运作的效率，降低了经营成本；

第二，市场细分将随电子商务的发展而日渐彻底化，消费者通过因特网直接与生产企业发生联系，使企业针对单个消费者的经营活动（微营销）得以实现；

第三，交易方式的无纸化和支付手段的电子化将成为主要形式。

第四，进入电子商务时代后，消费者的消费行为和消费需求将发生根本性的变化，表现为以下三点：

①由于选择范围的显著扩大，消费者可以在短时间内通过网络从大量的供应商中反复比较，找到理想的供应商，而不必像现在这样要花费大量的时间、精力去"货比三家"；

②消费者的消费行为将变得更加理智，对商品的价格可以精心比较，不再因为不了解行情而上当受骗；

③消费需求将变得更加多样化、个性化，消费者可直接参与生产和商业流通，向商家和生产厂家主动表达自己对某种产品的欲望，定制化生产将变得越来越普遍。

3. 电子商务对企业组织结构的影响

适应工业经济社会生产状况和技术基础的组织管理方式是传统组织理论下形成的金字塔式、自上而下控制的管理组织形式，即等级组织结构。这种组织结构有多个管理层次，并有一套复杂的操作程序来决定报告渠道、权利层次、部门特权、工作界定和操作规则等。这种组织结构的特点是强调专业分工、经济规模、顺序传递、等级森严。

（1）优势：等级组织结构形式给工业时代的企业带来了一定的优势：

①实现规模经济；

②职责清晰、秩序井然；

③工作效率提高；

④组织稳定性较好等等。

（2）在电子商务条件下，这种组织结构暴露出越来越多的问题。

第一，由于管理层次众多，必然影响信息传递的速度和效率，同时信息传递过程中的失真现象必定会影响决策的准确性；

第二，金字塔式的组织结构由于等级森严，机构臃肿，不利于创新、协调与合作，影响企业员工的积极性、主动性和创造性的发挥；

第三，由于管理层次复杂，业务流程分散割裂，必然会导致企业的市场适应能力下降，对客户需求的满足能力下降，阻碍企业的生存与发展。

（3）电子商务的发展对传统的企业组织结构带来了猛烈的冲击。电子商务要求企业的组织结构必须具有以下基本特点：

①组织结构扁平化。一方面是由于企业因特网的应用，使企业内外的信息传递更为方便、直接、高效，显著地减少了企业原有不必要的管理层次；

另一方面，由于电子商务的应用，使得企业的相关部门都能更直接、有效地与客户接触、沟通，减少了决策与行动之间的延迟，加快对市场和竞争动态变化的反应，从而使组织的能力变得柔性化，反应更加敏捷。

②组织决策的分散化。电子商务的发展，使企业过去高度集中的决策中心组织改变为分散的多中心决策组织。单一决策下容易形成的官僚主义、低效率、结构僵化、沟通壁垒等，都在多中心的组织模式下逐渐消失了。企业决策由跨部门、跨职能的多功能型的组织单元来制定。决策的分散化增强了员工的参与感和责任感，从而提高了决策的科学性和可操作性。管理大师彼得·德鲁克认为，未来的典型企业将是以知识为基础的，一个由大量根据来自同事、客户和上级反馈信息进行自主决策，自我管理的各类专家构成的组织。

③运作虚拟化。在电子商务的模式下，企业的经营活动打破了时间和空间的限制，出现了一种类似于无边界的新型企业——虚拟企业。它打破了企业之间、产业之间、地域之间和所有制之间的各种界限，把现有资源整合成为一种超越时空、利用电子手段传输信息的经营实体。虚拟企业可以是企业内部几个要素的组合，也可以是不同企业之间的要素组合，各参与方充分发挥各自的资源优势，围绕市场需求组织生产经营，做到资源共享、风险共担、利益共享。电子商务将使虚拟企业的运作效率越来越高，优势也会越来越明显。

4. 电子商务对企业生产方式的影响

电子商务对企业生产方式的影响可以概括为以下三个方面：

（1）企业生产过程的现代化。电子商务在企业生产过程中的应用，可在管理信息系统（MIS）的基础上，采用计算机辅助设计与制造（CAD/CAM），建立计算机集成制造系统（CIMS）；可在开发决策支持系统（DSS）的基础上，通过人机对话实施计划与控制，从物料资源规划（MRP）发展到制造资源规划（MRP–II）和企业资源规划（ERP）。这些新的生产方式把信息技术和生产技术紧密地融为一体，使传统的生产方式升级换代。

（2）低库存生产。在实施电子商务以后，各个生产阶段可以通过网络互相联系，同时进行，使传统的直线形式生产变成网络经济下的并行式生产，在减少了许多不必要的等待时间的同时，也使得及时式生产（JIT：Just In Time）成为可能，使库存降低到最低限度。

（3）数字化制定生产。数字化定制生产源于英文 Mass Customization，即规模顾客化生产，是在广泛地应用网络技术、信息技术、管理技术的基础上，用标准化的部件组合成顾客化的产品（或服务），以单个顾客为目标，保证顾客需求最大限度的满足。

①本质区别。数字化定制生产与传统意义上的定制生产的本质区别在于它是规模化基础上的定制生产。数字化定制生产并不是企业提供无限的选择，而是提供适当数量的标准件，并使之进行成千上万种搭配，即给顾客一种无

限选择的感觉，企业又可以对复杂的制造程序进行系统管理。

②多样化、个性化。电子商务的发展使数字化定制生产不仅变得必要，而且也成为可能。进入电子商务时代的消费者的需求变得越来越多样化、个性化，市场细分的彻底化使得企业必须针对每位顾客的需求进行一对一的“微营销”，否则，顾客如果觉得某家公司提供的产品不够满意，他只要点击鼠标即可轻而易举地进入其他公司的站点了。

③简单可行。电子商务使得数字化定制生产变得简单可行，企业通过构建各种数据库，记录全部客户的各种数据，并可通过网络与顾客进行实时信息交流，掌握顾客的最新需求动向，企业得到用户的需求信息后，即可准确、快速地把信息送到企业的设计、供应、生产、配送等各环节，各环节可及时准确又有条不紊地对信息做出反应。

④时间与空间障碍降到最低。电子商务使企业与顾客之间的时间与空间障碍降到最低程度。数字化定制生产成功的典型是戴尔电脑公司。戴尔公司每年生产数百万台个人计算机，每台都是根据客户的集体要求组装的。戴尔公司的立足之本是以低于竞争者的成本，向客户提供有价值的个性化的服务。戴尔公司通过电子商务销售的收入中 90% 来自中小企业和个人用户，尽管他们的需求千差万别，但戴尔公司通过网络与客户建立了直接的联系，只生产客户签下了订单的计算机，不仅显著降低了生产经营成本，而且让客户更加满意。

5. 电子商务对企业市场空间的影响

对企业来说，市场是指具有特定需要和欲望，而且愿意并能够通过交换来满足这种需求和欲望的全部潜在顾客，可用公式表示为：市场 = 人口 + 购买力 + 购买欲望。最大限度地找到企业的潜在顾客，尽可能扩展企业的生存空间，几乎是所有企业的共同任务。

6. 电子商务对企业管理模式的影响

适应电子商务发展的管理模式要求在计算机技术和网络技术的支撑下，

把技术、知识、管理和人力等多种资源整合于一体，使各生产要素紧密结合，协调运作，充分发挥各种资源的优势，使其在缩短产品开发周期，保证产品质量，降低生产成本，提供及时服务，提高企业的竞争能力等方面起到应有的作用。这种创新型管理模式具有柔性化、集成化和智能化的特征。与传统的管理模式相比，有几点明显的不同：

（1）在管理思想上，强调高效、敏捷，要求对市场变化做出迅速反应；

（2）在管理体制上，注重各环节的协调、配合和并行工作；

（3）在组织功能上，强调企业领导者的协调、服务和创新，着力培养企业员工的团队精神，增强企业的凝聚力；

（4）在管理的任务方面，强调以客户的需求为中心，以满足客户需求，赢得客户信任为企业管理活动的出发点。

7. 电子商务对企业采购管理的影响

电子化采购就是通过互联网，借助计算机管理企业的采购业务。具体来说：

（1）开展电子化采购的企业在网络上公布所需的产品或服务的内容，供相应的供应商选择；

（2）采购企业通过电子目录了解供应商的产品信息；

（3）通过比较选择合适的供应商，然后下订单并开展后续的采购管理工作。

与原有的采购模式相比，电子商务化采购从采购要求的提出、订单的产生、商品运输以及存货管理等方面都有了重大的改变。电子商务化采购将有效降低企业的采购成本，更好地获得采购的主动权，对提高采购商品的质量，优化存货管理，进一步提高采购效率，都具有十分明显的优势。

8. 电子商务对企业财务管理的影响

传统的财务管理最基本的特点是对财务信息处理的事后处理，并且财务信息的处理方式是单机的、封闭的，即使是会计电算化，也只不过用电脑代替了手工处理而已，并没有改变信息处理的方式。

（1）电子商务的发展要求财务管理从静态的事后核算向实时动态的、参与经营过程的财务管理方向发展；

（2）从内部的、独立的职能管理向开放的，物流、信息流、资金流“三流合一”的集成管理方向发展；

（3）从传统的利润目标向企业未来价值（包括无形资产价值）的方向发展；

（4）从单机、封闭式的财务数据处理方式向联网的、集成化的财务数据处理方式发展。

总之，适应电子商务发展要求的财务管理必须具有实时性、预测性、智能性和战略性的特点。因此，基于互联网的网络财务的概念与电子商务相伴而生。“网络财务”是电子商务的重要组成部分，它基于网络计算技术，将帮助企业实现财务与业务的协同以及远程报表、报账、查账、审计等远程管理，实时动态会计核算与在线财务管理，实现集团型企业对分支机构的集中式财务管理，支持电子单据与电子货币，改变财务信息的获取与利用方式，财务数据将从传统的纸质页面数据、电算化初步的磁盘数据发展到网页数据。

9. 电子商务对企业人力资源管理的影响

通过电子商务方式进行人才招聘已被越来越多的企业所认识，与此相应的人才评测、人才流动的方式也正在网上迅速地发展着。与传统的人才招聘、录用方式相比，改用电子商务方式进行具有十分明显的优势。

（1）可以改变过去集中时间单独招聘或通过人才市场招聘的做法，通过企业网站可全天候发布用人信息，随时恭候合适人选应聘；

（2）将大大降低人才招聘的开支，提高招聘的效率；

（3）人才的招聘范围将不再受地域的限制，可扩展到全国，甚至全球范围；

（4）人才的网上测评可采用灵活多样的方法，提高测评的科学性和准确性；

（5）人才通过网上流动可以悄无声息地进行，既节省费用，又有更多的机会。

与此同时，在企业内部，员工之间的直接交流和沟通比过去更加方便，信息、知识资源共享以后，员工之间相互信任、相互学习、相互交流的气氛会不断增加。实施电子化人力资源管理后，企业将成为员工学习知识、发展自我、实现人生价值的地方，而不应成为不容差错和失误、束缚个人自由发展的流水生产线。

10. 发展电子商务对企业的作用

我国的电子商务实现加速、健康、稳定发展是促进我国产业结构调整，转变经济增长方式,提高国际竞争力,完善社会主义市场经济体制的必然选择。发展电子商务对企业的意义可以概括为以下几点：

（1）加快信息交流，树立企业形象

通过相关的电子商务平台，企业可以及时在全球范围内发布关于公司经营范围、经营理念、企业文化、服务承诺、产品推广、新产品开发和新技术使用等信息，塑造良好的企业形象，使外界对企业有一个直观的第一印象；并且第一时间了解外界反馈回来信息，通过对反馈信息的及时处理，调整企业经营策略，加强企业与外界的信息交流与信息沟通，使企业能及时对市场变化做出反应。

（2）加强管理，降低成本

与传统的商业结构相比，现代信息技术使企业的竞争方式发生了变化。信息技术与管理相结合发展的本质是实现高效率、自动化的流程管理，以信息流动代替物质和能量的流动。

（3）参与竞争，改变格局

网络上的竞争并不完全取决于资本的多少与规模的大小。借助因特网的电子商务是一个开放式的大市场，那些能够迅速捕捉市场信息、满足市场需求的企业无须庞大的商业体系，无须广泛的营销网络，就可以加入到国际市场中，参与市场竞争，接触这个市场中的广大客户。这就给很多实力相对较弱、但创新意识较强的中小企业打造了一个同大企业竞争的平等环境。

四、企业发展电子商务面临的问题及对策

（一）对电子商务的作用认识不足

很多企业电子商务化理念落后，认识存在误区。在市场经济活动中，他们还不能够正确认识电子商务这一创新的工具，对电子商务在经济活动中的作用认识不足。在他们看来电子商务、企业管理信息化就是买几台机器、买几个软件、打打字、发送邮件，甚至有的中小企业领导还认为，电子商务应该在企业发展到一定规模才能引进，否则作用不大。即使有的企业建设了自己的网站，借助于网络平台进行电子商务，但却很少进行更新与维护，不能及时发布相关信息，进行信息沟通。这种想法、做法、显然与当前的信息时代的经济环境是不相适应的。

1. 不相关法律法规健全

电子商务是一个新兴的领域，是借助于互联网这一虚拟环境进行的商务活动，与传统的商务活动相比，其具有自身的特殊性。网络、电子商务在我国近几年的发展非常地快，但相关的立法却相对滞后。如果可能涉及损害消费者利益的问题，只能从现行的《消费者权益保护法》《合同法》《产品质量保护法》等来寻求帮助。专门用于保障企业电子商务发展的相应的法律法规尚不健全，特别是电子商务市场准入、电子支付安全、隐私权保护、电子签名安全、税收、电子商务合同纠纷调解、网上打假、网上诈骗等问题的解决还缺乏相应的法律依据。

2. 缺乏诚信

由于我国征信体系的不完善、法律法规制度的不健全，目前，我国电子商务企业诚信缺失和恶化严重。信用缺失给物流与资金流分离的电子商务交易模式带来了严重的安全隐患，已经成为制约电子商务发展的重要瓶颈。

3. 电子商务人才匮乏

据专家预计，在未来10年将有1万亿资金投入到电子商务、电子政务项目建设中，由此将会引发超过200万的电子商务、政务方向的软件开发人才缺口。从目前的供需比例来看，市场上从事电子商务开发人员的数量和质量远远不能满足需求，人才缺乏已经成为中国电子商务规模化发展的软肋之一。

（二）企业发展电子商务的对策

1. 更新观念，提高认识

为了让更多的企业认识计算机、认识网络和电子商务，应尽快普及电子商务有关知识，不能仅停留在对电子商务前景的描绘上，要结合电子商务技术的介绍，让企业管理者明白网络、电子商务虽然设计制造复杂，但是使用却很简便。要让管理者充分认识到电子商务给企业真正带来的方便、实惠，带来的成本上的节约、价格和服务上的优势，从而吸引更多的企业管理者进行电子商务的建设，为企业发展电子商务创造良好的需求环境。

2. 加快电子商务立法

要针对当前存在的问题，借鉴电子商务发达国家的经验，对电子商务现有国内外商务法律法规的学习，积极探讨和研究电子商务立法问题，结合我国实际，加快建设具有中国特色并与国际电子商务发展趋势相适应的电子商务法律体系。早日出台可具体操作的相关法律、法规，构建有利于促进我国电子商务健康发展的法律体系，为电子商务的健康发展寻求法规保障。

3. 完善社会征信体系

要改善目前诚信缺失的现状，可以从以下几点入手：

（1）提高全社会的信用意识。信誉属于无形资产的范畴，在信息经济时代，信息传递速度、范围的加快，使得诚信的缺失所造成的负面影响无论从深度、广度都是非常巨大的。

（2）完善社会征信体系。尽快建设起以政府为背景跨部门的，包括银行、工商管理、公安、税务部门协同的企业和个人的信用评价与监管体系，实现跨部门、跨行业、跨地区的信用信息互联互通。

4. 加大电子商务人才培养力度

我国电子商务人才培养也应该本着立足本国、面向世界的原则，根据我国实际情况，把握世界电子商务发展动态，采取全方位多渠道的培养模式，培养新一代的集企业管理、资源计划、市场营销、客户关系管理、信息技术及信息管理、计算机网络、计算机编程于一身的复合型人才。

（1）借助国家的力量，进行电子商务知识的普及、培训，国家电子商务人才的政策导向、电子商务人才的认证机制建设；

（2）借助于高校电子商务相关专业学科专业教育。着眼于未来世界范围内的全球竞争，让学生们在校期间就掌握国际电子商务的专业知识，了解电子商务的常见处理方式和运作手段，培养电子商务专业相关人才；

（3）鼓励民间机构、企业和个人根据自身的性质、条件，自主地培训、学习电子商务相关知识。

总之，电子商务降低了企业的管理成本和交易成本，使企业给消费者带来了多种多样的消费渠道。同时电子商务降低了企业的采购成本，扩大了企业的市场，使产品能够在世界范围内销售。电子商务促使虚拟产品的产生，减少了企业库存商品的积压，提高了交易的效率。

第二节　电子商务的典型应用

由于商务活动时刻运作在我们每个人的生存空间，因此，电子商务的范围波及人们的生活、工作、学习及消费等广泛领域，其服务和管理也涉及政府、工商、金融及用户等诸多方面。Internet 逐渐在渗透到每个人的生活中，而各种业务在网络上的相继展开也在不断推动电子商务这一新兴领域的昌盛和繁荣。电子商务可应用于小到家庭理财、个人购物，大至企业经营、国际贸易等诸方面。

一、电子商务的典型应用

（一）电子商务应用分类

具体地说，其内容大致可以分为三个方面：

（1）企业间的商务活动；

（2）企业内的业务运作；

（3）个人网上服务。

（二）主要应用领域

电子商务的主要应用领域电子商务系统作为信息流、物流、资金流的实现手段，应用极其广泛，尤其适于以下场合：

（1）国际旅游和各国旅行服务行业，例如旅店、宾馆、饭店、机场、车站的订票、订房间、信息发布等一系列服务；

（2）传统的出版社和电子书刊、音像出版部门；

（3）网上商城：批发、零售商品、汽车、房地产、拍卖等的交易活动；

（4）Web 工作站和工作网点；

（5）计算机、网络、数据通讯软件和硬件生产商；

（6）无收入的慈善机构；

（7）进行金融服务的银行和金融机构，持有各种电子货币或电子现金者（例如电子信用卡、磁卡、智能卡、电子钱包等持有者）；

（8）政府机关部门的电子政务，如：电子税收、电子商检、电子海关、电子政府管理；

（9）信息公司、咨询服务公司、顾问公司；

10. 进行小规模现金交易的金融组织和证券公司；

11. 分布全世界的各种应用项目和服务项目等。

（三）电子商店

利用电子技术从事商品零售业务的企业，我们称为电子商店（也称网上商店）。电子商店是建立在网络世界中的虚拟商店，在 Internet 网上就是一个站点，它可以只是一间小机房、一套电脑、一套联网设备和相应的一套软件，就可以达到现实中一个规模不小的商店同样的市场覆盖面。

电子商店摆放的是商品的目录和各种商品文字影像的介绍，这样的信息通过网络可以传送到访问商店站点的千家万户的电脑中，无论他们居住何处，可使人们足不出户就好像进入了一家商店，可以看到各种商品的具体型号、规格和售价以及商品的真实图片（图像）和性能介绍，达到亲临商场的效果。尤其具有吸引力的是这种方式还可以达到亲临现场无法达到的目的。

比如，对于一个要购买西服的消费者来说，如果他（她）非常喜欢一个品牌的西服，而现有的品种又没有适合自己的色彩、款式、大小搭配的话，他（她）不必像往常一样必须选择别的品牌或找人另做，而只需将自己喜欢的色彩、款式和尺寸通过电子邮件发给这个商家，便可以在很短的时间里满足自己的要求。尤其是对于那些爱好汽车的朋友们来说，他们可以按照自己的要求来组装一辆本来不存在的汽车，来满足自己与众不同的驾车习惯。这种销售方式在国外的一些比较大的汽车公司，如美国的克莱斯勒公司，已经开始运行了。

二、电子商务的应用系统

（一）企业—企业应用系统

企业与企业之间的电子商务将是电子商务业务的主体，约占电子商务总交易量90%。就目前来看，电子商务在供货、库存、运输、信息流通等方面大大提高企业的效率，电子商务最热心的推动者也是商家。企业和企业之间的交易是通过引入电子商务能够产生大量效益的地方。对于一个处于流通领域的商贸企业来说，由于它没有生产环节，电子商务活动几乎覆盖了整个企业的经营管理活动，是利用电子商务最多的企业。通过电子商务，商贸企业可以更及时、准确地获取消费者信息，从而准确定货、减少库存，并通过网络促进销售，以提高效率、降低成本，获取更大的利益。

企业间电子商务通用交易过程可以分为以下四个阶段：

第一阶段是交易前的准备。这一阶段主要是指买卖双方和参加交易各方在签约前的准备活动；

第二阶段是交易谈判和签订合同。这一阶段主要是指买卖双方对所有交易细节进行谈判，将双方磋商的结果以文件的形式确定下来，即以书面文件形式和电子文件形式签订贸易合同；

第三阶段是办理交易进行前的手续。这一阶段主要是指买卖双方签订合同后到合同开始履行之前办理各种手续的过程；

第四阶段是交易合同的履行和索赔。

（二）企业—消费者应用系统

从长远来看，企业对消费者的电子商务将最终在电子商务领域占据重要地位。但是由于各种因素的制约，目前以及比较长的一段时间内，这个层次的业务还只能占比较小的比重。它是以互联网为主要服务提供手段，实现公众消费和提供服务，并保证与其相关的付款方式的电子化。它是随着万维网(WWW)的出现而迅速发展的，可以将其看作是一种电子化的零售。目前，在互联网上遍布各种类型的商业中心，提供从鲜花、书籍到计算机、汽车等各种消费商品和服务。

这种购物过程彻底改变了传统的面对面交易和一手交钱一手交货及面谈等购物方式，这是一种新的、很有效的电子购物方式。当然，要想放心大胆地进行电子购物活动，还需要非常有效的电子商务保密系统。

（三）企业—政府应用系统

包括政府采购、税收、商检、管理规则发布等在内的、政府与企业之间的各项事务都可以涵盖在其中。

例如，政府的采购清单可以通过互联网发布，公司以电子的方式回应。随着电子商务的发展，这类应用将会迅速增长。政府在这里有两重角色：既是电子商务的使用者，进行购买活动，属商业行为人；又是电子商务的宏观管理者，对电子商务起着扶持和规范的作用。在发达国家，发展电子商务往往主要依靠私营企业的参与和投资，政府只起引导作用。与发达国家相比，发展中国家企业规模偏小，信息技术落后，债务偿还能力低，政府的参与有助于引进技术、扩大企业规模和提高企业偿还债务的能力。

（四）消费者—消费者应用系统

这种应用系统主要体现在网上商店的建立，现在已经有很多的在线交易平台，如淘宝网、易趣网等。这些交易平台为很多消费者提供了在网上开店的机会，使得越来越多的人进入这一个系统。

（五）商家—职业经理人应用系统

这种应用系统目前正在逐步完善其管理模式、交易方式等细节问题。B2M 与传统电子商务相比有了巨大的改进，除了面对的用户群体有着本质的区别外，B2M 具有一个更大的特点优势：电子商务的线下发展。

传统电子商务的特点：商品或者服务的买家和卖家都只能是网民，而 B2M

模式能将网络上的商品和服务信息完全走到线下，企业发布信息，经理人获得商业信息，并且将商品或者服务提供给所有的百姓，不论是线上还是线下。

第三节　移动电子商务及其应用

移动电子商务就是利用手机、PDA 及掌上电脑等无线终端进行的 B2B、B2C 或 C2C 的电子商务。它将因特网、移动通信技术、短距离通信技术及其他信息处理技术完美地结合，使人们可以在任何时间、任何地点进行各种商贸活动，实现随时随地、线上线下的购物与交易、在线电子支付以及各种交易活动、商务活动、金融活动和相关的综合服务活动等。相对于传统的电子商务，移动电子商务增加了移动性和终端的多样性，无线系统允许用户访问移动网络覆盖范围内任何地方的服务，通过对话交谈和文本文件直接沟通。移动电子电话手持设备的广泛使用，使其将比个人计算机具有更广泛的用户基础。

一、移动电子商务应用

（一）特点

移动电子商务具有移动性、个性化和方便性等特点。

（二）应用

1. 银行业务

移动电子商务使用户能随时随地在网上安全地进行个人财务管理，进一步完善因特网银行体系。用户可以使用其移动终端核查其账户、支付账单、进行转账以及接收付款通知等。

2. 交易

移动电子商务具有即时性，因此非常适用于股票等交易应用。移动设备可用于接收实时财务新闻和信息，也可确认订单并安全地在线管理股票交易。

3. 订票

通过因特网预订机票、车票或入场券已经发展成为一项主要业务，其规模还在继续扩大。因特网有助于方便核查票证的有无，并进行购票和确认。移动电子商务使用户能在票价优惠或航班取消时立即得到通知，也可支付购票费或在旅行途中临时更改航班或车次。借助移动设备，用户可以浏览电影剪辑、阅读评论，然后定购邻近电影院的电影票。

4. 购物

借助移动电子商务，用户能够通过其移动通信设备进行网上购物。即兴购物会是一大增长点，如订购鲜花、礼物、食品或快餐等。传统购物也可通过移动电子商务得到改进。例如，用户可以使用“无线电子钱包”等具有安全支付功能的移动设备，在商店里或自动售货机上进行购物。

5. 娱乐

移动电子商务将带来一系列娱乐服务。用户不仅可以从他们的移动设备上收听音乐，还可以订购、下载或支付特定的曲目，并且可以在网上与朋友们玩交互式游戏，还可以游戏付费，并进行快速、安全的博彩和游戏。

6. 无线医疗 (Wireless Medical)

医疗产业的显著特点是每一秒对病人都非常关键，在这一行业十分适合于移动电子商务的开展。在紧急情况下，救护车可以作为进行治疗的场所，而借助无线技术，救护车可以在移动的情况下同医疗中心和病人家属建立快速、动态、实时的数据交换，这对每一秒都很宝贵的紧急情况来说至关重要。在无线医疗的商业模式中，病人、医生、保险公司都可以获益，也会愿意为这项服务付费。这种服务是在时间紧迫的情形下，向专业医疗人员提供关键的医疗信息。由于医疗市场的空间非常巨大，并且提供这种服务的公司为社会创造了价值，同时，这项服务又非常容易扩展到全国乃至世界，我们相信在这整个流程中，存在着巨大的商机。

7. 移动应用服务提供商 (MASP)

一些行业需要经常派遣工程师或工人到现场作业。在这些行业中，移动 MASP 将会有巨大的应用空间。MASP 结合定位服务技术、短信息服务、WAP 技术，以及 Call Center 技术，为用户提供及时的服务，提高用户的工作效率。

（三）移动电子商务的优点

1. 方便

移动终端既是一个移动通信工具，又是一个移动 POS 机，一个移动的银行 ATM 机。用户可在任何时间、任何地点进行电子商务交易和办理银行业务，包括支付。

2. 安全

使用手机银行业务的客户可更换为大容量的 SIM 卡，使用银行可靠的密钥，对信息进行加密，传输过程全部使用密文，确保了安全可靠。

3. 迅速灵活

用户可根据需要灵活选择访问和支付方法，并设置个性化的信息格式。

电子商务服务选择越多，提供的服务形式越简单，将会看到移动电子商务越快发展起来。

二、移动电子商务发展的技术基础

移动电子商务超越时间和空间的限制，只用一个手机或其他无线终端，使人们通过移动通信设备获得数据服务，通信内容包括语音、数字、文字、图片和图像等，在移动中进行电子商务。

（一）移动电子商务的发展

移动电子商务的发展主要取决于移动通信技术的空前发展，移动通信工具与因特网连接的无线上网技术以及因特网服务商所提供的无线上网服务已具备，通信能力的获取越来越便宜，更容易获得越来越高的带宽，并将在近年内实现普及。

1. 无线通信协议标准 WAP

就像TCP/IP是Internet网上信息互联和通信的协议标准，WAP（Wireless Application Protocol）技术是移动终端访问无线信息服务的全球主要标准，也是实现移动数据以及增值业务的技术基础。WAP协议定义了一种移动通信终端连接因特网的标准方式，提供了一套统一、开放的技术平台，使移动设备可以方便地访问以统一的内容格式表示的因特网及因特网的信息。它是目前大多数移动通信终端和设备制造商及部分无线通信服务商、基础设施提供商普遍采用的统一标准。

2. 通用分组无线业务（GPRS）

GPRS 突破了 GSM 网只能提供电路交换的思维定式，将分组交换模式引入 GSM 网络中。它通过仅仅增加相应的功能实体和对现有的基站系统进行部分改造来实现分组交换，从而提高资源的利用率。GPRS 能快速建立连接，适用于频繁传送小数据量业务或非频繁传送大数据量业务。

3. 移动 IP 技术

移动 IP 通过在网络层改变 IP 协议，从而实现移动计算机在 Internet 中的无缝漫游。移动 IP 技术使得节点在从一条链路切换到另一条链路上时无需改变它的 1P 地址，也不必中断正在进行的通信。移动 IP 技术在一定程度上能够很好地支持移动电子商务的应用。

4. “蓝牙”（Bluetooth）技术

Bluetooth 是由爱立信、IBM、诺基亚、英特尔和东芝共同推出的一项短程无线连接标准，旨在取代有线连接，实现数字设备间的无线互联，以便确保大多数常见的计算机和通信设备之间可方便地进行通信。“蓝牙”作为一种低成本、低功率、小范围的无线通信技术，可以使移动电话、个人电脑、个人数字助理（PDA）、便携式电脑、打印机及其他计算机设备在短距离内无需线缆即可进行通信。

5. 第三代（3G）移动通信系统

第三代移动通信（3G）包括一组支持无线网络的宽带语音、数据和多媒体通信的标准。IMT-2000，作为ITU推出的3G标准，至少提供了五种多路接入途径：

（1）CDMA2000；

（2）WCMA；

（3）WCDMA的时分双工（Time Division Duplex）版本；

（4）136HS（基于IIWCC推荐）；

（5）以及数字式增强型无绳电话（DECT）。

OGSM MAP通过“标准集”的支持与IS-41网络相互作用。也就是说，必须在WCDMA规范前提下，允许与IS-41的相互连接，通过CDMA 2000为GSM MAP提供接口。

6. 基于WiFi和WiMAX的无线宽带技术

WiFi是无线保真（Wireless Fidelity）的缩写，其核心的WLAN（WiFi仅指802.11b，WLAN则可分别采用802.11b及802.11b+），麦肯锡管理学家Reed E.Hundt指出，这是一项全新的技术，它能刺激经济增长，而且可以帮助任何人在任何地方以低成本接入互联网。

（1）高速的互联网接入。只要将一个便宜的WiFi基站（芯片加上收发器）与DSL、光缆调制解调器或T1线路等高速互联网接入设备相连，并将该基站放置在距用户两三百英尺的范围，这一范围内的所有用户都能通过带有廉价的WiFi装置的个人电脑或PDA共享这一低价、高速的互联网接入，而无须分别支付专用DSL或光缆调制解调器较高的服务费用。

（2）价格低廉。WiFi能以低廉的价格轻而易举地将互联网互联互通的脉络延伸到任何社区，把信息流汇入高速光纤主干网络的各个端点。根据美国 Visiongain 公司的分析报告，迄今为止全世界已经有超过 400 个城市（其中半数在美国）开始或正在建设无线宽带城域网络以满足公共接入、公共安全和公共服务的需要。

建设无线宽带城域网络能在企业、学校、图书馆、医院、市民、外来访客和旅游者以及政府机构之间搭建一个能随时随地良性互动的和谐交互环境，提供方便快捷、可支付得起的、丰富的、个性化的公共服务，并为城市经济发展提供新的商业机会。

（二）未来移动电子商务的发展趋势及影响

互联网的技术在不断更新，电子商务也在不断成熟，人们的消费意识也在不断变化，移动电子商务的发展将会有一个良好的平台，同时也会带动很多经济结构的改变。

1. 对运营商和企业产生重大影响

移动运营商和通信设备制造商将围绕着移动互联网进行大事宣传，因为它们已经在数据通信设备和运营许可证上投入了巨额资金。这些公司将倾尽全力唤醒用户的意识，并且使他们接纳这一通信方式。随着大批商业应用服务投入运营，可以预见移动通信运营商会将其业务的销售对象从终端消费者转向企业用户，而那些能成功实现这一策略转变的运营商不但可以赢得市场份额而且可以提高其每个用户收入。

2. 消费者使用移动设备获取信息

对消费者来说，他们主要使用手机获取信息如电子邮件、股票行情、天气、旅行路线和航班信息等。不过尽管这些服务并不代表直接的商业机会，但是在电子商务的引导下，这些业务有助于构建客户关系，并且创造间接商业机会。

3. 移动电子商务技术的发展

移动电话中将集成嵌入式条形码阅读器，这为移动商务带来新鲜的风气。智能手持设备的显示屏将有所改善，但是表格输入和原始数据输入依然成问题，分辨率较高的显示屏以及具有条形码阅读功能会使移动设备增加用户的友善性。移动安全性将成为一个热点问题，随着人们开始逐渐接受采用移动设备接入互联网，同时也开始日益关注类似于PC机的安全性问题。当采用移动通信设备进行数据共享，以及移动设备功能的不断增加，这种安全性顾虑更加突出。语音网络导航仍在研究之中，由于语音看起来是移动通信设备的最自然的接口，不过采用语音方式接入互联网这一研究工作在近期内不会获得突破性进展更不会出现商用。

4.4G业务给移动电子商务创造了发展机遇

由于4G的到来，短信一枝独秀的市场格局被彻底改变了。4G技术将会为企业和最终消费者带来更丰富的技术。移动识别技术，如用照相手机识别二维条码、手机RFID的识别、手机上的指纹识别，也随着4G的到来为企业和消费者带来了更丰富的体验。

此外，WAP应用也将以更快捷的方式将各种互联网应用平移到手机上，将过去用PC、互联网访问改为通过WAP、手机访问原有电子商务系统，不需要再开发任何手机插件，企业可以节省大量投资。

第四节　电子商务是经济发展的必然趋势

一、电商发展是中国必然的趋势

（一）电商传统销售方式的转型

2015年，在双十一当天，天猫交易总额达到912亿，这比起2014年的销量，又是一巨大进步。双十一这个节日如今在中国的火爆程度堪比中秋、春节等传统节日。双十一的火爆销售不得不让人惊叹电子商务实力的强大。有些保守人士坚持认为，电商的发展，使得传统的销售模式被摧毁，被迫走向转型，但由于经验不足只能走向破产，这对中国的未来经济发展不利，并在一定程度上给人们带来了诸多生活上的不便利。

1. 电商的发展推动部分实体店的倒闭

必须值得一提的是，实体店的倒闭并不单纯仅仅是因为电商的发展，其原因是多方面的，是极其复杂的。房租、消费观、收入、时间等等都是其影响因素。并且，优胜劣汰，被淘汰的只是经营不佳的实体店，优秀的实体店不仅未被淘汰，并且抓住了机遇，取得了更进一步的发展。

2. 电商向可持续发展转型

仅仅把必然的发现怪罪于潮流，这是有偏见的不全面的看法，中国应该考虑的不仅仅是传统零售业纷纷关闭店铺，走向转型的道路，还应考虑长久的可持续健康发展。

3. 电子商务和传统零售的良性循环

电子商务和传统零售相互竞争，互相改变，这是一个循环，并且是一个良性循环。对于传统的商铺销售，既然销量上不来，那就关闭，转战电商，谋求新发展，何必固执己见，苟延残喘。当消费者在进行传统采购时，对商铺的需求得不到满足，随之把目光转向网上购物，到了最后，电商占据传统销售的份额将会越来越多。

（二）电子商务的主要优势

电商本身则具有较大的发展优势和巨大的发展潜能，电子商务的主要优势是人力少，效率高，发展快，范围广，通常只需要简简单单几百人口就可以维护几个甚至十几个大型传统零售业的业务。在目前来看，即使电子商务仍存在较多的安全隐患,和监管乏力不足等问题,但在电商时代的巨大光环下，这些问题都可待解决，不足为虑。

电子商务时代确确实实是一个新时代的来临，巨大成就的背后当然也需要人们正视一些问题，比如在未来发展道路中，电商对传统业务的巨大冲击，以及电商行业对其他传统行业发展的掠夺。总体来说，功大于过，辉煌遮得住瑕疵，如今电商最大的功劳就是有力地促进了国内物流网络的成功建立和快速发展，相信如今既然有了发达的物流网络，有了成功的阿里巴巴，以后还会有第二个、第三个、无数个更加成功的电子商务平台。

二、电子商务的发展与经济发展

随着电子网络的高速发展，萌发了许多形形色色的新兴事物，比如如今最为典型的网上购物。不论是70后，80后，还是接受新兴事物能力最强的90后，大家都要学会去理解，去接受，科技永远是发展的，道路永远是不断前进的，人类也是在不断进步的。

纵观历史，发展是必然，第一次工业革命，蒸汽机取代了传统大手工机器。第二次工业革命，内燃机取代了蒸汽机。而第三次工业革命，互联网高速发展下，全世界实现互联，经济全球化是必然趋势，电子商务平台取代部分线下渠道是注定的发展大潮流。

其次，展望未来世界经济发展的格局，很多事情并不是非此即彼的，而是相互融合，相互联系的。在日后生活中，当人们在网上进行一系列购物活动时，比如当女士购买指甲服务时，首先需要下单，然后企业卖家需要根据顾客的需求来预定口碑好的技师，随后通知顾客，然后顾客进行网上付款，再去门店获得服务。这样的方式既实现了电商平台的灵活使用，又体现了线下商业的高水平服务，这表明线上和线下两者是完全可以实现有机融合的。

再次，随着现代和谐社会的蓬勃发展，电商这个大的网络平台，对于整个社会团体来说，自身就是一大趋势，并且，对于社会中较弱势的群体来说，就是阻碍，这并不是发展陷阱的问题，而是现状。发展中地区，落后偏远地区，和发达地区之间所存在的差距是必然的，鸿沟也是不可避免的。毫无疑问，这是弱者的悲哀，是落后的悲哀。

但是，这就是社会的法则——优胜劣汰，适者生存，弱者淘汰。做个比较，放在古代，弱势群体有老百姓，有孩童，有女流，当发生战争或者部落纷争，当某一部落被别的部落打败，那么这个部落面临的结局只能是老百姓被屠杀，女人为奴，孩童丧命。而在如今的现代社会，弱者虽没有了生命威胁，但日子会过得贫苦，会被狠狠甩在发展的后面，落后于世界发展的潮流，生活在社会的底层。

最后，在这个高速互联时代，中国人民不会是弱者，因为中国不是弱者。在互联化、信息化的过程中，这次中国没有被世界抛下，没有落后于世界的潮流，在工业化的过程中，中国一步步地追了上来，相信在未来，中国的电子商务会取得更大的发展，并且将有希望超过其他国家，前方无可畏惧。

三、实现了品牌的升级

如今的电商发展，不仅是必然的趋势，而且实现了品牌的升级。活跃在网络电商这一戏中的各大角色越来越大牌，知名度也越来越高，内需不断被拉动，需求也越来越丰富。不仅看戏的人多了，参与其中演戏的人也越来越多。这统统向人们传递了一个明确的信号——电子商务再也不是简简单单地消化库存的线上销售了，而是进行了新的升级，一跃成为有力的消费客户端龙头之一。

1. 打造自己的品牌

越来越多的年轻人，不再走老辈的道路，而是看准了这一趋势，开始利用互联网这一平台来打造自己的品牌，在这个创造品牌的过程中，未来是光明美好的，但过程是艰辛曲折的，需要年轻卖家们审时度势，培养经验。因为说到底，电商要面对的是消费者，而不是其他中间商，需要考量的问题也越来越多，不得马虎。

2. 实体店和电商的矛盾

随着电子商务的大规模普及，实体店和电商的矛盾不止一次被搬上了讨论的大舞台，但事实是这两者并不冲突，正如最开始所讨论的，本质就是四个字，优胜劣汰。譬如，如今在中国，实体店一双鞋子的零售价至少是生产价格的六到八倍，更别提一些大牌和知名品牌的巨大利润差价了。

3. 最根本的原因

为什么差价如此之大，最根本的原因就是在制造商和销售商之间存在太多中间环节和参与商。而网络电商则恰恰省略了这一系列繁琐的中间环节，因此，真正害了实体店的不是电子商务，而是十年涨二三十倍的租金和数不清的、名目繁多的中间费用。

4. 实现体验式服务

真正生存下来的实体店，是迎合了发展潮流趋势的真正赢家。这些实体店们通过推动完善实现体验式服务，与电子商务平台进行了完美的有机的结合，有效地促进了其商品的销售，这也就是为什么如今很多品牌服装店、饰品店、化妆品店等等都有网店的原因，线上和线下两不耽误，有机结合，有力促进了其品牌的消费升级。

归根到底，决定兴衰的始终是消费者。电商给消费者带来了方便，只要方便了，消费者满意了，那么，电子商务就是必然存在和发展的。

第五章

信息安全

21世纪的今天，科学技术，尤其是信息技术的迅猛发展，使得计算机这一人类伟大的发明已经广泛深入到社会的各个角落，人们利用计算机存储数据、处理图像、互发邮件、充分享用计算机带来的无可比拟的功能和智慧，特别是计算机信息网络已经成为社会发展进步的重要保证，它的应用遍及国家的政府、军事、科技、文教、金融、财税、社会公共服务等各个领域，人们的工作、生活、娱乐也越来越依赖于计算机网络。但是，网络给人类带来巨大利益的同时，也会产生各种危机和威胁，因此，信息安全已成为一个日益突出的全球性和战略性的问题。

一、信息安全专业简介

（一）定义

信息安全是指信息网络的硬件、软件及其系统中的数据受到保护，不受偶然的或者恶意的原因而遭到破坏、更改、泄露，系统连续可靠正常地运行，信息服务不中断。

1. 主要内容

信息安全主要包括以下五方面的内容，即需保证信息的保密性、真实性、完整性、未授权拷贝和所寄生系统的安全性。

2. 根本目的

信息安全的根本目的就是使内部信息不受外部威胁，因此信息通常要加密。为保障信息安全，要求有信息源认证、访问控制，不能有非法软件驻留，不能有非法操作。

3. 范围

信息安全本身包括的范围很大，其中包括如何防范商业企业机密泄露、防范青少年对不良信息的浏览、个人信息的泄露等。网络环境下的信息安全体系是保证信息安全的关键，包括计算机安全操作系统、各种安全协议、安全机制（数字签名、消息认证、数据加密等），直至安全系统，如UniNAC、DLP等，只要存在安全漏洞便可能威胁全局安全。

（二）狭义的信息安全与广义的信息安全

信息安全学科可分为狭义安全与广义安全两个层次。

1. 狭义的信息安全

狭义的信息安全是建立在以密码论为基础的计算机安全领域，早期中国信息安全专业通常以此为基准，辅以计算机技术、通信网络技术与编程等方面的内容。

2. 广义的信息安全

广义的信息安全是一门综合性学科，从传统的计算机安全到信息安全，不但是名称的变更也是对安全发展的延伸，安全不再是单纯的技术问题，而是将管理、技术、法律等问题相结合的产物。培养能够从事计算机、通信、电子商务、电子政务、电子金融等领域的信息安全高级专门人才。

二、信息安全的重要性

计算机网络安全问题涉及许多学科领域，既包括自然科学，又包括社会科学。就计算机系统的应用而言，安全技术涉及计算机技术、通信技术、存取控制技术、校验认证技术、容错技术、加密技术、防病毒技术、抗干扰技术、防泄露技术等等，因此是一个非常复杂的综合问题，并且其技术、方法和措施都要随着系统应用环境的变化而不断变化。计算机系统的安全是相对不安全而言的，许多危险、隐患和攻击都是隐蔽的、潜在的、难以明确却又广泛存在的。

（一）网络安全问题

1. 黑客攻击

黑客对于大家来说，不再是一个高深莫测的人物，黑客技术逐渐被越来越多的人掌握和发展，目前，世界上有 20 多万个黑客网站，这些站点都介绍一些攻击方法和攻击软件的使用以及系统的一些漏洞，因而系统、站点遭受攻击的可能性就变大了。尤其是现在还缺乏针对网络犯罪卓有成效的反击和跟踪手段，使得黑客攻击的隐蔽性好，“杀伤力”强，是网络安全的主要威胁。

2. 管理欠缺

网络系统的严格管理是企业、机构及用户免受攻击的重要措施。事实上，很多企业、机构及用户的网站或系统都疏于这方面的管理。据 IT 界企业团体 ITAA 的调查显示，美国 90％的 IT 企业对黑客攻击准备不足。目前，我国 75％～85％的网站都抵挡不住黑客的攻击，约有 75％的企业网上信息失窃，其中 25％的企业损失在 25 万美元以上。

3. 网络缺陷

因特网的共享性和开放性使网上信息安全存在先天不足，因为其赖以生存的 TCP/IP 协议簇，缺乏相应的安全机制，而且因特网最初的设计考虑是该网不会因局部故障而影响信息的传输，基本没有考虑安全问题，因此它在安全可靠、服务质量、带宽和方便性等方面存在着不适应性。

4. 软件漏洞或“后门”

随着软件系统规模的不断增大，系统中的安全漏洞或“后门”也不可避免地存在，比如我们常用的操作系统，无论是 Windows 还是 Unix 几乎都存在或多或少的安全漏洞，众多的各类服务器、浏览器、一些桌面软件等等都被发现过存在安全隐患。大家熟悉的尼母达、中国黑客等病毒都是利用微软系统的漏洞给企业造成巨大损失，可以说任何一个软件系统都可能会因为程序员的一个疏忽、设计中的一个缺陷等原因而存在漏洞，这也是网络安全的主要威胁之一。

（二）信息安全潜在危害的发生形式

信息安全潜在威胁的发生形式包括电脑病毒散布、拒绝服务攻击、后门、窃听、伪装、数据篡改、网络钓鱼等。

1. 电脑病毒（Virus）散布

电脑病毒可能会自行复制，或更改应用软件或系统的可运行组件，或是删除文件、更改数据、拒绝提供服务，其常伴随着电子邮件，借由文件或可执行文件的宏指令来散布，有时不会马上发作，让用户在不知情的情况下帮他散布。

2. 拒绝服务

系统或应用程序的访问被中断或是阻止，让用户无法获得服务，或是造成某些实时系统的延误或中止。例如利用大量邮件炸弹塞爆企业的邮件服务器，借由许多他人电脑提交 http 的请求而瘫痪 Web Server。

3. 后门或特洛伊木马程序

这是未经授权的程序，可以通过合法程序的掩护，而伪装成经过授权的流程来运行程序，如此将造成系统程序或应用程序被更换，而运行某些不被察觉的恶意程序，例如回传重要机密给犯罪者。

4. 窃听

用户识别数据或其他机密数据，在网络传输过程中被非法的第三者得知或取得重要的机密信息。

5. 伪装

攻击者假装是某合法用户，而获得使用权限。例如伪装别人的名义发送电子邮件、伪装官方的网站来骗取用户的账号与密码。

6. 数据篡改

存储或传输中的数据，其完整性被毁坏。例如网页被恶意窜改、股票下单由 10 张被改为 1000 张。

7. 网络钓鱼

例如创建色情网站或者“虚设”、“仿冒”的网络商店，引诱网友在线消费，并输入信用卡卡号与密码，以此来获取用户的机密数据。

从网络运行和管理者角度来说，希望对本地网络信息的访问、读写等操作受到保护和控制，避免出现“陷门”、病毒、非法存取、拒绝服务和网络资源非法占用和非法控制等威胁，制止和防御网络黑客的攻击。对安全保密部门来说，他们希望对非法的、有害的或涉及国家机密的信息进行过滤和防堵，避免机要信息泄露，避免对社会产生危害，对国家造成巨大损失。

三、信息安全对个人层面可能存在的危害

（一）网络中个人隐私信息易被侵犯的原因

1. 网络是一个开放的公共空间，具有无疆域性

有人将电子网络称作没有传统的地域疆界的“第七大洲”。这一虚拟洲具有获得、存储信息的巨大能力与潜力。电子网络使用者搜索网上信息不受到物化形式的障碍，可以自由获得网上的信息。

2. 网络传播的瞬时性、低成本性

电子网络传播具有瞬时性、低成本性、数字技术与互联网使数字信息可以被完整拷贝并瞬时传到世界各地，网络是“一台巨大的、无法控制的拷贝机”，并且信息数字化减少了制作拷贝的成本，使拷贝可以迅速、方便、便宜地分销。一旦个人隐私被转送、下载后就不受地域限制在瞬时内完成与蔓延，物化的法律救济难以及时有效地制止这种侵权行为，也就难以保护受害者的个人信息隐私权。因而日益简单的信息传播收集方式，给信息所有人带来的风险承担也越大。

3. 经济利益

数字时代的经济就是网络经济。网络经济的一个重要发展目标就是利用网络的强大的信息收集、处理能力，迅捷高效地了解消费趋势，从而使生产者及时调整自己的经营策略，针对性地向市场提供产品，这就使网上消费者的个人隐私信息，诸如收入状况、个人爱好、消费习惯等，成为商家分析研究的宝贵的商业信息。

（二）网络中侵犯个人隐私信息的主要途径

1. 电子邮件系统

电子邮件系统是现在最流行的电子网络通信方式，使用者可以在瞬时内将文字信息传输给另一特定的电脑终端的接收者。这与传统的邮政系统相比，具有快捷、便宜的优势，但如何保证网上个人电子邮件的安全、保密，也是急待解决的问题。

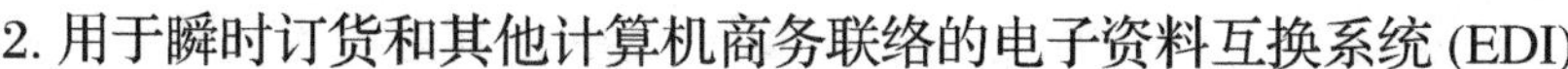

2. 用于瞬时订货和其他计算机商务联络的电子资料互换系统 (EDI)

电子商务通过电脑中介和数字通信技术，依照预定义格式，处理企业商事交易。这使传统的生产环节、销售环节发生变化。每一个网上企业或信息收集机构都能运用最新科技来获取、编辑甚至截取、跟踪网络使用者的电子邮件地址、家庭住址等个人信息，对之进行分析，了解消费趋势，调整生产方向，或者对所收集的网上个人信息进行营利性的出租、转让。这使个人隐私信息曝光于网络公共空间，甚至被不法分子所利用。

3. 网络技术与监测功能的滥用

作为全球性网络的因特网，其使用者成指数的增加。网络管理软件开发者为了便于网络系统管理，在程序设计中加进了具有监督功能的程序以使系统管理者在使用者未知状态中获取使用者个人信息。这类软件成为网上侵犯个人隐私信息的工具和帮凶，诸如入网管理员、因特网守门人、网络踪迹等。

4. 个人隐私信息出租或者出售

比如美国的信用管理机构就掌握着 50 多亿份个人信用记录，包括使用者的消费信用卡、债务情况、支付史、出生日期、社会保障号码等私人详细信息。该机构通常以邮寄目录形式向营销商出售此类信息，从中获利。

四、信息安全对社会、国家层面可能存在的危害

（一）对国家政治安全的威胁

1. 信息扩散的权力被削弱

国际互联网具有全球性、开放性的特点，尽管国家对个人信息的获取有某些限制，但是自由思想能够像微生物一样，借助于电子网络毫无障碍地扩散到世界的各个角落，这使国家的那些限制徒劳无功，国家对信息扩散的控制能力大大减弱。

2. 非政府组织的挑战

政府面临着非政府组织乃至个人的挑战。由于互联网具有虚拟性，不同利益的集体（包括非政府组织）和个人通过互联网可组成“虚拟集团”，甚

至组成“虚拟政府”。当前，互联网已经成为各种利益集团乃至个人在民众中扩大影响力，向政府施压的主要媒体之一。

（二）对社会经济安全的威胁

1. 国外因素的影响更严重

国际互联网加强了各国间经济上的相互依赖性，使一国经济安全受到国外因素的影响更严重。一国的经济安全在一定程度上已不再仅仅以本国的意志为转移,国际经济中的任何风吹草动都有可能对本国的经济安全造成冲击。从这个意义上说，一国的经济安全从来没有受到国外因素如此严重的影响。而且，经济相互依赖越深，相互之间造成损害的机会就越多，潜在的经济安全问题就越严重。

2. 技术性缺陷威胁经济安全

国际互联网有其天生的技术性缺陷。一方面，国际互联网易受病毒的感染而给一国经济乃至给全球经济造成巨大损失；另一方面，一些计算机黑客或别有用心的人千方百计闯入国际互联网，严重威胁各国的经济安全。

另外，网络技术先进国家还可以利用国际互联网的缺陷盗窃其他国家的经济情报，或对金融、商业部门的网络展开攻击、蓄意破坏。或进入银行提走巨额资金，或利用互联网编造并传播影响证券、期货交易或其他扰乱金融秩序的虚假信息，甚至破坏社会主义市场经济的秩序。所有这些使发展中国家的经济安全面临严重的威胁。

（三）对社会文化安全的威胁

1. 工具

国际互联网具有开放性、全球性、快捷性等特点，虽然加速了各种文化在全球范围内的流动，有利于各种文化之间的相互交流。但与此同时，也为外来文化的渗透创造了更加有利的条件，外来文化不经任何过滤，通过互联网就可以登录其他国家，国际互联网成了西方一些国家进行文化渗透的有力工具。

目前，互联网的控制权掌握在西方国家的手中，他们把自己的文化作为国际互联网的主导文化，以绝对的信息优势向其他国家特别是发展中国家进行文化覆盖，并对其他国家或民族文化进行封锁。

网络时代，技术的发展确实给人们带来了很多便利，但是也引发了诸如个人隐私泄露，社会经济受到冲击等很多问题。在网络传播环境下，个人信息、社会生态以及国家安全都有可能受到威胁。为了预防信息安全犯罪，我国需要注重加强立法建设，维护广大人民的个人信息的安全。同时要大力发展网络技术及其相关产业。从源头上杜绝其他国家危害我国信息安全的行为，做到技术掌握，有备无患。同时，加强计算机使用人员的安全意识教育，也是十分必要的。

第一节　信息安全的非传统安全特征

与传统安全相比，非传统安全问题更有社会性的一面，体现社会与国家的复杂关系，深刻地折射出一个国家、一个社会的安全性与其体制的合理性、进步性之间的相关性。

一、信息安全的非传统安全

（一）非传统安全

非传统安全是相对于传统安全威胁因素而言的，指除军事、政治和外交冲突以外的其他对主权国家及人类整体生存与发展构成威胁的安全问题因素。

1. 主要内容

包括信息安全、经济安全、金融安全、生态环境安全、资源安全、恐怖主义、武器扩散、疾病蔓延、跨国犯罪、走私贩毒、非法移民等。

2. 非传统安全的威胁

人们把以军事安全为核心的安全观称为“传统安全观”，把军事威胁称为“传统安全威胁”，把军事以外的安全威胁称为“非传统安全威胁”。从能源危机开始，“非传统安全”在世界安全战略中的比重逐渐增加，现在已经上升到了与“传统安全”同等的重要地位了。

（二）对信息技术高度重视

信息技术作为时代进步发展的产物，伴随着它的发展，在给人类带来无限发展空间和机遇的同时，也使国家安全面临前所未有的挑战，关系到国家安全和主权完整、社会稳定，民族团结、民族文化继承与发扬等重大问题，随着社会信息化和网络全球化进步的加快而日益受到世界各国的高度重视。

1. 信息安全的两大主题

但从总的形势来看，当前和今后一段时期内，全球普遍关注的非传统安全中的信息安全问题基本锁定在两个主题上：一是网络基础设施的安全，即网络本身的安全；二是网上信息内容的安全。

信息及网络技术的全球性、互联性、开放性、信息资源和数据共享性，通信信道共用性等又使其本身极易受攻击，攻击的不可预测性、危害的连锁扩散性大大增强了信息安全问题造成的危害。

2. 信息安全最主要的威胁

信息安全最主要的威胁来源于技术系统本身，如计算机技术缺陷、计算机病毒、黑客、计算机犯罪、信息垃圾和信息污染等。随着技术的发展，这些威胁不断通过各种方式得以强化，例如黑客攻击手段更加专业化、破坏力更强，电脑病毒传播更快、杀伤力更大以及网络犯罪、网络恐怖活动日益泛滥等。由此造成全球信息安全形势逼人。

3. 面临的问题

当前我国信息安全面临的主要问题包括以下方面。

第一，基础信息技术严重依赖国外。操作系统和数据库管理系统以及大量的应用软件等核心技术的缺乏，是中国信息安全的“根本问题”或“最大隐患”；

第二，实现网络管理、媒体管理、电信管理的制度化、规范化成为亟需要解决的一个主要问题；

第三，信息安全管理体制不够健全；

第四，信息安全意识淡薄。由于信息化水平的差异和宣传力度不够等原因，我国信息化发展仅达到中等水平，普遍认为那些系统瘫痪、黑客袭击、病毒感染等信息安全事件目前不会在中国发生或很少发生，缺乏警觉。

二、非传统安全的特征

我国现在面临的信息安全环境迫切要求制定相应的国家安全战略。我国信息安全的战略制定应该兼顾时代特点和我国国情，把安全理论和国内外社会、政治和经济发展所做的分析具体运用到中国的信息安全实践上来。

（一）特征

从上面有关信息安全的分析来看，信息安全作为非传统安全的一个重要组成方面，有着非传统安全的典型特点，下面就在对信息安全状况基本有了一定了解的基础上对非传统安全的一些特征，以及其与传统安全之间的联系做一些简单的阐述。

1. 非对称性

相对于传统安全，非传统安全威胁的主体和来源一般处于隐蔽的、未知的状态，其行为发生方式也具有突然爆发的危机特点。非传统安全行为体的总体能量与国家行为体不可相比，但是它们在某个局部、某个时点产生的破坏性却超过许多国家行为体，甚至使一般的传统安全手段成为无效。这种非对称性构成对传统安全的严峻挑战。

2. 多元性

它包括安全领域的多元性、安全主体的多元性和治理手段的多元性。这种多元性特点决定了非传统安全问题的综合性和关联性。非传统安全的各领域之间是相互影响和相互关联的，某一领域的问题会引发其他领域的危机和破坏效应的扩大与加剧。因此，防止和应对非传统威胁必须运用多种综合手段，依赖单一机制或者过分强调单一机制都是难以奏效的。

3. 社会性

非传统安全问题大多数产生于某些国家内部的社会结构性根源。它们首先威胁的不是主权国家的外部安全，而是威胁到国家内部的公民个体和社会群体的生存和安全，具有很强的社会破坏性。当非传统安全威胁溢出国界时，直接的受害者当然是外国的公民个体和社会群体，间接威胁到相关国家的安全。因此，非传统安全直接反映国际政治中的社会安全问题，间接反映或影响国家之间的安全关系。

4. 跨国性

非传统安全威胁的来源和影响都是跨国界的，一般涉及多个国家的政治、经济、社会生活方式以致自然环境。国内安全、国际安全和全球安全的界限由此出现交叉和模糊的趋势。对非传统安全威胁的预警和防范、应对及遏制也只能是多国的。

（二）非传统安全与传统安全的联系

非传统安全与传统安全之间存在内在的深刻联系。

首先，非传统安全概念的内涵和外延是由传统安全概念扩展而来的，是对传统安全概念的修正和补充。

其次，非传统安全问题与传统安全问题相互交织，两者在一定条件下会相互转化。非传统安全问题的激化可能会演化为国家间冲突和局部战争，某些大国也可能利用非传统安全问题达到其传统安全的战略目标。

最后，基于两者之间的相互转化性，应对非传统安全威胁需要动员包括对付传统安全威胁的手段在内的一切手段和工具，建立综合安全保障体系。

总之，在当前以及今后的一段时期内，非传统安全问题已经变得和传统安全一样重要。这里并非在过于强调非传统安全，而是在传统安全发生几率较小的情况下，更应该加强非传统安全的预防和处理，给国家和世界构造一个和平与稳定的环境。

第二节　信息技术安全保障技术框架

一、信息保障的内涵

（一）信息保障系统

1. 信息系统

处理、存储和传输信息的系统。

2. 信息保障的原因

（1）信息系统在人们的生产、生活中发挥着日益重要的作用；

（2）信息系统存在根本安全缺陷；

（3）安全形势日益严峻。

3. 信息保障的内涵

是指采用可提供可用性、完整性、认证、机密性和不可否认性安全服务的应用程序来保护信息和信息系统。除了保护机制外，还应该提供攻击检测工具和程序，以使信息系统能够快速响应攻击，并从攻击中恢复。

（二）信息保障框架域

1.IATF 将信息系统的信息保障技术层面分为四部分：

（1）保护计算环境；

（2）保护边界；

（3）网络和基础设施；

（4）支撑性基础设施。

2. 支撑性基础设施为以下各方提供服务

（1）网络；

（2）终端用户工作站；

（3）Web、应用和文件服务器。

3.IATF 所讨论的两个范围

（1）密钥管理基础设施（KMI/PKI）；

（2）检测与响应基础设施。

4. 纵深防御原则

（1）优先原则。

①三个要素：人，技术，运行；

②纵深防御策略中涉及人员：政策和程序，物理安全，培训和意识，人员安全，系统安全管理，设备对策。

（2）建议纵深防御战略附带着若干 IA 原则。

①纵深防御战略中某些技术领域：IA 体系结构，IA 准则，已经评估产品的获取 / 集成，系统风险评估；

②纵深防御战略有关的运行领域：安全策略，认证和认可，安全管理，备用评估，ASW&R，恢复 & 重新构造；

③纵深防御战略附带若干IA的原则：多处设防，分层保卫，安全的坚固性，配备PKI/KMI，配备入侵检测系统。

5. 系统工程

组织管理系统规划、研究、制造、实验、使用的科学方法，是一种对所有系统都具有普遍意义的科学方法系统安全工程：系统工程的子集。一门解决安全问题的应用技术。

（1）主要目标。

①获得对企业安全风险的理解；

②根据已识别的安全风险建立一组平衡的安全需求；

③将安全需求转换成安全的指导原则，这些安全指导原则将被综合到项目实施中的其他科目活动和系统配置或运行的定义中；

④通过正确有效的安全机制建立保证；

⑤判断系统中和系统运行时残留的安全风险对运行的影响是否可容忍；

⑥将所有科目和专业活动集成为一个具有共识的系统安全可信性工程。

（2）ISSE。系统安全工程的子集，一门信息系统安全问题的应用技术。

（3）三个避免无效工作的原理。

①始终保持问题和解决问题的空间是分离的。

②通过客户的任务和业务需求来确定问题空间。

③通常客户都是以技术观点和他们对问题解决的观点来和工程师谈话，而不是从谈问题的角度来谈问题。系统工程师和信息系统安全工程师必须不考虑这些观点并发掘客户已经理解的问题。如果用户的要求不是基于客户的任务或业务需求，那么，产生的系统解决方案不可能响应这些需求。再次，这将导致建立错误系统，并且说明什么也没有比解决错误问题和建立错误系统更无效的了。

④系统工程师和信息系统安全工程师确定解决问题空间，它们是从问题空间推导出来的。

（4）ISSE 过程。发掘信息保护需求、确定系统安全要求、设计系统安全体系结构、开发详细安全设计、实现系统安全、评估信息保护的有效性。

潜在对手分类：恶意对手、非恶意对手。

①恶意对手：国家、黑客、恐怖分子、犯罪组织、其他犯罪团体、国际舆论、产业竞争者、不满的员工；

②非恶意对手：粗心的或缺乏训练的员工；

③主要目标三个类别：未授权存取、未授权修改、拒绝访问信息。

（三）风险因素

（1）揭露对手的能力以进行其他类型的攻击；

（2）触发可能阻止进一步成功攻击的防范机制，特别当攻击获利很大时；

（3）遭受惩罚（如罚款、入狱和处于窘境等）；

（4）危及生命安全；

（5）被动攻击。

被动监视公共媒体上的信息传递。对策：

①使用 VPN 加密保护网路；

②使用加保护的分布式网络。

（6）主动攻击

避开或破坏安全部件，引入恶意代码，破坏数据或系统完整性。对策：增强区域边界保护、基于网络管理交互身份认证的访问控制、受保护远程访问、质量安全管理、自动病毒检测工具、审计和入侵检测。

（7）临近攻击

一个未授权的个人近距离物理接触网络、系统或设备，以修改、收集信息或者拒绝对信息的访问。这种接近可以通过秘密进入、公开访问或者两者结合。对策：配置监控器，物理安全。

（8）内部人员攻击

由在信息安全处理系统物理边界内的合法人员或者能够直接访问信息安全处理系统的人员发起的攻击。对策：

①安全意识和训练；

②审计和入侵检测；

③安全策略和增强安全性；

④关键数据、服务和局域网特殊的访问控制在计算机和网络元素中的信任技术；

⑤一个强的身份识别与认证能力。

（9）分发攻击

硬件或软件在生产与安装过程中，或者在运输过程中，被恶意地修改。对策：

①在工厂，可以通过加强处理配置控制将这类威胁降低到最低；

②通过使用受控分发，或使用由最终用户检验的签名软件和存取控制可以解除分发威胁。

二、主要安全服务

包括访问控制、保密性、完整性、可用性和不可否认性。

（一）访问控制定义

在网络安全环境中，访问控制意味着限制对网络资源和数据的访问。目标：阻止未授权使用资源，阻止未授权公开或修改数据。

1. 组成

访问控制的要求可分为以下几类：I&A 标识与认证，授权，决策，执行，身份认证机制可以分为简单认证和基于加密的认证。

2. 简单认证

包括基于身份的认证，并通过要求试图访问的实体回答只有它自己才知道的信息来认证其身份。简单认证的另一个例子是基于地址的认证，这种机制通过通令双方的网络地址来认证身份。

3. 基于加密的认证

基于加密的机制依靠一定协议下的数据加密处理。通令双方共享一个密钥，该密钥用来在挑战—应答协议中处理或加密信息交换。其他加密机制仅依赖于公开密钥加密，或者依靠在公开密钥和由公开密钥证书提供的身份之间的绑定。

所有基于加密的机制部分依赖于加密算法的强度，部分依赖于通信协议的安全，还在很大程度上依赖于密钥保护。

（二）强健性策略

1. 强健性

强健性是安全机制的强度和保险程度的级别。

2. 强健性策略

强健性策略描述了一个方法：需要受保护信息的价值和系统威胁程度的基础上怎样确定强健性的推荐级别。将安全服务分解成多个支持机制并确定相应的强度级别。

3. 确定强健性级别

机制强度级别 SML，评估保障级别 EAL，要保护的信息价值，所感知的威胁环境。

4. 确定信息价值

由违反信息保护策略可能造成的结果确定。分五个等级：

（1）保护策略的违犯造成的结果可以忽略；

（2）保护策略的违犯会对安全、保险、金融状况、下级组织造成不良影响或小的破坏；

（3）保护策略的违犯会产生一定的破坏；

（4）保护策略的违犯会造成严重的破坏；

（5）保护策略的违犯会造成异常严重的破坏。

5. 确定威胁级别

由对手的技术水平、可用的资源、承担的风险确定。分七个等级：

（1）无意的或意外的事件；

（2）被动的、无意识的占有很少资源并且愿意冒少许风险的对手；

（3）占有少许资源但是愿意冒大风险的对手；

（4）占有中等程度资源的熟练的对手，愿意冒少许的风险；

（5）占有中等程度资源的熟练的对手，愿意冒较大的风险；

（6）占有丰富程度资源的特别熟练的对手，愿意冒少许的风险；

（7）占有丰富程度资源的特别熟练的对手，愿意冒较大的风险。

6. 确定强健性级别

强健性级别定义为安全机制的强度和保险度级别。强度是破坏该机制所需付出努力的一个相对度量，并不一定与实现这种机制所需的成本相关。当所有因素相同时，应该选择高强度的机制。

7. 安全机制的强度（三个等级）

（1）SML1 基本强度，可以抵抗不复杂的威胁，能够保护低价值的数据；

（2）SML2 是中等强度，可以抵抗复杂的威胁（T4 到 T5），能够保护中等价值的数据；

（3）SML3 是高强度，可以抵抗来自单一民族国家的威胁（T6 到 T7），能够保护高价值的数据。

8. 安全保障级别

安全保障是对声明的信任的度量，使人确信信息系统的体系结构和安全特性已恰当仲裁，并执行了安全策略。分七个等级：

（1）功能测试，适用于要求正确操作而安全威胁认为并不严重的情况；

（2）结构测试，适用于要求中低级的独立保障的安全性的情况；

（3）系统地测试和检查，适用于要求中级的独立保障的安全性的情况；

（4）系统地设计、测试和复查。适用于要求中级或高级独立保障的安全性的情况；

（5）半形式化设计和测试，适用于在开发计划中要求高级独立保障的安全性和严密开发实现的情况；

（6）半形式化验证和测试，适用于开发用于高风险环境的安全产品的情况；

（7）形式化验证和测试，适用于开发用于极高风险环境的产品或高额资产高额花费的情况。

9. 等级保护制度

国家对信息系统实行五级保护，实行信息安全等级保护制度，重点保护基础信息网络和重要信息系统。这个系统包括四种流：

（1）网络支持三种不同数据流：用户通信流，控制通信流，管理通信流；

（2）用户通信流：用户在网上传输的信息；

（3）控制通信流：建立用户连接所必备的网络组件之间传送的路由信息；

（4）管理通信流：配置网络组件的任意信息；起源于一个网络组件的信息，向网络基础设施表明网络组件状态的信息；简单的网络管理协议（SNMP）信息。

第三节　网络与系统攻击技术

一、网络攻击技术

计算机网络攻击是网络攻击者利用网络通信协议自身存在的缺陷、用户使用的操作系统内在缺陷或用户使用的程序语言本身所具有的安全隐患，通过使网络命令或者专门的软件非法进入本地或远程用户主机系统，获得、修改、删除用户系统的信息以及在用户系统上插入有害信息，降低、破坏网络使用效能等一系列活动的总称。

（一）技术角度

计算机网络的安全隐患，一方面是由于它面向所有用户，所有资源通过网络共享，另一方面是因为其技术是开放和标准化的。层出不穷的网络攻击事件可视为这些不安全因素最直接的证据。其后果就是导致信息的机密性、完整性、可用性、真实性、可控性等安全属性遭到破坏，进而威胁到系统和网络的安全性。

（二）法律定义

网络攻击是入侵行为完全完成且入侵者已在目标网络内。但是更激进的观点是（尤其是对网络安全管理员来说），可能使一个网络受到破坏的所有行为都应称为网络攻击，即从一个入侵者开始对目标机上展开工作的那个时刻起，攻击就开始了。通常网络攻击过程具有明显的阶段性，可以粗略地划分为三个阶段：

（1）准备阶段；

（2）实施阶段；

（3）善后阶段。

为了获取访问权限，或者修改破坏数据等，攻击者会综合利用多种攻击方法达到其目的。

常见的攻击方法：网络探测、欺骗、嗅探、会话劫持、缓冲区溢出、口令猜解、木马后门、社交工程、拒绝服务等。

网络渗透是网络攻力的核心，攻击者通过一步步入侵目标主机或目标服务器，达到控制或破坏目标的目的。攻击者往往通过对这些技术的综合使用，对一个看似安全的网络，寻找到一个很小的安全缺陷或漏洞，然后一步一步将这些缺口扩大，最终导致整个网络安全防线的失守，从而掌控整个网络的控制权限。

二、信息踩点与收集

对于攻击者而言，目标网络系统上的任何漏洞都有可能成为撕开网络安

全防线的一个突破口。攻击者收集的信息，无非就是找到这条防线中最薄弱的那个环节。首先获取尽可能详细的目标信息，然后制定入侵方案，寻找突破口进入内部网络，再提升权限控制目标主机或网络。信息踩点主要有以下三个方面。

（一）管理员用户信息收集

攻击者通过网络搜索引擎、实地了解、电话咨询等方式，利用社会工程学方式,收集目标系统或网络的归属性质、重要用户、结构分支、邮件联系地址、电话号码、QQ 或 MSN 等各种社交网络注册账户及信息，以及主要管理员的网络习惯等。这些信息可用作制作弱口令猜解字典以及钓鱼攻击的先验知识。

(二) 服务器系统信息收集

利用各种扫描工具，收集服务器对外提供的服务，并测试其是否存在开放式的漏洞。常用的针对系统漏洞的扫描工具有 NESSUS、SSS、ISS、X–scan、Retha 等。针对服务端口的扫描工具有 Nmap、Super Scan、Amap 等。针对 WEB 页面服务的扫描工具有 SQL 扫播器、PHP 扫描器、上传漏洞扫描器等，以及 WEB 站点扫描工具如 Appscan、Acunetix Web Vulnerability Scanner、Jsky 等。针对数据库的扫描工具有 Shadow Database Scanner、NGSSQuirreL、SQL 弱口令扫描器等。另外还可以根据需要自己开发专门的漏洞验证扫描器。

(三) 网络信息收集

攻击者通过 Google Hacking、WHOIS、DNS 查询以及网络拓扑扫描器 (如 Solar winds 等)，对目标网络拓扑结构、IP 分布情况、网络连接设备信息、服务器分布情况等信息进行收集。

三、WEB 脚本入侵攻击

WEB 脚本入侵主要以 WEB 服务器以及数据库服务器为入侵攻击对象，采用脚本命令或浏览器访问的方式对目标实施入侵攻击。在攻击者对一个 WEB 站点完成踩点和信息收集之后，可以采取数据库入侵或者各种脚本漏洞获取到后台管理权限，再取得 Webshell 权限，继而通过 Webshell 提升权限打

开内网渗透的突破口。

（一）SQL 注入攻击

SQL 注入攻击技术已成为 WEB 入侵的常青技术。这主要是因为网页程序员在编写代码时，没有对用户输入数据的合法性进行判断，使得攻击者可以构造并提交一段恶意的数据，根据返回结果来获得数据库内存储的敏感信息。由于编写代码的程序员技术水平参差不齐，一个网站的代码量往往又大得惊人，使得注入漏洞往往层出不穷，也给攻击者带来了突破的机会。SQL 常用的注入工具有：Pangolin、NBSI3.0 等。

（二）数据库入侵攻击

数据库入侵包括默认数据库下载、暴库下载以及数据库弱口令连接等攻击方式。默认数据库漏洞，是指部分网站在使用开源代码程序时，未对数据库路径以及文件名进行修改，导致攻击者可以直接下载到数据库文件进行攻击。

（三）文件上传漏洞入侵

网站的上传漏洞是由于网页代码中文件上传路径变量以及文件名变量过滤不严造成的。很多网站都提供文件上传功能，以方便用户发图、资源共享等。但由于上传功能限制不严，导致了漏洞的出现。上传漏洞的成因如下：

（1）对文件的扩展名或文件头验证不严密，导致上传任意或特殊文件；

（2）对上传文件的文件头标识验证不严，也会导致文件上传漏洞。如攻击者可以修改文件头伪装图片，或对图片和木马进行合并，写入数据库中；

（3）通过数据库备份将文件保存为指定格式的木马文件。

（四）跨站脚本攻击

跨站攻击是指攻击者利用网站程序对用户输入过滤不足，输入可以显示在页面上对其他用户造成影响的 HTML 代码，从而盗取用户资料、利用用户身份进行某种动作或者对访问者进行病毒侵害的一种攻击方式。

1. 跨站攻击方法

使用最多的跨站攻击方法莫过于 cookie 窃取，即获 cookie 后直接借助工具或其他可修改 cookie 的浏览器，被攻击者在访问网页时，其 cookies 将被盗取。跨站攻力还有一种用法是读取本地文件。

2. 攻击方式

跨站脚本攻击的方式主要还是依靠利用者的 Javascript 编程水平，攻击者编程水平够高，就能达到更为复杂的攻击效果。诸如 Attack API, XSS shell、XSS 蠕虫、读取浏览器密码、攻击 Firefox 插件等等。

(五)Webshell 权限提升

一般而言，webshell 所获取的权限为 IIS_USER 权限，有些组件或应用程序是不能直接运行的。为了提升 webshell 权限，攻击者往往会利用服务器上的安全缺陷，或通过各种具有高权限的系统以及应用软件漏洞，来提高自己程序的执行权限。

四、缓区滋出攻击

缓冲区溢出 (buffer overflow) 是一种系统攻击手段，通过在程序缓冲区写超出其长度的内容，造成缓冲区溢出，从而破坏程序堆找，使程序转而执行其他指令达到攻击目的。

（一）两个基本条件

利用缓冲区溢出进行系统攻击必须满足两个基本条件：

条件一，将攻击代码植入被攻击程序；

条件二，使被攻击程序跳转到植入的攻击代码处执行，通过精心设计的溢出字符串同时实现这两个条件。

将溢出字符串作为用户数据提供给被攻击程序，用来溢出被攻击程序的缓冲区，实现溢出攻击，例如，针对网络服务程序，构造特殊格式的交互数据包；针对浏览器或第三方插件程序，构造特殊格式的网页；针对办公程序，构造特殊格式的文档等。

1. 攻击与防范技术的功能

本地提取、远程提权、下载执行、开放端口、反弹连接、增添管理用户等。

在网络渗透攻击中，攻击者可以利用缓冲区溢出直接控制多台主机，特别是在内网渗透当中，由于内网主机一般处于防火墙里面，缓冲区溢出攻击所针对的端口不会被防火墙所屏蔽，因此缓冲区溢出成为内网横向权限提升最有效的手段之一。

2. 缓冲区溢出的两种方式

（1）远程溢出；

（2）本地溢出。

（二）木马后门攻击

木马后门攻击是攻击者延续其攻击效果的重要手段，包括特洛伊木马、网页木马、隐秘后门、RootKit 等方式。攻击者通过木马攻击，最终达到获取下一时刻服务器控制权限的目的。

1. 攻击的主要手段

文件捆绑攻击、文件自动感染攻击、网页挂马攻击、账号密码破解攻击，预留后门攻法、RootKit 后门攻击等。

2.Rootkir 技术

Rootkit 与普通木马后门以及病毒的区别在于其更为强大的隐秘性，如通信隐蔽、自启动项隐藏、文件隐藏、进程通信隐蔽、进程 / 模块隐藏、注册表隐藏、服务隐藏、端口隐藏。Rootkit 本身并没有害处，但它可以作为其他恶意代码的载体。其极强的隐蔽性给其他恶意代码的生存及传播提供了良好的温床。

3. 网页挂马攻击

网页木马通常是指利用 IE 浏览器的一些漏洞，通过构造出特殊代码，在网页中夹带木马程序，或一段使得客户端下载并执行指向木马程序连接地址的攻击代码。使得其他上网者在浏览该网页时，会在后台悄悄执行网页中的攻击代码，达到控制用户主机的目的。

4. 常见网页木马

常见网页木马主要有操作系统自带 IE 组件或其他软件漏洞网页木马和应用软件漏洞网页木马。对于第一类，最典型的有 MIME 漏洞网页木马、Active X 漏洞木马、OBJECT 对象漏洞木马。事实上，被曝光的 IE 浏览器漏洞一直源源不绝，由于网页木马是由服务器攻击客户端，用户往往又是信任服务器的，这类攻击产生的后果和危害往往是非常严重的。

（三）网络设备攻击

路由器和交换机是最常见的网络设备，决定着内网与互联网之间的连接。在攻击者入侵目标中，路由器和交换机是重要的攻击对象。在常用网络设备中，Cisco 路由器占据主导地位。

路由器远程控制方法一般有两种：

（1）Telnet 或 HTTP 管理；

（2）SNMP 代理。

前一种方式只适合管理小型局域网路由器，而后一种是更为常用的管理方案。

（四）内网渗透攻击

1.Windows 系统密码破解

在内网渗透中，如果能得到域管理员的密码 Hash，并破解之，将使攻击者很可能通过此密码控制到整个网络。在 Windows 系统中，某个用户登录系统后，其用户名和密码都是以明文的方式保存在内存中的。控制用户登录的系统进程是 Winlogon.exe，当有多个用户同时登录系统时，系统在每个用户登录时都会产生一个 Winlogon.exe 进程。当 AWGINA 模式被设置时，可以用 aio 等工具直接读取到当前用户的密码。

2.ARP 欺骗攻击

ARP 协议即地址解析协议 Address Resolution Protocol，ARP 协议是将 IP

地址与网络物理地址一一对应的协议。负责 IP 地址和网上实体地址 (MAC) 之间的转换。也就是将网络层 (IP 层也就是相当于 ISO OSI 的第三层) 地址解析为数据连接层 (MAC 层，也就是相当于 ISO OSI 的第二层) 的 MAC 地址。ARP 表支持在 MAC 地址和 IP 地址之间的一一对应关系，并提供两者的相互转换。由于 ARP 协议无法识别 ARP 请求响应报文的真实性，使得攻击者可以通过抢先构造出 ARP 报文，对内网主机以及交换设备进行欺骗，从而达到流量重定向的攻击的目的。

3. 内网 ARP 欺骗攻击的手段

常见内网 ARP 欺骗攻击的主要手段有 ARP 内网挂马攻击，ARP 内网嗅探攻击，ARP 挂马攻击主要使得内网主机在访问外部网页时，被强行插入一个恶意网页木马链接，达到种植木马的攻击效果。ARP 内网嗅探攻击主要是攻击机在被攻击机与访问站点之间做一个中间人攻击，使得所有通信数据先流向攻击机，再转发出去。

（五）拒绝服务攻击

在网络攻击中，恶意攻击者为了破坏目标服务的可用性，或者让目标服务器进行重启来执行某些功能，通常会采用拒绝服务攻击的方式。拒绝服务攻击的分类方法有很多种，从不同的角度可以进行不同的分类，而不同的应用场合需要采用不同的分类。

1. 拒绝服务工具

常用的拒绝服务工具有：SYN Flood, UDP Flood、傀儡僵尸等分布式拒绝服务工具。

2. 攻击目标分类

攻击目标可分为节点型和网络连接型，前者旨在消耗节点 (主机 host) 资源，后者旨在消耗网络连接和带宽。

节点型又可进一步细分为主机型和应用型，主机型攻击的目标主要是主机中的公共资源如 CPU、磁盘等，使得主机对所有服务都不能响应；

应用型是攻击特定的应用，如邮件服务、DNS 服务、Web 服务等；

3. 攻击方式分类

按照攻击方式可以分为资源消耗和服务中止。

资源消耗指攻击者试图消耗目标的合法资源。例如，网络带宽、内存和磁盘空间、CPU 使用率等。

服务中止指攻击者利用服务中的某些缺陷导致服务崩溃或中止。

4. 受害者分类

按受害者类型可以分为服务器端拒绝服务攻击和客户端拒绝服务攻击。前者指攻击的目标是特定的服务器，使之不能提供服务(或者不能向某些客户端提供某种服务)。例如攻击一个 web 服务器使之不能访问；后者是针对特定的客户端，即用户，使之不能使用某种服务。

5. 攻击是否直接针对受害者分类

按攻击是否直接针对受害者，可以分为直接拒绝服务攻击和间接拒绝服务攻击，如要对某个 Email 账号实施拒绝服务攻击，直接对该账号用邮件炸弹攻击就属于直接攻击。为了使某个邮件账号不可用，攻击邮件服务器而使整个邮件服务器不可用就是间接攻击。

6. 攻击地点分类

按攻击地点可以分为本地攻击和远程(网络)攻击，本地攻击是指不通过网络，直接对本地主机的攻击，远程攻击则必须通过网络连接。由于本地攻击要求攻击者与受害者处于同一地，这对攻击者的要求太高，通常只有内部人员能够做到。

第六章

安全审计与责任认定技术

一、安全审计基本概念

信息安全审计是企业内控、信息系统治理、安全风险控制等的不可或缺的关键手段。信息安全审计能够为安全管理员提供一组可进行分析的管理数据，以发现在何处发生了违反安全方案的事件。利用安全审计结果，可调整安全策略，堵住出现的漏洞。

（一）主要分类

美国信息系统审计的权威专家 Ron Weber 将它定义为收集并评估证据以决定一个计算机系统是否有效做到保护资产、维护数据完整、完成目标，同时是最经济的使用资源。根据在信息系统中需要进行安全审计的对象与内容，主要分为日志审计、网络审计、主机审计。下面分别说明如下。

1. 日志审计

日志可以作为责任认定的依据，也可作为系统运行记录集，对分析系统运行情况、排除故障、提高效率都发挥重要作用。

（1）主要内容。日志审计是安全审计针对信息系统整体安全状态监测的基础技术，主要通过对网络设备、安全设备、应用系统、操作系统、数据库的集中日志采集、集中存储和关联分析，帮助管理员及时发现信息系统的安全事件，同时当遇到特殊安全事件和系统故障时，确保日志存在和不被篡改，帮助用户快速定位追查取证。

（2）降低安全事件的发生率。大量事实表明，对于安全事件发生或关键数据遭到严重破坏之前完全可以预先通过日志审计进行分析、报警并及时采取相应措施进行有效阻止，从而大大降低安全事件的发生率。

2. 数据库审计

主要负责对数据库的各种访问操作进行监控，是安全审计对数据库进行审计的技术。它采用专门的硬件审计引擎，通过旁路部署，采用镜像等方式获取数据库访问的网络报文流量，实时监控网络中数据库的所有访问操作（如插入、删除、更新、用户自定义操作等），还原 SQL 操作命令包括源 IP 地址、目的IP地址、访问时间、用户名、数据库操作类型、数据库表名、字段名等，发现各种违规数据库操作行为，及时报警响应、全过程操作还原，从而实现安全日志审计系统建设方案事件的准确全程跟踪定位，全面保障数据库系统安全。该采集方式不会对数据库的运行、访问产生任何影响，而且具有更强的实时性，是比较理想的数据库日志审计的实现方式。

3. 网络审计

主要负责网络内容与行为的审计，是安全审计对网络通信的基础审计技术。它采用专门的网络审计硬件引擎，安装在网络通信系统的数据汇聚点，通过旁路抓取网络数据包进行典型协议分析、识别、判断和记录，Telnet、HTTP、E-mail、FTP、网上聊天、文件共享、流量等的检测分析等。

4. 主机审计

主要负责对网络重要区域的客户机上的各种上网行为、文件拷贝/打印操作、通过Modem擅自连接外网等进行审计。

目前信息安全系统尚未有效开展安全审计工作，由于缺少对各网络设备、安全设备、应用系统、操作系统、数据库的集中日志采集、集中存储和关联分析等事后审计、追查取证的技术支撑手段，以致无法在遇到特殊安全事件和系统故障时确保日志存在和不被篡改，同时对主机和数据库的操作行为也没有审计和管理的手段，不能有效对操作行为进行审计，防止误操作和恶意行为的发生，因此迫切需要尽快建设安全审计系统（包括日志审计、数据库审计、网络审计），确保信息系统安全。

（二）日志审计系统建设方案

1. 日志格式

（1）网络设备和部分安全设备根据厂商的不同，其日志格式也不同，无统一的日志格式；

（2）应用系统根据系统平台的不同，其日志格式也不同，无统一的日志格式。

2. 日志采集协议 / 接口

网络设备和部分安全设备支持 SNMP Trap 和 Syslog 协议，应用系统主要支持 TCP/IP 协议，个别应用系统自定义了日志采集方式。

3. 日志存储方式

网络设备和部分安全设备日志信息集中存储在日志服务器中，其他设备 / 系统日志均存储在本地主机上。日志信息以文本文件、关系型数据库文件、Domino 数据库文件和 XML 文件等方式进行存储。

4. 日志管理方式

主要为分散管理，且无日志管理规范。在系统 / 设备出现故障时，日志信息是定位故障，解决故障的主要依据。

据了解，为加强网络基础设施运行情况的监控，金融信息管理中心通过采集交换机和路由器等网络设备的日志信息，实现网络设备日志信息的集中管理，及时发现网络设备运行中出现的问题。

通过上述现状的分析，目前日志管理存在如下问题：

（1）不同系统 / 设备的日志信息分散存储，日志信息被非法删除，导致安全事故处工作无法追查取证。

（2）在系统发生故障后，才去通过日志信息定位故障，导致系统安全运行工作存在一定的被动性，应主动地在日志信息中及时发现系统运行存在的隐患，提高系统运行安全管理水平。

（3）随着信息化工作的不断深入，系统运维工作压力的不断加大，如不及时规范日志信息管理，信管中心将逐步面临运维的设备多、人员少的问题，不能及时准确地把握运维工作的重点。

在目前日志信息管理基础上，若简单加强日志信息管理，仍存在如下问题：

（1）通过系统 / 设备各自的控制台去查看事件，窗口繁多，而且所有的事件都是孤立的，不同系统 / 设备之间的事件缺乏关联，分析起来极为麻烦，无法弄清楚真实的状况。

（2）不同系统 / 设备对同一个事件的描述可能是不同的，管理人员需了解各系日志审计系统建设方案。

（3）海量日志信息不但无法帮助找出真正的问题，反而因为太多而造成无法管理，并且不同系统 / 设备可能产生不同的日志信息格式，无法做到快速识别和响应。

（三）数据库和网络审计

目前没有实现对数据库操作和网络操作行为的审计。对系统的后台操作人员的远程登录主机、数据库的操作行为无法进行记录、审计，难以防止系统滥用、泄密等问题的发生。

1. 审计内容

审计内容包括：

（1）创建、修改或删除数据库账户、数据库对象、数据库表、数据库索引的行为；

（2）允许或者撤销审计功能的行为；

（3）授予或者取消数据库系统级别权限的行为；

（4）任何因为参考对象不存在而引的错误信息；

（5）任何改变数据库对象名称的动作；

（6）任何对数据库 Dictionary 或者数据库系统配的改变；

（7）所有数据库连接失败的记录；

（8）所有 DBA 的数据库连接记录；

（9）所有数据库用户账户升级和删除操作的审计跟踪信息。

2. 审计数据

审计数据应被保存为分析程序或者脚本可读的格式，时间期限是一年。所有删除审计数据的操作都应在动态查账索引中保留记录。

3. 安全审计产品及应用现状

目前市场上安全审计产品按审计类型也有很多产品，日志审计以 SIM 类产品为主，也叫安全信息和事件管理（SIEM），是安全管理领域发展的方向。SIM 是一个全面的、面向 IT 计算环境的安全集中管理平台，这个平台能够收集来自计算环境中各种设备和应用的安全日志和事件，并进行存储、监控、分析、报警、响应和报告，变过去被动的单点防御为全网的综合防御。

4. 安全审计的必要性

（1）通过安全审计系统建设，落实信息系统安全等级保护基本技术和管理要求中有关安全审计控制点及日志和事件存储的要求，积累信息系统安全等级保护工作经验。

（2）通过综合安全审计平台的建设，进一步完善信息安全保障体系，改变事中及事后安全基础设施建设较弱的现状。

（3）为信息安全管理规定落实情况检查提供技术支撑手段，不断完善信息安全管理办法，提高信息安全管理水平。

（4）通过综合安全审计平台，实现信息系统 IT 基础设施日志信息的集中管理，全面掌握 IT 基础设施运行过程中出现的隐患。

（5）通过安全事件报警和日志报表的方式，在运维人员有限的条件下，有效地把握运维工作的重点，进一步增强系统安全运维工作的主动性，更好地保障系统的正常运行。同时，有效规避日志信息分散存储存在的非法删除风险，确保安全事故处的取证工作。

（6）通过综合安全审计平台的建设，规范安全审计管理工作，指导今后信息化项目建设，系统也为安全审计管理规范的实现提供了有效的技术支撑平台。

5. 安全审计综合管理平台建设目标

根据总行金融信息管理中心日志管理工作现状及存在的问题，结合日志审计系统建成后的预期收益，现将系统建设目标说明如下：

（1）海量日志数据的标准化集中管理。根据即定采集策略，采集信息系统 IT 基础设施日志信息，规范日志信息格式，实现海量日志数据的标准化集中存储，同时保存日志信息的原始数据，规避日志信息被非法删除而带来的安全事故处工作无法追查取证的风险；加强海量日志数据集中管理，特别历史日志数据的管理。

（2）系统运行风险及时报警与报表管理。基于标准化的日志数据进行关联分析，及时发现信息系统 IT 基础设施运行过程中存在的安全隐患，并根据策略进行及时报警，为运维人员主动保障系统安全运行工作提供有效的技术支撑；实现安全隐患的报表管理，更好地支持系统运行安全管理工作。

（3）为落实有关信息安全管理规定提供技术支撑。利用安全审计结果可以评估信息安全管理规定的落实情况，发现信息安全管理办法存在的问题，为完善信息安全管理办法提供依据，持续改进，进一步提高安全管理水平。

（4）规范信息系统日志信息管理。根据日志管理工作现状，提出信息系统日志信息管理规范，明确信息系统 IT 基础设施日志配基本要求、日志内容基本要求等，一方面确保日志审计系统建设实现既定目标；另一方面指导今后信息化项目建设，完善信息安全管理制度体系，进一步提高安全管理水平。

（5）实现对各业务系统主机、数据库行为审计。对各业务系统的主机、数据库行为的审计，主要是在不影响业务系统正常运行的前提下，通过网络镜像流量的方式辅以独立日志分析等其他方式对用户行为进行隐蔽监视，对用户访问业务系统的行为进行审计，对用户危险行为进行告警并在必要时进行阻断，对事后发现的安全事件进行会话回放，进行网络通信取证。

二、安全审计综合管理平台需求

（一）日志采集功能需求

1. 采集范围

日志审计系统需要对信息系统中的网络设备、主机系统、应用系统、安全系统及其他系统（如网络管理系统、存储设备等）进行日志采集。

（1）数据库是数据管理的基础。任何数据泄漏、篡改、删除都会对税务的整体数据造成严重损失。数据库审计是安全管理工作中的一个重要组成部分，通过对数据库的“信息活动”实时地进行监测审计，使管理者对数据库的“信息活动”一目了然，能够及时掌握数据库服务器的应用情况，及时发现客户端的使用问题，存在着哪些安全威胁或隐患并予以纠正，预防应用安全事件的发生，即便发生了也能够可以快速查证并追根寻源。

（2）日志审计功能

虽然数据库系统本身能够提供日志审计功能，但是数据库系统自身开启日志审计功能会带给系统较大的负担。为了保证数据库的性能、稳定性，建议采用国内已较为成熟的数据库审计技术，通过在网络部署专门的旁路数据库审计硬件设备，采用镜像等方式获取数据库访问的网络报文流量，实现针对各种数据库用户的操作命令级审计，从而随时掌握数据库的安全状况，及时发现和阻止各类数据操作违规事件或攻击事件，避免数据的各类安全损失，追查或打击各类违规、违法行为，提高数据库数据安全管理的水平。该采集方式不会对数据库的运行、访问产生任何影响，而且具有更强的实时性，是比较理想的数据库日志审计的实现方式。

（3）数据来源与内容。

①数据来源。审计数据源需要包括信息系统各组件的日志产生点，如主机操作日志、操作系统日志、数据库审计日志、FTP/WEB/NNTP/SMTP、安全设备日志等。

②数据内容。异常信息在采集后必须进行分类，例如可以将异常事件信息分成泄密事件和安全运行事件两大类，以便于日志审计系统管理人员能快速对事件日志审计系统建设方案进行分析。

2. 采集策略

采集策略需要包括采集频率、过滤、合并策略与信息传输策略。

（1）采集对象。支持根据采集对象的不同，可以设实时采集、按秒、分钟、小时等采集频率。

（2）屏蔽不需要的信息。支持日志或事件进行必要的过滤和合并，从而只采集有用的、需要关注的日志和事件信息，屏蔽不需要关注的日志和事件信息。

（3）有序地传输。通过预先设定好的日志信息传输策略，使采集到的信息能够根据网络实际情况有序地传输到数据库服务器进行入库存储，避免因日志信息瞬间激增而对网络宽带资源的过度占用，同时保证信息传输的效率，避免断点重传。

3. 采集监控

系统可以监控各采集点的日志传输状态，当有采集点无法正常发送日志信息时，系统可以自动进行告警通知管理员进行处理。

（二）日志格式标准化需求

根据日志格式标准，对系统采集的信息系统 IT 基础设施日志信息进行标准化处理。

1. 日志集中存储需求

日志审计系统将对 300 余个审计对象进行日志审计，此系统需要具有海量的数据存储能力，其后台数据库需要采用稳定以及先进的企业级数据库（如 DB2、MS SQL Server 数据库）；需要有合理的数据存储管理策略；需要支持磁盘阵列柜以及 SAN、NAS 等存储方式。

2. 日志关联分析需求

为了解决目前日益严重的复合型风险威胁，日志审计系统需要具有关联分析功能：将不同安全设备的响应通过多种条件关联起来，以便于管理员的分析和处理。

3. 安全事件报警需求

为了快速、准确定位安全事件来源，及时处理安全事件，日志审计系统必须具备实时报警功能，报警方式应该多样化，如实时屏幕显示、电子邮件和短信等。

第一节　主机系统安全技术

一、主机系统安全概述

（一）主机系统

主机系统作为信息存储、传输、应用处理的基础设施，其自身安全性可能影响整个业务平台的安全。作为业务平台系统中重要的组成部分，各种业务系统主机数量众多，资产价值高，面临的安全风险极大。一方面，主机系统是各类业务系统数据和信息的主要载体，这些业务数据和信息是系统信息资产的重要组成部分；另一方面，病毒、攻击入侵等安全威胁很容易通过访问主机系统的终端渗透到后台各种业务应用和服务主机中，从而对业务平台系统的整体安全带来危害。

1. 规范制定的目标

规范制定的目标是统一业务平台的主机系统技术规范，指导业务平台主机的安全配置和维护，从而提高业务平台各系统总体安全水平。

2. 操作系统安全

（1）补丁状况及安全防护。对于操作系统，安全漏洞的存在是不可避免的，因此需要针对系统的缺陷进行漏洞的修补，但考虑到补丁与现有业务系统的兼容性，不能盲目地进行漏洞修补，漏洞的修复工作必须慎重操作，主机系统的漏洞补丁升级需要满足以下技术要求：应采用专业的漏洞扫描、评估技术对操作系统（如：Windows、Linux、Unix、第三方软件）进行定期安全评估，并根据结果对系统进行修复；在对操作系统的补丁进行更新前，应对补丁与现有业务系统的兼容性进行测试，确认后与系统提供厂商配合进行相应的修复；应对操作系统的漏洞发展情况进行跟踪，形成详细的安全更新状态报表。安装补丁软件包则以必要为原则，非必需的包就不装。

（2）系统补丁安装原则。对于操作系统，安全漏洞的存在是不可避免的，因此需要针对系统的缺陷进行漏洞的修补，但考虑到补丁与现有业务系统的兼容性，不能盲目地进行漏洞修补，漏洞的修复工作必须慎重操作，主机系统的漏洞补丁升级需要满足以下技术要求：

①应采用专业的漏洞扫描、评估技术对操作系统（如：Windows、Linux、Unix、第三方软件）进行定期安全评估，并根据结果对系统进行修复；

②在对操作系统的补丁进行更新前，应对补丁与现有业务系统的兼容性进行测试，确认后与系统提供厂商配合进行相应的修复；

③应对操作系统的漏洞发展情况进行跟踪，形成详细的安全更新状态报表。安装补丁软件包则以必要为原则，非必需的包就不装。

3. 病毒防范

考虑现阶段类UNIX平台的病毒风险情况，暂时对UNIX平台病毒防护不作特别要求，但需要关注最新UNIX平台病毒发展状况和对已知病毒进行严格的防范。针对业务平台中Windows平台主机系统需要采用适当的病毒防护系统进行病毒、恶意代码等的防治，防病毒系统应满足如下要求：

（1）主机系统必须安装统一的病毒防治产品，应在应用系统厂商指导下部署实时检测和查杀恶意代码的软件产品；

（2）支持通过防病毒服务器设置统一的防毒策略，实时防治病毒；

（3）防病毒系统应自动保持防病毒代码的更新，或者通过运维操作员进行手动更新。

4. 入侵检测与防范

通过主机入侵检测系统、主机日志系统等主机安全技术，结合网络安全技术（如网络入侵检测系统、防火墙等），实现对各种已知入侵行为的检测，记录入侵的源 IP、攻击的类型、攻击的目的、攻击的时间，并在发生严重入侵事件时提供报警。

（二）鉴别与控制

1. 身份鉴别

身份鉴别用于验证实体身份（是用户、计算机、程序等）的过程，该过程确定实体是它所声称的身份。由于主机系统承载着应用系统重要的业务和数据信息，这对于业务平台系统资产重要性和保护力度来说是重中之重，因此应采用严格身份鉴别技术用于主机系统用户的身份鉴别，操作系统的身份鉴别应满足下列技术要求：

（1）应对登录操作系统的用户进行身份标识和鉴别；

（2）满足登录过程的身份认证，提供多种身份鉴别方式，如设置复杂的口令、数字证书、动态口令、PKI 体系等主流的身份鉴别方式；

（3）对于重要业务系统可考虑对同一用户采用两种或两种以上组合的鉴别技术实现用户身份鉴别。

2. 口令与账号

操作系统安全的一个重要方面是对有管理权限访问计算机资源，或者服务的用户和组进行管理，从操作系统账户角度出发，账户管理应满足如下的要求：

（1）结合账号密码管理策略，对账号口令、登录策略等进行控制；

（2）采用合适的安全措施，严格进行主机系统口令文件的保存；

（3）严格限制用户对操作系统文件的访问权限；

（4）限制账户的登录方式，例如桌面登录、服务登录、远程拨号，或者光驱 CD–ROM、软驱 FDD 启动。

3. 远程访问控制

远程访问用于服务器的远程控制，用户从任何一点就可以远程控制主机系统,但远程访问管理须具备较高的安全防护能力,防止受到恶意攻击或利用。考虑到远程访问控制的高风险性，需要应用安全的方式进行，因此远程访问控制应满足下列的安全要求。

（1）严格限制匿名用户的访问权限；

（2）支持设置某一用户可以进行的最大连接数；

（3）远程访问的客户端和服务器端之间的数据传输加密；

（4）对用户进行严格的访问控制，采用最小授权原则，分别授予不同用户各自为完成自己承担任务所需的最小权限；

（5）对连接超时进行限制，当用户登录设备后，一段时间未进行操作将自动中断此用户的连接；

（6）通过设定终端接入方式、网络地址、端口范围等条件限制终端登录。

二、系统服务

（一）安全规范

操作系统中默认开启很多不必要的服务，考虑到系统的安全性，系统服务应符合如下安全规范：禁用日常工作中不需要使用的服务，减小系统负荷，同时也能降低某些服务中未知的漏洞所带来的风险。

1.SNMP 服务

通过 SNMP 服务，远程恶意用户可以列举本地的账号、账号组、运行的进程、安装的补丁和软件等敏感信息，禁用或修改 SNMP 配置可以有效防止远程恶意用户的这类行为。

2. 文件系统安全

文件系统应符合如下安全规范：Windows 操作系统应要确保服务器上的所有分区都使用 NTFS 格式化，NTFS 分区提供访问控制和保护功能，这些都是 FAT、FAT32 或 FAT32x 文件系统所无法提供的。

（二）日志配置要求

操作系统日志配置应符合如下安全规范：

1.Windows 操作系统

加强审核策略，以便出现安全问题后进行追查。设置日志容量和覆盖规则，保证日志存储。启用 IIS 日志记录，并设置新日志时间间隔为每天。

2.Linux 和 Unix 操作系统

检查系统日志审核，系统是否开启了日志审核，设备应配置日志功能，记录对与设备相关的安全事件。

系统日志应对用户登录进行记录，记录内容包括用户登录使用的账号，登录是否成功，登录时间，以及远程登录时，用户使用的 IP 地址。

（三）数据库安全

1. 账户策略

（1）口令管理。数据库的口令应符合如下要求：

①按照用户分配账号，避免不同用户间共享账号；

②删除或锁定与数据库运行、维护等工作无关的账号；

③对于采用静态口令进行认证的数据库，口令长度至少 8 位，并包括数字、小写字母、大写字母和特殊符号 4 类中至少 2 类；

④ <90 天更新一次，更改数据库默认账号的密码；

⑤限制非法登录次数，通常设置为 3 次。在使用者尝试 3 次登录都未成功的情况下，就将直接中止连接。

（2）远程访问控制。考虑到远程访问控制的高风险性，因此需要对远程访问控制进行严格限制，具体安全要求如下：

①严格限制匿名用户的访问权限；

②严格限制数据库管理员的远程访问权限，直接在业务平台中使用数据管理管理员账号；

③远程访问的客户端和服务器端之间的数据传输应该进行加密；

④对用户进行严格的访问控制，应采用最小授权原则，分别授予不同用户各自为完成自己承担任务所需的最小权限；

⑤在某些应用环境下可设置数据库连接超时，比如数据库将自动断开超过 10 分钟的空闲远程连接。

2. 审计策略

（1）数据库应配置日志功能需满足以下技术要求：对用户登录进行记录，记录内容包括用户登录使用的账号、登录是否成功、登录时间以及远程登录时用户使用的 IP 地址。

（2）记录用户对数据库的操作，包括但不限于以下内容：账号创建、删除和权限修改、口令修改、读取和修改数据库配置、读取和修改业务用户的话费数据、身份数据、涉及通信隐私数据。记录需要包含用户账号，操作时间，操作内容以及操作结果。

（3）记录对与数据库相关的安全事件。

（4）限制有 DBA 权限的用户访问敏感数据。

（5）数据库监听器的关闭和启动设置密码。

对无法实现上述功能的系统，应严格控制数据库账号，限制直接登录数据库的账号数量。一般人员数据操作应通过平台应用系统维护界面进行，并要求做好应用系统的登录操作日志管理。

3. 补丁升级

数据库补丁升级应符合如下要求：

（1）升级前对数据库进行备份；

（2）安装最新的大版本补丁；

（3）安装高危远程缓冲区溢出漏洞补丁；

（4）以上补丁操作应与现有业务系统的兼容性进行测试，确认后与系统提供厂商配合进行相应的修复。

4. 备份与恢复

数据库备份与恢复应符合如下技术规范：

（1）建立数据库定期备份与恢复机制。

（2）对重要数据库系统进行数据归档，用于日后的查询、分析，如重要计费文件。

（3）定期评估数据库备份文件的可用性。

（4）对备份与恢复操作进行记录 。

（5）有测试环境的，应考虑每年做一次恢复性测试，以确保数据备份的可恢复性。转储存放到外部介质上（如磁带、光盘、服务器等），且上述外部介质应存放在应与业务系统不同的楼宇内。

第二节　网络系统安全技术

互联网正以惊人的速度改变着人们的生活方式和工作效率。从商业机构到个人都将越来越多地通过互联网处理银行事务、发送电子邮件、购物、炒股和办公。这无疑给社会、企业乃至个人带来了前所未有的便利，所有这一切都得益于互联网的开放性和匿名性特征。然而，正是这些特征也决定了互联网不可避免地存在着信息安全隐患。网络安全所包含的范围很广：我们日常上网时碰到的邮件病毒，QQ 密码被盗，大一点的比如一个企业或政府的网站被黑，数据内容被篡改，更大的乃至一个国家的国防，军事信息泄漏，被截获等，所有这些都属于网络安全所研究讨论的范畴。

一、网络安全的基本概念

（一）网络安全威胁的类型

网络威胁是对网络安全缺陷的潜在利用，这些缺陷可能导致非授权访问、信息泄露、资源耗尽、资源被盗或者被破坏等。网络安全所面临的威胁可以来自很多方面，并且随着时间的变化而变化。

1. 网络安全威胁的种类

窃听、假冒、重放、流量分析、数据完整性破坏、拒绝服务、资源的非授权使用等。

2. 网络安全机制应具有的功能

采取措施对网络信息加以保护，以使受到攻击的威胁减到最小是必须的。一个网络安全系统应有如下的功能：身份识别、存取权限控制、数字签名、保护数据完整性、审计追踪、密钥管理等。

（二）OSI 安全体系结构

1. 网络通信协议的七层模型

国际标准化组织（IOS，International Standardization Organization）制定著名的IOS 7498标准，面向计算机网络通信提出了著名的开放系统互连（OSI，Open System Interconnection）参考模型。这一标准定义了网络通信协议的七层模型：

（1）从低到高包含物理层（第1层）；

（2）数据链路层（第2层）；

（3）网络层（第3层）；

（4）传输层（第4层）；

（5）会话层（第5层）；

（6）表示层（第6层）；

（7）应用层（第7层），成为实现网络系统结构设计和标准化的纲领性文件。

为了给 OSI 参考模型提供安全功能，IOS 于发布了标准，它给出了网络安全系统的一般结构，它和后继的相关安全标准给出的网络信息安全架构被称为 OSI 安全体系结构。OSI 安全体系结构指出了网络系统需要的安全服务和实现体制，并给出了各类安全服务在 OSI 网络七层中的位置，这种在不同网络层次不同安全需求的技术路线对后来网络信息系统安全的发展起到了重要作用。

2. 四类不同层次的安全性

相同安全需求可以在不同的网络协议栈层次得到满足。虽然在高层能够实现更多的安全，但在实现安全功能的网络层次方面主要需要考虑：若在较低的网络协议栈层次满足这些需求，一般在成本、通用性和适用面等方面具有一定优势，但是，一些实现条件要求或约束使安全性必须在更高的网络层次实现。综合地看，OSI 安全体系结构中的安全服务为网络系统主要提供了以下四类不同层次的安全性。

（1）应用级安全。那些与应用直接相关的安全需求一般只能在应用层完成，OSI 安全组件通过各类信息安全技术保护应用层数据的安全，实现的安全性被称为应用级安全。

（2）端系统级安全。当安全构件在应用层以下和网络层以上实现时，OSI 安全体系结构实现了端系统到端系统之间的通信安全，网络信息系统获得了端系统级安全。选择实现端系统级安全的主要场合一般对通信安全的要求较高，但这里的安全通信并非面向特定的应用，而是以一种安全的方式实现相应网络层次的功能。

（3）网络级安全。在 OSI 安全体系结构中，在网络层提供安全功能能够实现网络到网络之间的安全通信，获得网络级安全。网络级安全在 OSI 规范中也被称为子网级安全，这是因为 OSI 规范认为分布在各个地理位置上的网络是整个网络的子网。

（4）链路级安全。为了在数据传输中对所有的上层协议通信进行透明的保护，安全应用的设计者可以选择实现链路级安全，方法是在链路层保护通信帧的内容。但一般这指适合点到点通信的场合，在这些场合下，有线的连接点可以认为是可信的。例如，大型网络通信中心之间可以采取这类技术保护它们之间的数据传输。但是，在公共网络中，链路层保护显然难以实施，而且实施代价较高。

（三）网络系统安全性设计原则

根据防范安全攻击的安全需求、需要达到的安全目标、对应安全机制所需的安全服务等因素，参照 SSE-CMM(系统安全工程能力成熟模型)和 ISO17799(信息安全管理标准)等国际标准，综合考虑可实施性、可管理性、可扩展性、综合完备性、系统均衡性等方面，网络安全防范体系在整体设计过程中应遵循以下九项原则：

1. 木桶原则

网络信息安全的木桶原则是指对信息均衡、全面地进行保护。“木桶的最大容积取决于最短的一块木板”。网络信息系统是一个复杂的计算机系统，它本身在物理上、操作上和管理上的种种漏洞构成了系统的安全脆弱性，尤其是多用户网络系统自身的复杂性、资源共享性使单纯的技术保护防不胜防。攻击者使用的“最易渗透原则”，必然在系统中最薄弱的地方进行攻击。因此，充分、全面、完整地对系统的安全漏洞和安全威胁进行分析、评估和检测（包括模拟攻击）是设计信息安全系统的必要前提条件。安全机制和安全服务设计的首要目的是防止最常用的攻击手段，根本目的是提高整个系统的“安全最低点”的安全性能。

2. 整体性原则

要求在网络发生被攻击、破坏事件的情况下，必须尽可能地快速恢复网络信息中心的服务，减少损失。因此，信息安全系统应该包括安全防护机制、安全检测机制和安全恢复机制。安全防护机制是根据具体系统存在的各种安全威胁采取的相应的防护措施，避免非法攻击的进行。安全检测机制是检测系统的运行情况，及时发现和制止对系统进行的各种攻击。安全恢复机制是在安全防护机制失效的情况下，进行应急处理和尽量、及时恢复信息，减少供给的破坏程度。

3. 安全性评价与平衡原则

对任何网络，绝对安全难以达到，也不一定是必要的，所以需要建立合理的实用安全性与用户需求评价与平衡体系。安全体系设计要正确处理需求、风险与代价的关系，做到安全性与可用性相容，做到组织上可执行。评价信息是否安全，没有绝对的评判标准和衡量指标，只能决定于系统的用户需求和具体的应用环境，具体取决于系统的规模和范围、系统的性质和信息的重要程度。

4. 标准化与一致性原则

系统是一个庞大的系统工程，其安全体系的设计必须遵循一系列的标准，这样才能确保各个分系统的一致性，使整个系统安全地互联互通、信息共享。

5. 技术与管理相结合原则

安全体系是一个复杂的系统工程，涉及人、技术、操作等要素，单靠技术或单靠管理都不可能实现。因此，必须将各种安全技术与运行管理机制、人员思想教育与技术培训、安全规章制度建设相结合。

6. 统筹规划、分步实施原则

由于政策规定、服务需求的不明朗，环境、条件、时间的变化，攻击手段的进步，安全防护不可能一步到位，可在一个比较全面的安全规划下，根据网络的实际需要，先建立基本的安全体系，保证基本的、必需的安全性。随着今后网络规模的扩大及应用的增加，网络应用和复杂程度的变化，网络脆弱性也会不断增加，调整或增强安全防护力度，保证整个网络最根本的安全需求。

7. 等级性原则

等级性原则是指安全层次和安全级别。良好的信息安全系统必然是分为不同等级的，包括对信息保密程度分级，对用户操作权限分级，对网络安全程度分级（安全子网和安全区域），对系统实现结构的分级（应用层、网络层、链路层等），从而针对不同级别的安全对象，提供全面、可选的安全算法和安全体制，以满足网络中不同层次的各种实际需求。

8. 动态发展原则

要根据网络安全的变化不断调整安全措施，适应新的网络环境，满足新的网络安全需求。

9. 易操作原则

首先，安全措施需要人为去完成，如果措施过于复杂，对人的要求过高，本身就降低了安全性；

其次，措施的采用不能影响系统的正常运行。

在 OSI 安全体系结构中，在网络层提供安全功能能够实现网络到网络之间的安全通信，获得网络级安全。网络级安全在 OSI 规范中也被称为子网级安全,这是因为OSI规范认为分布在各个地理位置上的网络是整个网络的子网。

二、防火墙技术

（一）分类

通常保障网络信息安全的方法有两大类：

（1）以“防火墙”技术为代表的被动防卫型和建立在数据加密；

（2）用户授权确认机制上的开放型网络安全保障技术。

（二）特点

“防火墙”（Firewall）安全保障技术主要是为了保护与互联网相连的企业内部网络或单独节点。它具有简单实用的特点，并且透明度高，可以在不修改原有网络应用系统的情况下达到一定的安全要求。防火墙一方面通过检查、分析、过滤从内部网流出的 IP 包，尽可能地对外部网络屏蔽被保护网络或节点的信息、结构，另一方面对内屏蔽外部某些危险地址，实现对内部网络的保护。

（三）防火墙技术分类

实现防火墙的技术包括四大类：网络级防火墙（也叫包过滤型防火墙）、应用级网关、电路级网关和规则检查防火墙。

1. 网络级防火墙

一般是基于源地址和目的地址、应用或协议以及每个 IP 包的端口来做出通过与否的判断。一个路由器便是一个“传统”的网络级防火墙，大多数的路由器都能通过检查这些信息来决定是否将所收到的包转发，但它不能判断出一个 IP 包来自何方，去向何处。

2. 应用级网关

应用级网关能够检查进出的数据包，通过网关复制传递数据，防止在受信任服务器和客户机与不受信任的主机间直接建立联系。应用级网关能够理解应用层上的协议，能够做复杂一些的访问控制，并做精细的注册和稽核。但每一种协议需要相应的代理软件,使用时工作量大,效率不如网络级防火墙。

3. 电路级网关

电路级网关用来监控受信任的客户或服务器与不受信任的主机间的 TCP 握手信息 , 这样来决定该会话 (Session) 是否合法 , 电路级网关是在 OSI 模型中会话层上来过滤数据包 , 这样比过滤防火墙要高二层。

4. 规则检查防火墙

该防火墙结合了包过滤防火墙、电路级网关和应用级网关的特点。它同包过滤防火墙一样，规则检查防火墙能够在 OSI 网络层上通过 IP 地址和端口号，过滤进出的数据包。它也像电路级网关一样，能够检查 SYN 和 ACK 标记和序列数字是否逻辑有序。当然它也像应用级网关一样，可以在 OSI 应用层上检查数据包的内容，查看这些内容是否能符合公司网络的安全规则。

5. 其他网络信息安全技术

（1）数据加密与用户授权访问控制技术。与防火墙相比，数据加密与用户授权访问控制技术比较灵活，更加适用于开放的网络。用户授权访问控制主要用于对静态信息的保护,需要系统级别的支持,一般在操作系统中实现。

（2）入侵检测技术。入侵检测系统 (Intrusion Detection System，IDS) 是从多种计算机系统及网络系统中收集信息，再通过些信息分析入侵特征的网络安全系统。IDS 被认为是防火墙之后的第二道安全闸门，它能使在入侵攻击对系统发生危害前,检测到入侵攻击,并利用报警与防护系统驱逐入侵攻击。

①入侵攻击过程。在入侵攻击过程中，能减少入侵攻击所造成的损失；在被入侵攻击后，收集入侵攻击的相关信息，作为防范系统的知识，添加入策略集中，增强系统的防范能力，避免系统再次受到同类型的入侵。

②入侵检测的作用。入侵检测的作用包括威慑、检测、响应、损失情况评估、攻击预测和起诉支持。

③入侵检测技术的目的。入侵检测技术是为保证计算机系统的安全而设计与配置的一种能够及时发现并报告系统中未授权或异常现象的技术，是一种用于检测计算机网络中违反安全策略行为的技术。

（3）防病毒技术。随着计算机技术的不断发展，计算机病毒变得越来越复杂和高级，对计算机信息系统构成极大的威胁。在病毒防范中普遍使用的防病毒软件,从功能上可以分为网络防病毒软件和单机防病毒软件两大类。单机防病毒软件一般安装在单台 PC 上，即对本地和本地工作站连接的远程资源采用分析扫描的方式检测、清除病毒。网络防病毒软件则主要注重网络防病毒，一旦病毒入侵网络或者从网络向其他资源传染，网络防病毒软件会立刻检测到并加以删除。

（4）安全管理队伍的建设。在计算机网络系统中，绝对的安全是不存在的，制定健全的安全管理体制是计算机网络安全的重要保证，只有通过网络管理人员与使用人员的共同努力，运用一切可以使用的工具和技术，尽一切可能去控制、减小一切非法的行为，尽可能地把不安全的因素降到最低。

①加强安全规范化管理力度。要不断地加强计算机信息网络的安全规范化管理力度，大力加强安全技术建设，强化使用人员和管理人员的安全防范

意识。

② IP 地址资源统一管理。网络内使用的 IP 地址作为一种资源以前一直为某些管理人员所忽略，为了更好地进行安全管理工作，应该对本网内的 IP 地址资源统一管理、统一分配。对于盗用 IP 资源的用户必须依据管理制度严肃处理。只有共同努力，才能使计算机网络的安全可靠得到保障，从而使广大网络用户的利益得到保障。

三、对网络信息安全前景的展望

随着网络的发展，技术的进步，网络安全面临的挑战也在增大。对网络的攻击方式层出不穷，攻击方式的增加意味着对网络威胁的增大；随着硬件技术和并行技术的发展，计算机的计算能力迅速提高。网络应用范围的不断扩大，使人们对网络依赖的程度增大，对网络的破坏造成的损失和混乱可能会比以往任何时候都大。这些都对网络信息安全保护提出了更高的要求，也使网络信息安全学科的地位越显得重要，网络信息安全必然随着网络应用的发展而不断发展。

第三节　恶意代码检测与防范技术

一、恶意代码的概念

（一）恶意代码定义

1. 定义一

恶意代码又称恶意软件。这些软件也可称为广告软件（adware）、间谍软件（spyware）、恶意共享软件（malicious shareware）。是指在未明确提示用户或未经用户许可的情况下，在用户计算机或其他终端上安装运行，侵犯用户合法权益的软件。与病毒或蠕虫不同，这些软件很多不是小团体或者个人秘密地编写和散播，反而有很多知名企业和团体涉嫌此类软件。有时也称作流氓软件。

2. 定义二

恶意代码是指故意编制或设置的、对网络或系统会产生威胁或潜在威胁的计算机代码。最常见的恶意代码有计算机病毒（简称病毒）、特洛伊木马（简称木马）、计算机蠕虫（简称蠕虫）、后门、逻辑炸弹等。具有如下共同特征：

（1）恶意的目的；

（2）本身是计算机程序；

（3）通过执行发生作用。

有些恶作剧程序或者游戏程序不能看作是恶意代码。对滤过性病毒的特征进行讨论的文献很多，尽管它们数量很多，但是机理比较近似，在防病毒程序的防护范围之内，更值得注意的是非滤过性病毒。

（二）恶意代码传播途径

恶意代码编写者一般利用三类手段来传播恶意代码：

（1）软件漏洞；

（2）用户本身；

（3）或者两者的混合。

有些恶意代码是自启动的蠕虫和嵌入脚本，本身就是软件，这类恶意代码对人的活动没有要求。一些像特洛伊木马、电子邮件蠕虫等恶意代码，利用受害者的心理操纵他们执行不安全的代码，还有一些是哄骗用户关闭保护措施来安装恶意代码。

4. 恶意代码的特征

可以总结出恶意代码发展至今体现出来的三个主要特征：

（1）恶意代码日趋复杂和完善。从非常简单的，感染游戏的 Apple II 病毒发展到复杂的操作系统内核病毒和今天主动式传播和破坏性极强的蠕虫。恶意代码在快速传播机制和生存性技术研究取得了很大的成功。

（2）恶意代码编制方法及发布速度更快。恶意代码刚出现时发展较慢，但是随着网络飞速发展，Internet 成为恶意代码发布并快速蔓延的平台。特别是过去五年，不断涌现的恶意代码，证实了这一点。

（3）从病毒到电子邮件蠕虫，再到利用系统漏洞主动攻击的恶意代码。恶意代码的早期，大多数攻击行为是由病毒和受感染的可执行文件引起的。然而，在过去五年，利用系统和网络的脆弱性进行传播和感染开创了恶意代码的新纪元。

5. 典型恶意代码

（1）传统计算机病毒。计算机病毒 (Computer Virus)“指编制或者在计算机程序中插入的破坏计算机功能或者破坏数据，影响计算机使用并且能够自我复制的一组计算机指令或者程序代码”。

①计算机病毒的长期性。病毒往往会利用计算机操作系统的弱点进行传播，提高系统的安全性是防病毒的一个重要方面，但完美的系统是不存在的，过于强调提高系统的安全性将使系统多数时间用于病毒检查，系统失去了可用性、实用性和易用性，另一方面，信息保密的要求让人们在泄密和抓住病毒之间无法选择。病毒与反病毒将作为一种技术对抗长期存在，两种技术都将随计算机技术的发展而得到长期的发展。

②计算机病毒具有寄生性、传染性、潜伏性、隐蔽性、破坏性、可触发性等特点

（2）蠕虫。蠕虫病毒是自包含的程序（或是一套程序），它能传播它自身功能的拷贝或它的某些部分到其他的计算机系统中（通常是经过网络连接）。请注意，与一般病毒不同，蠕虫不需要将其自身附着到宿主程序。蠕虫有两种类型：主机蠕虫与网络蠕虫。

主计算机蠕虫完全包含在它们运行的计算机中，并且使用网络的连接仅将自身拷贝到其他的计算机中，主计算机蠕虫在将其自身的拷贝加入到另外的主机后，就会终止它自身（因此在任意给定的时刻，只有一个蠕虫的拷贝运行），这种蠕虫有时也叫“野兔”。蠕虫病毒一般是通过1434端口漏洞传播的。

比如前几年危害很大的“尼姆亚”病毒就是蠕虫病毒的一种，前几年流行的“熊猫烧香”以及其变种也是蠕虫病毒。这一病毒利用了微软视窗操作系统的漏洞，计算机感染这一病毒后，会不断自动拨号上网，并利用文件中的地址信息或者网络共享进行传播，最终破坏用户的大部分重要数据。蠕虫病毒的一般防治方法是：使用具有实时监控功能的杀毒软件，并且注意不要轻易打开不熟悉的邮件附件。

（3）特洛伊木马

“木马”与计算机网络中常常要用到的远程控制软件有些相似，但由于远程控制软件是“善意”的控制，因此通常不具有隐蔽性；“木马”则完全相反，木马要达到的是“偷窃”性的远程控制，如果没有很强的隐蔽性的话，那就是“毫无价值”的。

①可执行程序。它是指通过一段特定的程序（木马程序）来控制另一台计算机。木马通常有两个可执行程序：一个是客户端，即控制端；另一个是服务端，即被控制端。

植入被种者电脑的是“服务器”部分，而所谓的“黑客”正是利用“控制器”进入运行了“服务器”的电脑。运行了木马程序的“服务器”以后，被种者的电脑就会有一个或几个端口被打开，黑客可以利用这些打开的端口进入电脑系统，安全和个人隐私也就全无保障了。

②采用多种手段隐藏木马。木马的设计者为了防止木马被发现，采用多种手段隐藏木马。木马的服务一旦运行并被控制端连接，其控制端将享有服务端的大部分操作权限，例如给计算机增加口令，浏览、移动、复制、删除文件，

修改注册表，更改计算机配置等。随着病毒编写技术的发展，木马程序对用户的威胁越来越大，尤其是一些木马程序采用了极其狡猾的手段来隐蔽自己，使普通用户很难在中毒后发觉。

（4）恶意脚本

恶意脚本是指一切以制造危害或者损害系统功能为目的而从软件系统中增加、改变或删除的任何脚本。传统的恶意脚本包括：病毒，蠕虫，特洛伊木马，和攻击性脚本。

①更新的例子：Java 攻击小程序（Java attack applets）和危险的 ActiveX 控件。

②防治恶意脚本，应该采取以下措施：上网时开启瑞星杀毒软件的八大监控；不要轻易浏览不良网站； 如果怀疑感染了恶意脚本，可以登录瑞星免费查毒网站，对电脑进行全面扫描。

（5）流氓软件

“流氓软件”是介于病毒和正规软件之间的软件，通俗地讲是指在使用电脑上网时，不断跳出的窗口让自己的鼠标无所适从；有时电脑浏览器被莫名修改增加了许多工作条，当用户打开网页却变成不相干的奇怪画面。有些流氓软件只是为了达到某种目的，比如广告宣传，这些流氓软件不会影响用户计算机的正常使用，只不过在启动浏览器的时候会多弹出来一个网页，从而达到宣传的目的。

①恶意软件（流氓软件）是指在未明确提示用户或未经用户许可的情况下，在用户计算机或其他终端上强行安装运行，侵犯用户合法权益的软件，但已被我国法律法规规定的计算机病毒除外。

②流氓软件的特点：

A. 难以卸载。指未提供通用的卸载方式，或在不受其他软件影响、人为破坏的情况下，卸载后仍活动或残存程序的行为。

B. 浏览器劫持。指未经用户许可，修改用户浏览器或其他相关设置，迫使用户访问特定网站或导致用户无法正常上网的行为。

C. 广告弹出。指未明确提示用户或未经用户许可的情况下，利用安装在用户计算机或其他终端上的软件弹出色情广告等广告的行为。

D. 恶意收集用户信息。指未明确提示用户或未经用户许可，恶意收集用户信息的行为。

E. 恶意捆绑。指在软件中捆绑已被认定为恶意软件的行为。

F. 恶意安装。指未经许可的情况下，强制在用户电脑里安装其他非附带的独立软件。

G. 恶意卸载。指未明确提示用户、未经用户许可，或误导、欺骗用户卸载非恶意软件的行为。

H. 强制安装。指在未明确提示用户或未经用户许可的情况下，在用户计算机或其他终端上强行安装软件的行为。强制安装，安装时不能结束它的进程，不能选择它的安装路径，带有大量色情广告甚至电脑病毒。

强制安装到系统盘的软件也被称为流氓软件。

（6）逻辑炸弹

计算机中的“逻辑炸弹”是指在特定逻辑条件满足时，实施破坏的计算机程序，该程序触发后造成计算机数据丢失、计算机不能从硬盘或者软盘引导，甚至会使整个系统瘫痪，并出现物理损坏的虚假现象。

（7）后门

后门程序，跟我们通常所说的“木马”有联系也有区别。联系：它们都是隐藏在用户系统中向外发送信息，而且本身具有一定权限，以便远程机器对本机的控制。区别：木马是一个完整的软件，而后门则体积较小且功能都很单一，而且在病毒命名中，后门一般带有 backdoor 字样，而木马一般则是 Trojan 字样。

后门程序又称特洛伊木马，其用途在于潜伏在电脑中，从事搜集信息或便于黑客进入的动作。后门程序和电脑病毒最大的差别，在于后门程序不一定有自我复制的动作，也就是后门程序不一定会“感染”其他电脑。后门是一种登录系统的方法，它不仅绕过系统已有的安全设置，而且还能挫败系统上各种增强的安全设置。

后门包括从简单到奇特，有很多的类型。简单的后门可能只是建立一个新的账号，或者接管一个很少使用的账号；复杂的后门（包括木马）可能会绕过系统的安全认证而对系统有安全存取权。例如一个 login 程序，你当输入特定的密码时，你就能以管理员的权限来存取系统。

（8）僵尸网络

僵尸网络 Botnet 是指采用一种或多种传播手段，将大量主机感染 Botnet 程序（僵尸程序）病毒，从而在控制者和被感染主机之间所形成的一个可一对多控制的网络。专家表示，每周平均新增数十万台任人遥控的僵尸电脑，任凭远端主机指挥，进行各种不法活动。多数时候，僵尸电脑的主人根本不晓得自己已被选中，任人摆布。

僵尸网络之所以出现，在家高速上网越来越普遍也是原因。高速上网可以处理（或制造）更多的流量，但高速上网家庭习惯将电脑长时间开机，唯有电脑开机，远端主机才可以对僵尸电脑发号施令。

（9）网络钓鱼

网络钓鱼（Phishing 又名钓鱼法或钓鱼式攻击）是通过大量发送声称来自于银行或其他知名机构的欺骗性垃圾邮件，意图引诱收信人给出敏感信息（如用户名、口令、账号 ID、ATM PIN 码或信用卡详细信息）的一种攻击方式。最典型的网络钓鱼攻击将收信人引诱到一个通过精心设计与目标组织的网站非常相似的钓鱼网站上，并获取收信人在此网站上输入的个人敏感信息，通常这个攻击过程不会让受害者警觉。它是“社会工程攻击”的一种形式。

二、恶意代码分析方法

所谓网页挂马，就是把一段恶意代码程序植入网页中，当用户打开网页或相应点击时，恶意代码会在后台自动下载到用户计算机，或者通过转移连接，连接到黑客控制的木马网站上，最终实现恶意代码植入用户计算机。

（一）恶意代码分析方法分类

通常，按照分析过程中恶意代码的执行状态（是否正在被执行）可以把恶意代码分析方法分成静态分析方法和动态分析方法两大类。再根据分析过程中是否考虑恶意代码的程序语义，可以把恶意代码分析方法分成基于代码特征的分析方法、基于代码语义的分析方法、外部观察法和跟踪调试法四种。

1. 静态分析方法

静态分析方法就是在不运行恶意代码的情况下，利用分析工具对恶意代码的静态特征和功能模块进行分析的方法。

（1）静态分析工具。包括 OllyDump（Giga Pede 2009）、W32DASM（URSoftware 2009）、IDAPro（Data Reseue 2009）和 HIEw（Suslikov 2009）等。利用静态分析方法，可以分析出恶意代码的大致结构，可以确定恶意代码的特征字符串、特征代码段等，还可以得到恶意代码的功能模块和各个功能模块的流程图。

（2）静态分析方法。目前最主要的代码分析方法，被广泛应用于恶意代码分析和软件安全测评工作中。恶意代码和其他正常代码一样，本质上来说也是由计算机指令和非指令的数据构成的，根据分析过程是否考虑构成恶意代码的计算机指令的语义，可以把静态分析方法分成基于代码特征的分析方法和基于代码语义的分析方法两种类型。

（3）静态分析方法的优点。①静态分析方法不需要真实执行可执行文件，因此可以分析不能运行的中间形式的二进制代码（Intermediate Binary Code）；

②由于无需实际执行代码，因此静态分析时恶意代码不会危害系统安全；

③静态分析方法可以在可执行文件执行之前对整个代码的流程有个全局掌握；

④不受具体进程执行流程的制约，可以对代码进行详尽的细粒度的分析。

2. 动态分析方法

动态分析方法通过在可控环境中运行恶意代码，全程监控代码的所有操作，观察其状态和执行流程的变化，获得执行过程中的各种数据。使用最广泛的可控环境就是“虚拟机”，此环境和用户的计算机隔离，代码在被监控环境中的操作不会对用户计算机有任何的影响。根据分析过程中是否需要考虑恶意代码的语义特征，将动态分析方法分为外部观察法和跟踪调试法两种。

（1）外部观察法。外部观察法是利用系统监视工具观察恶意代码运行过程中系统环境的变化，通过分析这些变化判断恶意代码功能的分析方法。

（2）跟踪调试法。跟踪调试法是通过跟踪恶意代码执行过程使用的系统函数和指令特征分析恶意代码功能的技术。

（3）常用的调试工具。

①网络活动状态监视工具：TcpView；

②动态调试工具：OllyDbg；

③反汇编工具：IDA Pro；

④跟踪调试工具：Softlce；

⑤模拟器：QEMU。

（二）恶意代码的防治

1. 恶意代码的检测

目前，在反恶意代码研究中，反病毒软件是人们研究时间最长的。现在商用的反病毒软件采用的都是“特征码”检测技术，即当发现一种新的病毒后，采集其样本，分析其代码，提取其特征码，然后加入到病毒特征库中去，进行病毒扫描时就是拿库里的特征码去匹配，匹配成功，则报告发现病毒。目前的反病毒软件能检测一定数量特洛伊木马等恶意代码。

2. 主要采用的技术

根据掌握的资料，目前，人们在预防和检测新的恶意代码时，主要采用的技术有：逆向工程方法、数据挖掘方法、人工免疫方法等。

（1）逆向工程。主要是采用反汇编的技术，将新的软件进行分析，以判断其是否具有可疑行为，采用的技术手段主要是“切片（Slicing）”技术和特定代码执行序列技术。

（2）数据挖掘技术。主要是采用了数据挖掘中的分类技术，从大量的恶意代码样本中进行训练，利用统计学中的朴素贝叶斯公式（Naive Bayes）进行分析，最后达到能识别恶意代码的目的。

（3）人工免疫技术

主要是利用人体免疫机制和计算机安全的相似性，将人体免疫学的原理应用到计算机安全中。这种仿生学的方法在许多科研领域中都取得了骄人的成绩。

3. 恶意代码的防治手段

目前，恶意代码防范方法主要分为两方面：

（1）基于主机的恶意代码防范方法；

（2）基于网络的恶意代码防范方法。

（三）基于主机的恶意代码防范方法

1. 基于特征的扫描技术

基于主机的恶意代码防范方法是目前检测恶意代码最常用的技术，主要源于模式匹配的思想。扫描程序工作之前，必须先建立恶意代码的特征文件，根据特征文件中的特征串，在扫描文件中进行匹配查找。用户通过更新特征文件更新扫描软件，查找最新的恶意代码版本。

2. 校验和

校验和是一种保护信息资源完整性的控制技术，例如 Hash 值和循环冗余码等。只要文件内部有一个比特发生了变化，校验和值就会改变。未被恶意代码感染的系统首先会生成检测数据，然后周期性地使用校验和法检测文件的改变情况。运用校验和法检查恶意代码有三种方法。

（1）在恶意代码检测软件中设置校验和法

对检测的对象文件计算其正常状态的校验和并将其写入被查文件中或检测工具中，而后进行比较。

（2）在应用程序中嵌入校验和法

将文件正常状态的校验和写入文件本身中。

（3）将校验和程序常驻内存。每当应用程序开始运行时，自动比较检查应行校验和与原始校验和，实现应用程序的自我检测功能。用程序内部或别的文件中预留保存的校验和。

3. 沙箱技术。沙箱技术指根据系统中每一个可执行程序的访问资源，以及系统赋予的权限建立应用程序的“沙箱”，限制恶意代码的运行。每个应用程序都运行在自己的且受保护的“沙箱”之中，不能影响其他程序的运行。同样，这些程序的运行也不能影响操作系统的正常运行，操作系统与驱动程序也存活在自己的“沙箱”之中。对于每个应用程序，沙箱都为其准备了一个配置文件，限制该文件能够访问的资源与系统赋予的权限。

4. 操作系统对恶意代码的防范。恶意代码成功入侵的重要一环是获得系统的控制权，使操作系统为它分配系统资源。无论哪种恶意代码，无论要达到何种恶意目的，都必须具有相应的权限。没有足够的权限，恶意代码不可能实现其预定的恶意目标，或者仅能够实现其部分恶意目标。

（1）基于网络的恶意代码防范方法。由于恶意代码具有相当的复杂性和行为不确定性，恶意代码的防范需要多种技术综合应用，包括恶意代码监测与预警、恶意代码传播抑制。

①常见的恶意代码检测防御包括恶意代码漏洞自动修复、恶意代码阻断等。

②基于网络的恶意代码防范方法包括恶意代码检测防御和恶意代码预警。

（2）基于 PLD 硬件的检测防御

① DED 负责捕获流经网络出入口的所有数据包，根据 CMS 提供的特征串或规则表达式对数据包进行扫描匹配并把结果传递给 RTP；

② CMS 负责从后台的 MYSQL 数据库中读取已经存在的恶意代码特征，编译综合成 DED 设备可以利用特征串或规则表达式；

③ RTP 根据匹配结果决定 DED 采取何种操作。恶意代码大规模入侵时，系统管理员首先把该恶意代码的特征添加到 CMS 的特征数据库中，DED 扫描到相应特征才会请求 RTP 做出放行还是阻断等响应。

（3）基于 CCDC 的检测防御

由于主动式传播恶意代码具有生物病毒特征，美国安全专家提议建立 CCDC 体系实现以下功能：

①别恶意代码的爆发期；

②恶意来对抗恶意代码攻击；

③恶意代码传染对抗；

④代码新的传染途径预测；

⑤摄性恶意代码对抗工具研究；

⑥抗未来恶意代码的威胁。

CCDC 能够实现对大规模恶意代码入侵的预警、防御和阻断。但 CCDC 也存在一些问题：

① CCDC 是一个规模庞大的防范体系，要考虑体系运转的代价；

②由于 CCDC 体系的开放性，CCDC 自身的安全问题不容忽视；

③在 CCDC 防范体系中，攻击者能够监测恶意代码攻击的全过程，深入理解 CCDC 防范恶意代码的工作机制，因此可能导致突破 CCDC 防范体系的恶意代码出现。

第四节　内容安全技术

全球网络化的发展，改变了信息交换与传递的时间和空间，由此产生的信息边界问题改变了由领土、领海、领空构成的国家空间的结构。Internet 的开放性带来的安全问题越来越严重，网络信息安全事关重大，它危及国家政治、文化、经济、军事等各个方面，甚至对国家安全构成威胁。对基于信息内容的信息安全技术的研究，旨在防止非授权的信息内容进出网络，从政治性、健康性、保密性、隐私性、产权性和防护性等多方面加以防护，进而加强了对网络信息安全乃至国家安全的保护。

一、信息内容安全概述

(一) 信息内容的定义

“信息内容”涉及动画、游戏、影视、数字出版、数字创作、数字馆藏、数字广告、互联网、信息服务、咨询、移动内容、数字化教育、内容软件等，主要可分为政务型、公益型、商业型三种类型。

1. 定义来源

信息内容的定义来源于数字内容产业。一般来说，“信息内容产业”指的是基于数字化、网络化，利用信息资源创意、制作、开发、分销、交易的产品和服务的产业。

2. 信息内容的重要性

随着互联网的普及，信息内容的种类与数量急剧膨胀，其中鱼龙混杂，反动言论、盗版、淫秽与暴力等不良内容充斥其间。由于信息内容安全涉及国家利益、社会稳定和民心导向，因此，受到各方的普遍关注。

（二）信息安全的含义

为了防止未经授权就对知识、实事、数据或能力进行使用、滥用、修改、破坏、拒绝使用或使信息被非法系统辨识、控制而采取的措施。

1. 信息内容安全的含义

需要保护合法信息资源（包括动画、游戏、影视、数字出版、数字创作、数字馆藏、数字广告、互联网、信息服务、咨询、移动内容、数字化教育、内容软件等）的版权和应得的利益。

网上充斥着宣扬反动、色情、暴力、犯罪的内容，对社会和谐构成威胁，需要进行控制。信息内容安全的宗旨在于防止非授权的信息内容进出网络。具体表现在：

政治性：防止来自国内外反动势力的攻击、诬陷与西方的和平演变图谋；

健康性：剔除色情、淫秽和暴力内容等；

保密性：防止国家和企业机密被窃取、泄露和流失；

隐私性：防止个人隐私被盗取、倒卖、滥用和扩散；

产权性：防止知识产权被剽窃、盗用等；

防护性：防止病毒、垃圾邮件、网络蠕虫等恶意信息耗费网络资源。

2. 信息安全领域的主要技术

（1）信息获取技术分为主动获取技术和被动获取技术。

主动获取技术通过向网络注入数据包后的反馈来获取信息，特点是接入方式简单，能够获取更广泛的信息内容，但会对网络造成额外的负担。

被动获取技术则在网络出入口上通过镜像或旁路侦听方式获取网络信息，特点是接入需要网络管理者的协作，获取的内容仅限于进出本地网络的数据流，但不会对网络造成额外流量。

（2）信息内容识别技术。信息内容识别是指对获取的网络信息内容进行识别、判断、分类，确定其是否为所需要的目标内容，识别的准确度和速度是其中的重要指标。主要分为文字、音频、图像、图形识别。

（3）控制 / 阻断技术．对于识别出的非法信息内容，阻止或中断用户对其访问，成功率和实时性是两个重要指标。

（4）信息内容分级。网络“无时差、零距离”的特点使得不良内容以前所未有的速度在全球扩散，网络不良内容甚至还会造成青少年心理生理上的伤害。应该建立自己的网上内容分级标准，让父母保护他们的孩子远离互联网上有潜在危害的内容。

（5）图像过滤。一些不良网络信息的提供者采取了回避某些敏感词汇，将文本嵌入到图像文件中，或直接以图像文件的形式出现等方法，从而可以轻易地通过网络过滤和监测系统。为此，需要对网页中的图像进行分析和理解实现网络过滤。目前这一技术还没有达到实用系统的要求。

（6）信息内容审计。信息内容审计的目标就是真实全面地将发生在网络上的所有事件记录下来，为事后的追查提供完整准确的资料。通过对网络信息进行审计，政府部门可以实时监控本区域内 Internet 的使用情况，为信息安全的执法提供依据。虽然审计措施相对网上的攻击和窃密行为是有些被动，它对追查网上发生的犯罪行为起到十分重要的作用，也对内部人员犯罪起到了威慑作用。

二、基于内容的信息安全技术研究实例

（一）电子邮件加密技术——PGP 软件

PGP 的全称是 Pretty Good Privacy，它是 Internet 上一个著名的共享加密软件，与具体的应用无关，可独立提供数据加密、数字签名、密钥管理等功能，适用于电子邮件内容的加密和文件内容的加密；也可作为安全工具嵌入到应用系统之中。目前使用 PGP 进行电子信息加密已经是事实上的应用标准，IETF 在安全领域有一个专门的工作组负责进行 PGP 的标准化工作，许多大的公司、机构，包括很多安全部门在内，都拥有自己的 PGP 密码。

1.PGP 使用的算法

RSA、AES、CAST、IDEA、TripleDES、Twofish、MD5、ZIP、PEM 等。PGP 使用 RSA 算法对 IDEA 密钥进行加密，然后使用 IDEA 算法对信息本身进行加密。在 PGP 中使用的信息摘要算法是 MD5。

PGP 至少为每个用户定义两个密钥文件，称为 Keyring，分别存放自己的私钥（可以不止一个）和自己及其他用户的公钥。

2. 反垃圾邮件技术

反垃圾邮件的对策就是将垃圾邮件从系统中分离出来并且过滤掉，即我们常说的电子邮件过滤技术。不同的反垃圾邮件产品采用的技术有所不同，但总体来说，不外乎以下几种技术，其中，针对垃圾邮件的核心技术有贝叶斯智能分析、垃圾邮件评分、垃圾邮件指纹识别。

（二）网页防篡改和内容过滤技术

1. 网页防篡改系统

网页防篡改系统是这样的一种网络安全软件，它实时监控 Web 站点，当 Web 站点上的文件受到破坏时，能迅速恢复被破坏的文件，并及时提交报告给系统管理员，从而保护 Web 站点的数据安全。网页防篡改系统的核心技术有网站监控功能、网站发布功能、内容过滤功能及数字水印技术。

2. 网页内容过滤技术

Web 页面内容过滤系统通过对网络信息流中信息内容进行过滤和分析，实现对网络用户浏览或传送非法、黄色、反动等敏感信息进行监控和封杀。同时通过强大的用户管理功能，实现对用户的分组管理、分时管理和分内容管理。基于企业内网工作，只要是在物理网络内的用户，网页内容过滤技术都可以对其上网情况和内容进行监控，并可根据不同级别的用户制定不同的访问规则，可具体到某个人在某个时间段访问某一种内容的网站。

内容过滤技术包括文本过滤技术和图像识别技术。

（三）典型产品介绍

1.iGuard 网页防篡改系统

上海天存信息技术有限公司的 iGuard 网页防篡改系统采用先进的服务器核心内嵌技术，将篡改检测模块内嵌于 Web 服务器内部，实现了网站连续实时监测与恢复，彻底解决网页 / 主页防篡改问题。为满足报警实时化需要，iGuard 还具备增强型事件触发检测技术，能针对部分操作系统上的常规篡改行为及时阻断和报警。

2.Webfilter 系统

上海基网的 Webfilter 系统是一套 Web 页面内容过滤系统。通过对网络信息流中中文信息内容进行过滤和分析，实现对网络用户浏览或传送非法、黄色、反动等敏感信息进行监控和封杀。同时通过强大的用户管理功能，实现对用户的分组管理、分时管理和分内容管理，只要是在物理网络内的用户，本系统都可以对其上网情况和内容进行监控，并可根据不同级别的用户制定不同的访问规则。本系统可具体到某个人在某个时间段访问某一种内容的网站。

3.Message Filter 系统

上海基网的 Message Filter 系统主要是控制局域网中的即时短消息通信，所支持的协议包括 MSN6 ~ MSN9。后续产品将支持更多的协议。本产品采用类似于 Sniffer 的技术实现，系统必须要能捕获到网络上所有的 IP 包，因此系统在局域网中必须连接在 HUB（广播式网络）或主交换机的 Mirror Port 上（交换网络）。对服务器在局域网内部的短消息系统的控制不在本产品的功能范围之内。

（四）基于内容的信息安全技术的实现

网络信息流失时侦听采集、实时信息内容监视和记录审计分析是主要实现的三个技术层面，三种技术的有机结合对其的实时性、易用性、可靠性以及记录、检索、分析和审计等管理功能的实现至关重要。技术实现的主要功能。

1. 监听采集功能

在不该被监测网络的结构和不影响网络性能的前提下，实现对网络中信息内容的实时监听采集，对数据包实现硬件过滤。

2. 协议解析功能

对监听采集的网络信息进行应用协议和文字编码的解析还原。

3. 信息内容监视功能

实现全文的实时信息内容扫描，采用特定设备筛选分析。

4. 监视事件报警功能

对监视事件实时报警。

5. 监视信息记录功能

对监视信息和报警信息记录采用数据库系统管理。

6. 监视事件审计分析功能

根据监视报警将事件的完整信息按原类型还原显示，分析原始信息的内容，并提供灵活的监视信息检索方式、提供监视事件的统计报告生成及提供日志的备份功能。

7. 信息内容控制功能

对报警的信息内容要进行控制，文件根据控制策略进行过滤。

8. 管理功能

包括对系统管理员和信息监测员的分权限设置，二者各司其职。

9. 保护个人隐私功能

提供对特定对象的信息内容的屏蔽监视设定。

（五）基于内容的信息安全技术的应用

目前用户对信息内容安全的需求可以分为两大类：Internet 访问监测控制和邮件监测与控制。

基于内容的信息安全技术应用主要有以下四类产品：

1. 网页地址访问监控类产品

通过预先搜集的不良网站地址输入到产品的URL地址库，监视用户访问请求数据包中的URL地址，到URL地址库中查找，若有则阻断连接，并记录用户的访问信息地址。

2. 网页内容监控类产品

通过预先设定的关键词对网络内容进行匹配，若匹配成功，则阻断连接，并记录用户访问信息。

3. 邮件过滤类产品

通过对邮件的收发关系和正文进行与预先设定的收发关系和关键词决定是否转发或丢弃。

4. 基于内容全文的监控类产品

对网络应用层的所有信息内容进行全文内容检测分析。

第五节　信息安全测评及管理技术

一、信息安全测评技术

（一）云端访问安全代理服务

云端访问安全代理服务是部署在企业内部或云端的安全策略执行点，位于云端服务消费者与云端服务供应商之间，负责在云端资源被访问时套用企业安全策略。在许多案例中，初期所采用的云端服务都处于IT掌控之外，而云端访问安全代理服务则能让企业在用户访问云端资源时加以掌握及管控。

1. 适应性访问管控

适应性访问管控一种情境感知的访问管控，目的是为了在访问时达到信任与风险之间的平衡，结合了提升信任度与动态降低风险等技巧。情境感知是指访问的决策反映了当下的状况，而动态降低风险则是指原本可能被封锁的访问可以安全地开放。采用适应性访问管理架构可让企业提供不限设备、不限地点的访问，并允许社交账号访问一系列风险程度不一的企业资产。

2. 全面沙盒分析与入侵指标确认

无可避免地，某些攻击将越过传统的封锁与安全防护机制，在这种情况下，最重要的就是要尽可能在最短时间内迅速察觉入侵，将黑客可能造成的损害或泄露的敏感信息降至最低。许多信息安全平台现在都具备在虚拟机（VM）当中运行（亦即“引爆”）执行档案和内容的功能，并且能够观察VM当中的一些入侵指标。这一功能已迅速融入一些较强大的平台当中，不再属于独立的产品或市场。一旦侦测到可疑的攻击，必须再通过其他不同层面的入侵指标进一步确认，例如：比较网络威胁侦测系统在沙盒环境中所看到的，以及实际端点装置所观察到的状况（包括活动进程、操作行为以及注册表项等）。

3. 端点侦测及回应解决方案

端点侦测及回应（EDR）市场是一个新兴市场，目的是为了满足端点（台式机、服务器、平板与笔记本）对高阶威胁的持续防护需求，最主要是大幅提升安全监控、威胁侦测及应急响应能力。这些工具记录了数量可观的端点与网络事件，并将这些信息储存在一个集中地数据库内。接着利用分析工具来不断搜寻数据库，寻找可提升安全状态并防范一般攻击的工作，及早发现持续攻击（包括内部威胁），并快速响应这些攻击。这些工具还有助于迅速调查攻击范围，并提供补救能力。

（1）新一代安全平台核心。大数据信息安全分析未来，所有有效的信息安全防护平台都将包含特定领域嵌入式分析核心能力。一个企业持续监控所有运算单元及运算层，将产生比传统 SIEM 系统所能有效分析更多、更快、更多元的数据。Gartner 预测，至 2020 年，40% 的企业都将建立一套“安全数据仓库”来存放这类监控数据以支持回溯分析。藉由长期的数据储存于分析，并且引入情境背景、结合外部威胁与社群情报，就能建立起“正常”的行为模式，进而利用数据分析来发觉真正偏离正常的情况。

（2）机器可判读威胁智能化，包含信誉评定服务。与外界情境与情报来源整合是新一代信息安全平台最关键的特点。市场上机器可判读威胁智能化的第三方资源越来越多，其中包括许多信誉评定类的选择。信誉评定服务提供了一种动态、即时的“可信度”评定，可作为信息安全决策的参考因素。例如，用户与设备以及 URL 和 IP 地址的信誉评定得分就可以用来判断是否允许终端用户进行访问。

（3）以遏制和隔离为基础的信息安全策略。在特征码（Signatures）越来越无法阻挡攻击的情况下，另一种策略就是将所有未知的都当成不可信的，然后在隔离的环境下加以处理并运行，如此就不会对其所运行的系统造成永久损害，也不会将该系统作为矢量去攻击其他企业系统。虚拟化、隔离、提取以及远程显示技术，都能用来建立这样的遏制环境，理想的结果应与使用一个“空气隔离”的独立系统来处理不信任的内容和应用程序一样。虚拟化与遏制策略将成为企业系统深度防御防护策略普遍的一环。

（4）软件定义的信息安全。所谓的“软件定义”是指当我们将数据中心内原本紧密耦合的基础架构元素（如服务器、存储、网络和信息安全等等）解离并提取之后所创造的能力。如同网络、计算与存储的情况，对信息安全所产生的影响也将发生变化。软件定义的信息安全并不代表不再需要一些专门的信息安全硬件，这些仍是必不可少的。只不过，就像软件定义的网络一样，只是价值和智能化将转移到软件当中而已。

（5）互动式应用程序安全测试。互动式应用程序安全测试（IAST）将静态应用程序安全测试（SAST）与动态应用程序安全测试（DAST）技术进行结合。其目的是要通过 SAST 与 DAST 技术之间的互动以提升应用程序安全测试的准确度。IAST 集合了 SAST 与 DAST 最好的优点于一单一解决方案。有了这套方法，就能确认或排除已侦测到的漏洞是否可能遭到攻击，并判断漏洞来源在应用程序代码中的位置。

（6）针对物联网的安全网关、代理与防火墙。企业都有一些设备制造商所提供的运营技术（OT），尤其是一些资产密集型产业，如制造业与公共事业，这些运营技术逐渐从专属通信与网络转移至标准化网际网络通信协议（IP）技术。越来越多的企业资产都是利用以商用软件产品为基础的 OT 系统进行自动化。这样的结果是，这些嵌入式软件资产必须受到妥善的管理、保护及配发才能用于企业级用途。OT 被视为产业界的"小物联网"，其中涵盖数十亿个彼此相连的感应器、设备与系统，许多无人为介入就能彼此通信，因此必须受到保护与防护。

（二）信息安全技术方向

1. 方向之一：量子通信

代表技术：量子密码学、量子加密技术。

代表机构：University of Cambridge, University Of Bristol 还有与其合作的 Toshiba，国内的有中科大。因为这块主要跟物理相关。

价值所在：理论上讲，如果量子通讯小型化和可靠性达到一个程度，现代密码学的一大问题，在"不安全的公开信道的安全通信"这块就完全解决了，采用量子加密技术，复杂的多方安全协议用于密码交换和协商，就不再需要了。目前可靠性仍然在提高中。

2. 方向之二：云计算方面

（1）各种云计算系统（IaaS/PaaS/SaaS）本身的安全方案，这是传统的网络安全技术在云计算领域的延伸和重新分布，但并没有引入革命性的安全技术；

（2）利用云计算技术来加强传统的安全解决方案，如终端防病毒体系增加云查杀、云防火墙（实现防火墙集群的联动和动态安全策略更新）；

（3）在云计算 IaaS 环境中实现可信计算的普及（基于虚拟 TPM，逐级签名与信任传递，保护虚拟 OS 及核心服务的完整性）；

（4）在云计算 IaaS 环境中实现安全解决方案的虚拟化，如虚拟防火墙、虚拟网络准入控制（NAC），实现租户自由组网及自定义访问控制；

（5）将安全特性包装成为云服务，如防攻击 CDN。

3. 方向之三：大数据方面

（1）大数据威胁情报技术：利用大数据平台及建模，进行 APT 事件挖掘、事件分析；

（2）终端安全：各种新型终端的安全性；

（3）安全技术方面：密文检索、同态加密等；

（4）业务安全：这是安全从业者和业务都容易忽略的方面，安全人员要主动担起这一块的职责，贴近业务，私人定制，将安全与业务紧密结合。特别是涉及交易、支付等场景。

4. 目前壮大的技术：数据分析

（1）数据分析。数据分析是指用适当的统计分析方法对收集来的大量数据进行分析，提取有用信息和形成结论而对数据加以详细研究和概括总结的过程。这一过程也是质量管理体系的支持过程。在实用中，数据分析可帮助人们做出判断，以便采取适当行动。

（2）分析工具。Excel 作为常用的分析工具，可以实现基本的分析工作，在商业智能领域 Cognos、Style Intelligence、Microstrategy、Brio、BO 和 Oracle 以及国内产品如 Yonghong Z–Suite BI 套件等。

（3）数据来源。

①搜索引擎蜘蛛抓取数据；

②网站 IP、PV 等基本数据；

③网站的 HTTP 响应时间数据；

④网站流量来源数据。

5. 分析步骤。数据分析过程的主要活动由识别信息需求、收集数据、分析数据、评价并改进数据分析的有效性组成。

（1）识别需求。识别信息需求是确保数据分析过程有效性的首要条件，可以为收集数据、分析数据提供清晰的目标。识别信息需求是管理者的职责管理者应根据决策和过程控制的需求，提出对信息的需求。就过程控制而言，管理者应识别需求要利用那些信息支持评审过程输入、过程输出、资源配置的合理性、过程活动的优化方案和过程异常变异的发现。

（2）收集数据。有目的地收集数据，是确保数据分析过程有效的基础。组织需要对收集数据的内容、渠道、方法进行策划。策划时应考虑：

①将识别的需求转化为具体的要求，如评价供方时，需要收集的数据可能包括其过程能力、测量系统不确定度等相关数据；

②明确由谁在何时何处，通过何种渠道和方法收集数据；

③记录表应便于使用；

④采取有效措施，防止数据丢失和虚假数据对系统的干扰。

（3）分析数据。分析数据是将收集的数据通过加工、整理和分析、使其转化为信息，通常用方法有：

①老七种工具，即排列图、因果图、分层法、调查表、散步图、直方图、控制图；

②新七种工具，即关联图、系统图、矩阵图、KJ 法、计划评审技术、PDPC 法、矩阵数据图。

（4）过程改进

数据分析是质量管理体系的基础。组织的管理者应在适当时，通过对以下问题的分析，评估其有效性：

①提供决策的信息是否充分、可信，是否存在因信息不足、失准、滞后而导致决策失误的问题；

②信息对持续改进质量管理体系、过程、产品所发挥的作用是否与期望值一致，是否在产品实现过程中有效运用数据分析；

③收集数据的目的是否明确，收集的数据是否真实和充分，信息渠道是否畅通；

④数据分析方法是否合理，是否将风险控制在可接受的范围；

⑤数据分析所需资源是否得到保障。

6. 云计算安全（SDN 之类）

云计算安全可以促进云计算创新发展，将有利于解决投资分散、重复建设、产能过剩、资源整合不均和建设缺乏协同等很多问题。软件定义网络（Software Defined Network,SDN），是 Emulex 网络一种新型网络创新架构，是网络虚拟化的一种实现方式，其核心技术 OpenFlow 通过将网络设备控制面与数据面分离开来，从而实现了网络流量的灵活控制，使网络作为管道变得更加智能。

（1）云计算安全定义。逻辑的安全抽象化，这是指我们开始从物理分离出逻辑。下一代安全的一个重要组成部分是让技术在不同层互动的能力。这意味着部署虚拟服务直接与底层物理组件互动。

（2）可扩展的安全服务。下一代安全使用各种服务来控制和保护基础设施数据。应用程序防火墙、基于 API 的安全以及网络流量服务监控都提供新水平的安全性。

（3）数据安全和控制。设置控制来管理入站用户和用户组。创建一个动态的环境，其中数据和用户在利用云计算时，都将得到智能的管理。此外，由于数据和虚拟机都是灵活的，并能够穿过多个数据中心点，下一代安全正在定义所有这些信息在穿过不同云计算时应该如何被控制和保护。这将帮助提高数据安全性、完整性和控制性。

（三）潜在的未来的技术方向

1. 智能家居

智能家居需要信息安全来保证自身和使用者的安全；而许多包含个人、家庭隐私数据的家居，其数据本身的安全与否也会影响现代人的信息安全。

智能家居信息安全风险不容忽视。在大数据时代，用户个人的身份特征和消费习惯都变成可以存储、可以处理、可以深挖及可以整合利用的各种数据。智能家居是加速数字化的利器，当收集的用户信息足够详细，用户在现实生活中接近互联网上的“裸奔”的隐患也就越大。

2. 可穿戴设备

可穿戴设备即直接穿在身上，或是整合到用户的衣服或配件的一种便携式设备。可穿戴设备不仅仅是一种硬件设备，更是通过软件支持以及数据交互、云端交互来实现强大的功能，可穿戴设备将会对我们的生活、感知带来很大的转变。

3. 可穿戴设置引发的问题

（1）隐私问题。人们对网络的依赖日益增强，可穿戴设备强化了这种依赖性，当到处印刻着健康指数、行为习惯、生活偏好和工作履历痕迹的时候，个人隐私泄露的危险大大增加。可以获得的个人数据量越多，其中的隐私信息量就越大。只要拥有了足够多的数据，我们甚至可能发现有关于一个人的一切。我们知道，互联网将每时每刻都释放出海量数据，无论是围绕企业销售，还是个人的消费习惯、身份特征等，都变成了以各种形式存储的数据。大量数据背后隐藏着大量的经济与政治利益，尤其是通过数据整合、分析与挖掘，其所表现出的数据整合与控制力量已经远超以往。

（2）信息安全风险。可穿戴设备以其独特优势在给人们的工作和生活带来便捷的同时，也面临着前所未有的信息安全风险，带来诸多社会问题。在可穿戴设备背后隐藏的安全隐患中，与我们日常生活联系最为紧密的威胁莫过于此类设备可集成用户数据信息，使个人隐私保护面临巨大挑战。可穿戴设备信息被传到云端后，云服务提供商就储存并处理着大量用户的隐私数据，黑客只要通过攻击云端，并利用大数据分析技术对这些庞杂、种类多样的数据进行深入挖掘，就可获取有价值信息。可以说，用户健康状况、生活方式和行动踪迹等详细的个人信息肆意地漂浮在公开化的网络空间中，任人窥探、分析、整合或研究。

4. 解决办法

（1）加强对可穿戴设备信息安全问题的重视。国家应在推进可穿戴设备发展的同时，尽快出台相关行业法规标准、安全管理和隐私管理等方面的管理措施，进一步明确对可采集的信息范围、时间等；持续关注可穿戴设备的安全问题，加大宣传力度，加强对敏感数据的保护与监管。

（2）加强可穿戴设备信息安全防护技术研发和体系建设。可穿戴设备提供商、相关服务商和应用开发者应共同努力，提升此类设备的安全防护能力。可穿戴设备提供商应与专业信息安全厂商合作，加大对信息安全技术研发的投入力度，进一步增强可穿戴设备的安全防护能力；可穿戴设备的相关服务提供商应加强与设备相关的云计算、物联网等服务平台的信息安全体系建设和安全防护工作，进一步完善数据处理方面的精细加密环节；可穿戴设备应用开发者应提高软件开发水平，尽量避免或及时修复安全漏洞。

（3）引导可穿戴设备的使用者要增强自我安全防护意识，保护个人信息安全。

①可穿戴设备的使用者应杜绝数据的源头泄露，不将设备乱借他人，防止他人输出可穿戴设备记录的个人信息等；

②在选择可穿戴设备时，要尽量选择信誉度高、有保障的服务厂商，及时开放安全防护软件，避免设备感染恶意软件，导致信息泄露；

③使用可穿戴设备时，应注意运用加密软件对上传到云端的敏感数据进行加密处理，降低信息泄露的可能性；

④注意网络通道的安全性，避免使用公共无线网络等不安全网络；

⑤此外，用户使用可穿戴设备的社交分享功能时，要注意保护自己的隐私信息。

5. 车联网安全

根据中国物联网校企联盟的定义，车联网（Internet of Vehicles）是由车辆位置、速度和路线等信息构成的巨大交互网络。通过 GPS、RFID、传感器、摄像头图像处理等装置，车辆可以完成自身环境和状态信息的采集；通过互联网技术，所有的车辆可以将自身的各种信息传输汇聚到中央处理器；通过计算机技术，这些大量车辆的信息可以被分析和处理，从而计算出不同车辆的最佳路线、及时汇报路况和安排信号灯周期。车联网的安全问题主要存在于两部分：

（1）车辆的状态信息。一部分是采集的车辆信息的传递过程中，车辆信息包括车辆的位置信息、车辆的状态信息，而这些信息中有些是个人的隐私（如私家车的位置信息、车里人员信息等）。如果发生泄露可能造成比较严重的后果。由于目前车辆本身不可能含有强大的数据实时计算与处理功能，因此需要将数据通过互联网传递到具有强大数据功能的部分即云端，但是在传递过程中数据的一致性、保密性都存在问题。

（2）云端的安全问题。第二部分是云端的安全问题，目前所使用的云分为两种：一种是公有云，一种是私有云。针对车辆信息的安全问题，由于车辆的所有性质不同分为公共汽车、私有车（个人车辆、单位车辆），其中公共汽车的车辆位置信息、车内客户信息是可以被公众合理使用的，因此这些信息的安全问题主要集中在保证信息的正确性、一致性，即保证车辆的相关信息能够正确的、不被篡改，同时不被病毒感染。因此可以主要采用加密的方式，目前加密方式主要有对称方式、非对称方式这两种方式，其中对称方式由于重点在于加密算法的变化，这种方式需要经常改变的每辆车的加密算法更新的数据量比较大。

二、信息安全管理概念

网络技术的发展加速了信息的传输与处理，缩短了时空，方便了交流；同时，对信息安全提出了新的挑战。据统计，全球平均每20秒就发生一次计算机病毒入侵；互联网上的防火墙大约25%被攻破；窃取商业信息的事件平均以每月260%的速度递增；约70%的网络主管报告因机密信息泄露而受到损失。国家与国家之间的信息问题更是关系到国家的根本安全问题。

（一）信息安全的内涵

关于信息安全，国际标准化组织对信息安全的定义是“在技术和管理上为数据处理系统建立的安全保护，保护计算机硬件、软件和数据库不因偶然和恶意的原因而遭到破坏、更改和泄露”。信息安全的内涵已扩展到机密性、完整性、可用性、抗抵赖性、可靠性、可控性和真实性等更多领域。

（1）机密性：信息不泄露给非授权的用户、实体或过程；

（2）完整性：数据未经授权不能进行改变的特性，即信息在存储或传输过程中不被修改、破坏和丢失的特性；

（3）可用性：可被授权实体访问并按需求使用的特性，即当需要时应能存取所需信息；

（4）抗抵赖性：证实行为或事件已经发生的特性，以保证事件或行为不能抵赖；

（5）可靠性：保持持续的预期行为及结果的特性；

（6）可控性：对信息传播及内容具有控制能力，访问控制即属于可控性；

（7）真实性：信息所反映内容与客观事实是否一致的特性。

信息安全的建设过程是一个系统工程，它需要对信息系统的各个环节进行统一的综合考虑、规划和架构，并需要兼顾组织内外不断发生的变化，任何环节上的安全缺陷都会对系统构成威胁。这和管理学上木桶原理相似。

（二）木桶原理

木桶原理是指，一只木桶由许多木板组成，如果木板的长短不一，那么木桶的最大容量取决于最短的那块木板。由于信息安全是一个多层面、多因素、综合和动态的过程，如果组织凭着一时的需要，想当然地制定一些控制措施和引入一些技术产品，都难免存在顾此失彼的问题。使得信息安全这只“木桶”出现若干“短板”，从而无法保证信息安全。

1. 建立合理的安全管理体系

正确的做法是遵循国内外相关信息安全标准和实践过程，考虑到组织信息安全各个层面的实际需求。这保证体系还应当随着环境的变化、业务发展和信息技术的提高而不断改进，不能一成不变，因此实现信息安全是一个需要完整体系来保证持续过程。这就是组织需要信息安全管理的基本出发点。对现代企业和组织来说，信息管理对其正常运行无疑起着举足轻重的作用。

2. 信息安全管理涉及多方面

简单地说，信息安全管理是通过维护信息的机密性、完整性和可用性等，来管理和保护组织所有的信息资产一系列活动，所以这不仅是安全管理部门的事务，而是整个组织必须共同面对的问题。组织安全策略及安全管理制度、人员管理、业务流程、物理安全、操作安全等多个方面。

（1）从人员上看，信息安全管理涉及全体员工，包括各级管理人员、技术人员、操作人员等；

（2）从业务看，信息安全管理贯穿所有与信息及其处理设施有关的流程。

（三）信息安全管理模型

信息安全管理从信息系统的安全需求出发，结合组织的信息系统建设情况，引入恰当的技术控制措施和管理架构体系。

1. 信息安全需求

信息安全需求是信息安全的出发点，包括机密性需求、完整性需求、可用性需求等。信息安全管理范围是由信息系统安全需求决定的具体信息安全控制点，对这些实施适当的控制措施可确保相应环节的信息安全，从而确保组织整体的信息安全水平。信息安全控制措施是指为改善具体信息安全问题而设置的技术或管理手段，是信息安全管理的基础。

2. 信息安全管理方法

对一个特定的组织或信息系统，选择和实施控制措施的方法就是信息安全管理方法。信息安全管理方法各种各样，信息安全风险评估是其中的主流。除此之外，信息安全事件管理、信息安全测评认证、信息安全工程管理也从不同侧面对信息安全的安全性进行管理。

3. 信息安全应急响应

信息安全应急响应是应对信息安全突发事件的重要环节，包括应急响应的内涵、应急响应组织、应急响应体系、应急响应关键技术等方面。

（四）信息安全管理体系

信息安全管理体系（ISMS，Information Security Management System）是基于业务风险方法，来建立、实施、运行、监视、评审、保持和改进信息安全的一套管理体系，是整个管理体系的一部分，管理体系包括组织结构、方针策略、规划活动、职责、实践、程序、过程和资源。提出了在组织整体业务活动和所面临风险的环境下，实施 PDCA 持续改进的模型。

P（Plan）表示计划，确定方针和目标，确定活动计划；

D（Do）表示实施，实现计划中的内容；

C（Check）表示检查，总结执行计划的结果，注意效果，找出问题；

A（Action）表示处理总结结果，对成功的经验加以肯定、推广和标准化，对失败的教训加以总结，避免重犯，未解决问题理入下一循环。

信息安全管理体系使组织由里到外得到全面的价值提升，如理顺安全管理职责、提高组织信誉、提高安全意识、保证核心业务的连续性、减少风险等。

实践证明，安全技术是保证信息系统安全的基础，没有健全的安全管理机制，信息安全无法保证，国外统计结果显示，绝大多数信息安全问题都是由于管理方面的缺陷，而 70% 的信息安全问题来自内部员工。在信息化不断深入的今天，人们逐渐意识到信息安全必须通过技术、组织、物理等综合的安全管理方法才能得以保证,信息安全管理越来越显示出其重要性及生命力。

第七章

计算机网络安全概述

一、计算机网络安全概述

随着网络经济和网络社会时代的到来，网络成了一个无处不有、无所不用的工具。同时信息安全的内涵也发生了根本的变化，并且发展成为一项专门的领域。针对计算机网络安全问题，采用目前比较常用的网络安全技术，提出网络安全措施。从网络层次考虑，将计算机网络系统设计成一个支持各级别用户或用户群的安全网络，确保网络系统的机密性、完整性、可用性、可控性与可审查性。

（一）计算机网格安全的威胁

计算机网络安全就是网络上的信息安全，指计算机网络系统的硬件、软件及数据受到保护，不被偶然或恶意原因的破坏、泄漏，系统能够连续、可靠、正常地运行。目前对计算机网格安全的威胁主要表现在：

（1）非授权访问；

（2）信息泄露或丢失；

（3）破坏数据完整性；

（4）拒绝服务攻击；

（5）传播病毒等。

网络安全不只是单点的安全，而且是整个信息网的安全，需要从物理、网络、系统、应用和管理方面进行全方位立体防护。

（二）网络安全系统风险的全面防范

网络安全系统必须包括技术和管理两方面，涵盖物理层、系统层、网络层、应用层和管理层各个层面上的诸多风险。无论哪个层面上的安全措施不到位，都会存在很大的安全隐患，都有可能造成网络的中断甚至瘫痪。根据目前国内计算机网络系统的网络结构和应用情况，应当从网络安全、系统安全、应用安全及管理安全等方面进行全面的分析解决。

1. 设计思想

针对计算机网络系统的实际情况，解决计算机网络的安全保密问题是当务之急，考虑技术难度及经费等诸多因素，设计时应遵循如下思想：

（1）大幅度提高系统的安全性和保密性；

（2）保持网络原有的性能特点，即对网络的协议和传输具有很好的透明性；

（3）易于操作、维护，并便于自动化管理，而不增加或少增加附加操作；

（4）尽量不影响原有网络的拓扑结构，同时便于系统及系统功能的扩展；

（5）安全保密系统具有较好的性能价格比，一次性投资，可以长期使用；

（6）安全与密码产品具有合法性，并经过国家有关部门的认可或认证；

（7）分级管理，分步实施。

2．安全措施

（1）采用漏洞扫描技术，对重要网络设备进行风险评估，保证网络系统尽量在最优的状态下运行；

（2）采用各种计算机网络安全技术，构筑防御系统，主要有：防火墙技术、VPN技术、网络加密技术、身份认证技术、多层次多级别的企业级防病毒系统、网络的实时监测；

（3）实时响应与恢复：制定和完善安全管理制度，提高对网络攻击等实时响应与恢复的能力；

（4）建立分层管理和各级安全管理中心。

二、计算机网络防御系统

（一）防御系统分类

1．物理安全

物理安全是保护计算机网络设备、设施以及其他媒体免遭地震、水灾、火灾等环境事故，以及人为操作失误或错误，及各种计算机犯罪行为导致的破坏过程。主要包括通信线路的可靠性（线路备份、传输介质），设备安全性（替换设备、拆卸设备、增加设备），设备的备份，防灾害能力、抗干扰能力，设备的运行环境（温度、湿度、粉尘等），不间断电源保障等。

2. 防火墙

防火墙是一种网络安全部件，它可以是硬件，也可以是软件，也可能是硬件和软件的结合，通常处于内部网络与外部网络之间，是网络通信时执行的一种访问控制尺度，其主要目标就是通过控制出入一个网络的权限，迫使所有的连接都经过这样的检查，防止一个需要保护的网络遭受外界因素的干扰和破坏。

3. 网络加密技术 (ipse)

采用网络加密技术，对公网中传输的 IP 包进行加密和封装，实现数据传输的保密性、完整性。它可以解决网络在公网的数据传输安全性问题，也可以解决远程用户访问内网的安全问题。IP 层是 TCP/IP 网络中最关键的一层，IP 作为网络层协议，其安全机制可以对其上层的各种应用服务提供透明的覆盖式安全保护。IP 安全是整个 TCP/IP 安全的基础，是网络安全的核心。ipse 提供的安全功能或服务主要包括：

（1）访问控制；

（2）无连接完整性；

（3）数据起源认证；

（4）抗重放攻击；

（5）机密性、有限的数据流机密性。

4. 身份认证

身份认证是指计算机网络系统确认操作者身伤的过程。在一个更为开放的环境中，支持通过网络与其他系统相连，就需要采用“调用每项服务时需要用户证明身份，也需要这些服务器向客户证明他们自己的身份”的策略来保护位于服务器中用户的信息和资源。

（二）多层次多级别的防病毒系统

防病毒系统对计算机病毒有实时防范功能，它可以在每个入口点抵御病毒和恶意程序的入侵，保护网络中的 PC 机、服务器和 Internet 网关。选择防病毒系统的原则有：

（1）整个系统的实施过程应保持流畅和平稳，做到尽量不影响既有网络系统的正常工作；

（2）安装在原有应用系统上的防毒产品必须保证其稳定性，不影响其他应用的功能。在安装过程中应尽量减少关闭和重新启动系统的次数；

（3）防病毒系统的管理层次与结构应尽量符合机关自身的管理结构；

（4）防病毒系统的升级和部署功能应做到完全自动化，整个系统应具有及时更新升级的能力；

（5）能够对整个系统进行集中的管理和监控，并能集中生成日志报告与统计信息。

（三）计算机网络变化中的安全策略

计算机网络是一个动态的系统，它的变化包括：

（1）网络设备的调整；

（2）网络配置的变化；

（3）各种操作系统；

（4）应用程序的变化；

（5）管理人员的变化。

即使最初制定的安全策略十分可靠，随着网络结构和应用的不断变化，安全策略也可能失效，必须及时进行相应的调整。比较重要的网络服务包括：通信伙伴认证、访问控制、数据保密、业务流分析保护、数据完整性保护、签字。

未来的竞争是信息竞争，而网络信息是竞争的重要组成部分。其实质是人与人的对抗，它具体体现在安全策略与攻击策略的交锋上。为了不断增强信息系统的安全防御能力，必须充分理解系统内核及网络协议的实现，真正做到洞察对方网络系统的“细枝末节”，同时应该熟知针对各种攻击手段的预防措施，加强防火墙等防范技术。只有这样才能尽最大可能保证网络的安全。但是，所有的安全措施都不会是绝对的，其作用在于最大限度的防范，以及在受到破坏后将损失降到最低。计算机网络安全的威胁总是存在并且不断发展变化的，网络安全只能是相对的安全。这就要求我们去不断地研究、开发和探索新的计算机网络安全技术，不断完善我们的网络安全解决方案。

第一节　信息安全和网络安全

从世界上第一台电子计算机的出现到现在，短短70年的时间里，计算机技术飞速发展，它对人类各个方面的活动都产生了非常巨大而又深远的影响，它带动了全球技术革新与发展。而随着计算机技术的快速发展，信息网络也不断发展，它因军用需求而产生，进而在全球范围内发展起来，现如今它已经成为当前社会发展的最重要的依靠之一，我们很难想象没有计算机网络的社会将会变成什么样子。

正是由于信息网络太过重要，各种信息都通过网络途径进行传输转达，其中包括政府机关的决策、公司的商业信息、银行的资金周转情况、研究所的科学研究成果，还有个人、企业账户信息，甚至是国家机密等，所以我们的信息网络难免会遭受各式各样人为的攻击破坏，而这样的犯罪行为又几乎不会留下什么明显性的痕迹以至于利用计算机技术犯罪的频率提高。为了保证网络上的信息的保密性、完整性、可用性、真实性和可控性不受外界破坏，为了维护人身财产、公共财产甚至是国家民族的安全，我们需要通过一系列的手段对网络信息加以保护，因此，网络信息安全技术应运而生。

一、防火墙技术

防火墙，在实际生活中，顾名思义，它是为了防止发生火灾时火势向外蔓延而修建于两个建筑物之间的一堵墙。

1. 防火墙是一种防御装置

而在网络上，防火墙是一种防御装置，它将外界网络和本地自身的网络相互隔离开来，通过访问控制的形式，让本地用户安全放心地使用外部网络的资源而不用担心内部资源被破坏，同时不让没有经过授权的网络用户使用本地的资源，最终达到防止外界入侵、保证网络系统安全性的效果。

2. 商用防火墙系统

自美国 Digital 公司在 Internet 上安装了全球第一个商用防火墙系统并提出防火墙的概念以来，防火墙技术得到了飞速的发展，在这段时间内，从包过滤防火墙到电路层防火墙，从应用层防火墙到全方位技术集成型防火墙，防火墙技术到目前已经经历了四个发展阶段。现在的防火墙基本上都可以抵御日常常见的网络攻击，比如说 IP 地址欺骗、特洛伊木马攻击和蠕虫病毒等。

3. 防火墙组成

一般防火墙由安全操作系统、过滤器、网关、域名服务和电子邮件处理五个部分组成，根据其采用原理的不同，我们可以将防火墙分为以下几种。

（1）包过滤型防火墙。包过滤型防火墙是防火墙的最初级产品。它依照系统事先设定好的过滤规则——访问控制表 ACL（Access Control List），对所有的数据包进行选择性筛选，检查数据流中的每个数据包，并根据各个数据包的源地址、目标地址，以及数据包所使用的 TCP 端口和 TCP 连接状态来确定是否允许该类数据包通过防火墙。它是在网络层中对数据包进行选择，因而通常是使用在路由器当中的，经常被作为网络信息安全的第一道防线。

①优点

基于分包传输技术的包过滤型防火墙有其突出的优点，它最大的优点就是它对于用户以及应用程序而言是完全透明的，用户不需要为了使用包过滤型防火墙而学习新的东西或者是安装其他的软件等，因此，它也被称作“透明网关”；它的第二大优点在于它的速度，由于包过滤是在网络层以及传输层上面实现的，而不涉及应用层，因此它的速度比代理服务器快得多。

②缺陷

但是包过滤型防火墙也存在着明显的缺陷，首先，它不能够审查包内的数据，如果数据包通过了筛选，但是包内的数据却是有攻击性的，那么该防火墙也阻止不了它；其次，正是由于其工作在网络层以及传输层，虽然有较高的速度，但是却无法识别来自应用层的人为入侵，同时由于它只能阻止外部主机伪装成为内部主机的 IP 欺骗，因此我们可以很容易地伪造 IP 地址骗过包过滤型防火墙。

（2）代理服务器。代理服务器通常也称作应用级网关防火墙（代理型防火墙），它是在网络的应用层上建立协议过滤和转发功能的。本地网络和外地网络之间不能直接通信，而是通过另一台主机，也就是我们所说的代理服务器进行通信。这样，所有的数据包只能到达代理服务器，再通过代理服务器将数据转送到本地网络中，好比是一个中间人，介绍双方并不直接见面，而是通过中间人传达双方的信息，从而达到信息交流的效果。

①优点

很明显，代理服务器的最大优点在于其安全性能相当高，因为所有数据都只能通过代理服务器的指令才能够到达本地网络中，本地用户可以通过代理服务器隐藏自己的真实 IP 地址，相对于包过滤型防火墙，其安全性能十分显著。另外，代理服务器已经建立在应用层的基础上，因此对于应用层层面的入侵也有比较有效的防范。

②缺点

不难发现，由于代理服务器需要协助用户传输所有的数据，所以当用户的数量较大或者用户的应用需求较多时，代理服务器需要对每个用户的每个应用做出相应的设置，这对于整个系统的性能会有相当大的影响，相比而言，代理服务器的效率比包过滤防火墙低。

（3）状态监视器。即监测型防火墙，它是防火墙的新一代产品。它可以对各层上的数据实施主动的、实时的监控，并在分析处理的基础上，有效地阻拦各层上外界的非法入侵以及其他形式的破坏。相比于前两种防火墙而言，该种类型的防火墙不仅能够阻止来自外部网络的威胁，还可以防范来自系统内部的恶意破坏，它已经突破了传统防火墙的定义，其安全性也远远超越了上述两种产品。

通过上述的介绍，我们看到，在网络信息安全问题日益突出的今天，防火墙作为我们的因特网的有效防护措施之一，仍然存在着很多缺点，但是日趋完善。展望未来，今后的防火墙发展将会兼有上述几种防火墙的特点，既有包过滤型防火墙的高通透性和高效性，又有代理服务器的高安全保障，更有状态监视器的自我意识、自我调节功能；同时，防火墙将会与其他各种网络信息安全技术结合使用，进一步提高网络信息的安全性能。

二、信息加密技术

所谓“加密”，也就是把我们可以直接看明白的信息转变成为我们不能直接看懂而需要一定的“翻译”过程才能让人明白的信息，即把“明文”的可读信息转化成为“密文”的过程。

1. 信息加密技术的发展

在当今信息高速膨胀的社会中，除了使用防火墙对人们传输数据进行保护之外，最核心最重要的信息安全技术即为信息加密技术，尤其是在现在电子商务、电子交易、网银等网络业务的快速发展，如何保证信息的安全性更加受到人们的关注。信息加密技术的发展很大程度上代表着网络信息安全技术的发展。

2. 密码算法和密钥

要实现信息的加密和解密，不可缺少的就是密码算法和密钥，其中密码算法就是信息加密的方式，而密钥则是密码算法运行的“启动按钮”。纵观信息加密的发展历程，加密算法主要经历了三个阶段：古典密码阶段、对称密钥密码阶段和公开密钥密码阶段。随着计算机技术的快速发展，加密技术现在正与芯片技术和量子技术进行结合，产生新型的加密技术。下面介绍信息加密技术发展历程中各时期几种著名的算法。

3. 古典密码阶段

在古典密码阶段，一般都使用私钥密码体制，在该体制下，常见的几种加密算法有：

（1）替换加密算法。用一个比较简单的例子来说明这种算法的原理。我们将26个英文字母按照自然顺序排列，并将h,i,j,k,d,e,f,g分别与之对应，那么，如果我们所给出的密码明文是microsoft，则我们将得到的密文为tpjyvzvma。

（2）变换加密算法。变换加密算法在一定程度上可以算作替换加密算法的一种延伸，它把各个字母所出现的位置进行变换，而不是单纯地只用一定的字母来替代字母。

4. 对称密钥密码阶段

在该阶段，对称密钥密码成了主要的加密和解密的方式，对称加密是指加密时使用的密钥和解密时使用的密钥是可以相互推导的，在很多情况下，它们甚至是相同的。因此，在使用对称密钥密码的过程中，一定要注意密钥的保密性，否则该安全技术就基本上等于是没有用。根据运算方式的不同，我们又可以将对称算法分为两大类，一类为分组算法，它是对明文中大块的数据进行加密运算；另一类为序列算法，它是对明文中的个别单元进行计算。常见的对称密钥密码的算法有DES、IDEA、AES等。

（1）数据加密标准DES（Data Encryption Standard）。DES是一种以56位密钥为基础的信息加密技术，属于分组密码，它所使用的基本加密技术是混乱和扩散。它的加密过程一般如下。

①一次性把64位的明文块打乱进行置换；

②把64位明文块拆成两个32位块；

③用机密 DES 密钥把每个 32 位块打乱位置 16 次；

④使用初始置换的逆置换。

在我们看来，这样的算法已经是相当复杂了，但是在实际应用中，由于其密钥的容量只有区区 56 位，它所能够提供的安全性能还远远不能达到我们所需的安全性要求。为此研究员们又推出了 DES 的改良版本——三重加密（Triple Data Encryption Standard），即在使用过程中，传输方和接收方都分别使用三把密钥对数据进行加密，这样使得密钥的总体容量达到了 118 位，大大提高了密码的安全性，但是在安全性提高的同时，我们也不难发现，这样的算法会消耗三倍于 DES 算法的时间；另外，相对于 DES 算法来说，用户需要额外增加两个密钥，这使得密钥的遗忘或者丢失的几率大大增加，对用户自身造成了许多不便，这也是我们不希望看到的。

（2）高级加密标准 AES（Advanced Encryption Standard）。正是由于 DES 等算法所存在的上述缺陷，研究员们开发出了 AES 算法。AES 算法是一个可变数据块长和可变密钥长的分组迭代加密算法,也属于分组密码行列。它采用了字节替换、行位移变换、列混合变换、轮密码混合等四种基本变换，每一轮加密即通过上述四种变换完成，以此来提高算法的安全性。同时，它对于密钥的编排进行了一系列的设计，以此提高算法的性能。

不难看出，相比于 3DES，AES 内部具有更加简洁的数学算法，而且只需要执行一次就能够达到比 3DES 更高的安全性，它的高性能和高效率不言而喻。

（3）其他对称加密算法。还有其他一些算法，比如国际数据加密算法 IDEA（International Data Encryption Algorithm）、美国国家安全局使用的飞鱼（Skipjack）算法，以及一些私人组织开发的取代 DES 的方案：RC2、RC4、RC5 等。

从上述传统密码算法（包括古典算法和对称算法）介绍中，我们可以发现,传统的密码算法在加密和解密的过程中使用的都是相同而且固定的密钥，这样使得破解密码的过程相对比较简单，在现在看来安全性令人担忧；另外，随着用户数量的大幅度增加，密钥的数量也会大幅度增加，这给系统管理带来了相当大的复杂度，因此，新型的加密算法的成型刻不容缓。

5. 公开密钥密码阶段

为了使信息的公开传送更加安全，同时使得管理密钥更加方便简单，研究员们提出了一种新型的密钥交换协议，这个协议允许需要交流信息的双方在不安全的网络上安全地达成一定的密钥，这就是我们所说的公开密钥系统。之所以称其为公开密钥，是因为加密所用的密钥是对外公开的，谁都可以使用加密密钥的信息，但是只有用相对应的解密密钥才能够解密。

（1）非对称加密算法。相对于加密解密密钥相同或者一致的对称算法来说，公开密钥算法又被称为“非对称加密算法”，这种算法的核心是单向陷门函数，从一个方向对它求解是比较容易的，但是从反方向进行计算却是异常困难，几乎是无法完成，因此符合该种算法的设计思路。

（2）公钥算法。由于公开密钥加密算法的独特优势，它一经发布就得到了广泛的应用与发展。目前在世界范围内流行比较广泛公钥算法包括 RSA、背包密码、McEliece 密码、Rabin、椭圆曲线、EIGamal D.H 等。根据所基于的数学难题的不同对所有的公钥算法进行分类，目前以下三类系统是被公认为安全有效的：大整数因子分解系统、椭圆曲线离散对数系统和离散对数系统。

①大整数因子分解系统（代表性的有 RSA）。目前，在世界上运用最广泛的公钥系统当属 RSA 算法了。它出色的安全性能是建立在大整数因子分解的困难性上的，我们知道，要寻找两个大的质数是比较简单的，但是将它们的乘积分解开来却是特别困难，到现在也没有找到一种有效的能够解决这个问题的方法，所以，这可以确保 RSA 算法的高安全性能。在这里便不多介绍 RSA 的具体密钥产生的方法以及加密和解密的步骤。

②椭圆曲线离散对数系统（ECC）。该系统是建立在椭圆曲线离散对数函数的基础之上的，而且由于 ECC 所使用的函数相比于 RSA 来说更加复杂，

所以相对来说，ECC 算法的安全性能更高。另外，由于 ECC 的密钥尺寸相对较小，所以它所占据的存储空间比较小，同时能够提高加密解密的速度，提高系统的效率。因此，在不久的将来，ECC 系统势必会完全替代 RSA 系统，成为最重要的公钥系统。

③离散对数系统（代表性的有 DSA)。该系统是基于整数有限域离散对数难题的，它的安全性能与 RSA 相差不大。但是 DSA 与 RSA 最大的区别在于，DSA 的两个质数是公开的，这样，当用户使用其他用户的两个质数时，即使他不知道对方的私有密钥，他也可以确定它们是否是随机产生的，还是被人做过了手脚什么的，这点 RSA 算法明显做不到。但是正是由于这一点，DSA 算法只能用做数字签名，而不能用做加密，这是它的局限性。

相对于对称密钥算法而言，公钥算法所需要的密钥数量比对称密钥算法少得多，所以其所使用的资源比较少，便于网络管理员对密钥进行管理，因此适用于在广域网内使用；从安全性能来说，由于公开密钥密码算法是建立在还没有得到解决的数学难题的基础之上的，所以基本上不可能被破解，因此更具安全性；但是公钥算法的加密和解密时间较长，其运行速度比较慢，这是它最主要的问题。

（3）DES 和 RSA 算法的结合。在实际操作中，我们往往把 DES 和 RSA 两种算法结合起来对信息进行加密。这样可以将两者的优缺点互补，RSA 的密钥很长，加密解密速度较慢，若采用 DES，则正好弥补了 RSA 的缺点；DES 加密速度快，适合处理大量数据的加密工作，但是密钥分配不尽如人意，RSA 正好解决了这个问题。我们使用 DES 对用户所要传输的数据进行加密，而使用 RSA 对 DES 的 56 位密钥进行加密。这样的加密系统既能发挥 DES 的高效性，又能够发挥 RSA 的便捷性，在未来加密技术的发展中它可能会占据一定的主导地位。

信息加密技术的发展不仅限于此，目前，密码技术正在向集成芯片的方向发展，另外，利用量子技术对信息加密进行进一步研究也将是信息加密技术以后发展的一大方向。

三、反病毒技术

自一个名为“核心大战”的游戏的开发以来，“病毒”的第一个雏形正式出现。从那以后，病毒便开始了大规模的发展和扩散，到如今病毒的种类越来越多复杂程度越来越高，给经济社会造成的损失也越来越大，在这个大背景下，反病毒技术诞生了。

目前主要的反病毒技术有病毒码扫描技术、虚拟机技术以及主动内核技术等，下面做简要介绍。

1. 病毒码扫描技术

病毒码扫描技术是利用病毒在感染文件时所留下的特征码来进行检验的。若是系统发现了新的病毒，它会将它的特征码记录在案，在今后对系统进行扫描杀毒的时候，软件就可以根据数据库里所储存的特征码对病毒进行识别查杀。相对来说，病毒码扫描技术速度快、错误率低，是当前最简单最经济的查毒方法。

2. 虚拟机技术

病毒码扫描技术虽然有效，但是它是基于静态文件对病毒进行查杀的，而目前多态和变形病毒让该种方法失去了其效力，为了克服特征值查毒技术的弊端，因此虚拟机技术产生了。它是一种动态启发技术，具有相当高的智能性以及准确性。它使用程序代码虚拟 CPU 寄存器，用程序调用可疑样本并执行，通过内存和寄存器的变化来了解该可疑程序的执行过程，这样的环境就是一个虚拟机。但是其缺点就是速度实在太慢，效率比较低。

3. 主动内核技术

该种技术的出现表明反病毒技术已经从被动阶段进入了主动阶段，从消极阶段进入了积极阶段。也就是说，在文件进入系统前，安装于操作系统内核中的反病毒模块将使用各种手段对文件进行检测，在文件开始运行前就将病毒查杀。这样的技术节省了用户自身的时间，并使得系统时时处于保护状态下。

四、身份认证技术

如果我们把一个安全的信息系统当作是一幢楼房中的住户，那么上述的防火墙技术、信息加密技术、反病毒技术等就是楼房的墙壁、窗户，而身份管理就相当于是楼房的地基。很明显，身份认证管理是维护整个信息系统的基础。

顾名思义，身份认证就是操作系统识别用户的过程。身份认证技术主要要解决的问题就是用户的唯一性和用户数字身份的一一对应。下面介绍几种常见的身份认证技术。

1. 简单口令认证

它在“what you know”的验证手段的基础之上，以“用户名/密码”的形式，对用户进行身份认证。只要用户输入了正确的密码，那么系统就会允许该用户进入系统。但是，由于密码容易丢失，同时密码一旦确定就一般不会变化，所以容易被病毒截获，因此该种认证方式并不安全。

2. 动态口令认证

为了解决简单口令静态性所产生的弊端，动态口令使得身份认证的安全性大大提高。动态口令技术让用户的密码是时间或者其他变量的函数，使它不断变化，每个密码只使用一次，很大程度上保证了用户身份的安全性。

3. 智能卡认证

智能卡就是一张集成电路的芯片，里面加载了与用户身份有关的信息。它是基于“what you have”的验证手段，通过硬件设备的不可复制性保证用户的身份安全。但是，由于仍然是静态认证，它还是存在一定的安全隐患。

4. 生物特征识别技术

它是利用每个人独特的生理特征，比如指纹、脸相、声音、DNA 等，对用户进行身份识别。与传统的身份认证技术相比，由于每人的生物特征各不相同，具有唯一性和稳定性，生物识别技术更加具有安全性。

以上主要介绍了网络安全技术中的防火墙技术、信息加密技术、反病毒技术以及身份认证技术，其实网络安全技术还有入侵检测技术、安全协议、数字证书等。不难发现，随着网络信息的越来越复杂，网络安全技术日益发展的今天，对于网络的攻击也不断发展，而且随着计算机技术的发展，网络攻击手段越来越多，越来越难以抵挡。网络安全技术面临着巨大的挑战，我们应该在现有技术的基础上，取各种技术的长处，不断融合，不断多样化，才能确保网络信息的安全，发展安全技术任重道远。

第二节　信息安全目标

信息安全是一个广泛的主题，它涉及与风险管理许多不同的信息领域（物理设备、网络、系统平台、应用系统等），每个领域都有其相关的风险、威胁及解决方法。当我们讨论信息安全的时候，经常只关心黑客和操作系统的漏洞。尽管它们是安全的重要部分，但这只是安全广义概念上的两个组件而已。

一、信息安全目标

对于通过网络连接起来的企业组织来说风险与威胁是没有终止的。信息安全是一个动态发展的过程，不仅仅是纯粹的技术，仅仅依赖于安全产品的堆积来应对迅速发展变化的各种攻击手段是不能持续有效的。信息安全建设是一项复杂的系统工程，要从观念上进行转变，规划、管理、技术等多种因素相结合使之成为一个可持续的动态发展的过程。

（一）信息安全的动态发展

1. 绝对的信息安全是不存在的

每个网络环境都有一定程度的漏洞和风险。这种程度是可以接受的。信息安全问题的解决只能通过一系列的规划和措施，把风险降低到可被接受的程度，同时采取适当的机制使风险保持在此程度之内。当信息系统发生变化时应当重新规划和实施来适应新的安全需求。信息系统的安全往往取决于系统中最薄弱的环节：人是信息安全中最关键的因素，同时也应该清醒地认识到人也是信息安全中最薄弱的环节。

2. 安全管理是信息安全的核心

我们经常听到这样令人感兴趣的信息：病毒、蠕虫造成了严重的破坏，黑客获取了信用卡的信息，大型网站主页被黑等等。可能人们普遍的认识是企业没有安装安全产品（如防火墙、入侵检测系统、防病毒系统等）。这些问题很大程度上是安全管理没有有效实施造成的。

3. 安全管理的组件

安全管理包括风险管理、安全策略和安全教育。这三个组件是企业安全规划的基础。风险管理识别企业的资产，评估威胁这些资产的风险，评估假定这些风险成为现实时企业所承受的灾难和损失。通过降低风险（如安装防护措施）、避免风险、转嫁风险（如买保险）、接受风险（基于投入 / 产出比考虑）等多种风险管理方式得到的结果来协助管理部门根据企业的业务目标和业务发展特点来制定企业安全策略。

（二）信息安全策略

根据企业规模、业务发展、安全需求的不同，安全策略可能繁简不同。但是安全策略都应该简单明了、通俗易懂并直接反映主题，避免含糊不清的情况出现。

1. 企业安全的最高方针

信息安全策略是企业安全的最高方针，由高级管理部门支持，必须形成

书面文档、广泛发布到企业所有员工手中，同时，要对所有相关人员进行安全策略的培训，对于有特殊责任人员要进行特殊的培训，使得安全策略能够真正在企业正常运营过程中得到贯彻、落实、实施。

2. 管理部门的支持

在安全规划中管理部门的支持是最重要的因素之一，仅仅是简单的点头同意是不够的。安全管理通过适当地识别企业的信息资产，评估信息资产的价值，制定、实施安全策略、安全标准、安全方针、安全措施来保证企业信息资产的完整性、机密性、可用性。

二、风险管理

风险是指某种破坏或损失发生的可能性。风险管理是指识别、评估、降低风险到可以接受的程度并实施适当机制控制风险保持在此程度之内的过程。没有绝对安全的环境，每个环境都有一定程度的漏洞和风险。

（一）需要重视的风险

企业中潜在的风险有多种形式，不只与计算机相关。在考虑信息安全的时候，有几种风险必须重视，包括（但不局限于）：

（1）物理破坏：火灾、水灾、电源损坏等；

（2）人为错误：偶然的或不经意的行为造成破坏；

（3）设备故障：系统及外围设备的故障；

（4）内、外部攻击：内部人员、外部黑客的有无目的的攻击；

（5）数据误用：共享机密数据，数据被窃；

（6）数据丢失：故意或非故意的以破坏方式丢失数据；

（7）程序错误：计算错误、输入错误、缓冲区溢出等。

风险应当被识别、分类。真实的风险是很难估量的，但是对潜在风险进行估量是可取的。

（二）风险分析

对于一个企业来说，搞清楚信息系统现有以及潜在的风险，充分评估这些风险可能带来的威胁和影响，将是企业实施安全建设必须首先解决的问题，也是制定安全策略的基础与依据。在风险分析过程中，最开始考虑的有两方面的内容：一个是对企业资产的识别，另一个是对威胁的识别。对于每一个明确要保护的资产，都应该考虑到可能面临的威胁，以及威胁可能造成的影响。还要考虑的因素是在风险影响和防护措施花费之间的经济权衡。

首先要知道企业中有哪些可识别的资产，哪些是最关键的、需要重点防护的，哪些是次要一些的但是也需要保护的，哪些是不需要专门关注的。从防御的角度来说，对于外来的威胁有时很难准确把握，但对“自己”，应该做到心中有数。当企业意识到资产的价值及可能面临的威胁时，才可以在保护这些资产的预算上做出明智的决定。如果信息没有任何价值，那么就没有意义保护这些无用的信息。所以一个很重要的问题是企业应当评估如果不保护此信息的话损失有多大。

风险分析的成功执行，需要高级管理部门的支持和指导。管理部门需要确定风险分析的目的和范围，指定小组进行评估，并给予时间、资金的支持。风险小组应该由企业中不同部门的人员组成，可以是管理者、程序开发人员、审计人员、系统集成人员、操作人员等。

（三）确定资产

资产类型：

（1）硬件：包括服务器、工作站、路由器、交换机、防火墙、入侵检测系统、终端、打印机等整件设备，也包括主版、CPU、硬盘、显示器等散件设备；

（2）软件：包括源代码、应用程序、工具、分析测试软件、操作系统等；

（3）数据：包括软硬件运行中的中间数据、备份资料、系统状态、审计日志、数据库资料等；

（4）文档：包括软件程序、硬件设备、系统状态、本地管理过程的资料；

（5）消耗品：包括纸张、光盘、软盘、磁带等。

仅仅确定资产是不够的，对资产进行分类也是非常重要的。对有形资产

（设备、应用软件等）及人（有形资产的用户或操作者、管理者）分别归类，同时在两者之间建立起对应关系。

有形资产可以通过资产的价值进行分类，如机密级、内部访问级、共享级、未保密级。对于人员的分类类似于有形资产的分类。

（四）确定威胁

由于网络本身的诸多特性，如共享性、开放性、复杂性等，网络信息系统自身的脆弱性，如操作系统的漏洞、网络协议的缺陷、通信线路的不稳定、人为因素等，给网络信息系统的安全带来威胁。具体的威胁来源可以分为：

（1）外部网络黑客攻击及非法访问；

（2）内部人员故意或无意的非授权访问或操作；

（3）“社会工程”带来的威胁，包括企业竞争对手或其他“间谍”行为；

（4）系统自身的脆弱性，包括系统结构设计上的缺陷、配置的疏忽等；

（5）软件漏洞，包括操作系统的安全漏洞、网络协议的设计缺陷、应用；

（6）软件的设计漏洞、数据库系统的安全漏洞等；

（7）系统开放性带来的威胁，包括病毒、蠕虫等；

（8）技术故障带来的威胁；

（9）物理环境的威胁。

可以看出，对威胁来源的定位综合了多种因素，最终还是人为因素起着决定性的作用。外部人员造成的威胁比较容易发现和控制，商业伙伴造成的威胁可以通过合同限制加以约束，但很多时候来自内部的威胁由于具有极大的隐蔽性和透明性导致更加难以控制和防范。所以在确定威胁的时候，不能只看到那些比较直接的容易分辨的外部威胁，来自内部的各种威胁也应该引起高度重视。

（五）风险分析的方法与途径

风险分析的方法与途径可以分为定量分析和定性分析。

1. 定量分析

定量分析是试图从数字上对安全风险进行分析评估的方法。

定量分析过程有两个基本指标作为参考：事件发生的概率及事件造成的损失。具体的分析方式有两种：年预期损失（ALE，Annual Loss Expectancy），单一预期损失（SLE，Single Loss Expectancy）。理论上讲，通过定量分析可以对安全风险进行准确的分级，但实际上，定量分析所依靠的数据往往都是不可靠的，这就给分析带来了很大的困难。

2. 定性分析

定性分析是被广泛采用的方法。通过列出各种威胁的清单，并对威胁的严重程度及资产的敏感程度进行分级。定性分析技术包括判断、直觉和经验。可能由于直觉、经验的偏差而造成分析结果不准确。风险分析小组、管理者、风险分析工具、企业文化等决定了在进行风险分析时采用哪种方式或是两者的结合。

（六）保护机制

现在，我们知道了我们处于风险之中，也知道了风险发生的可能性，下一步的工作就是识别当前的安全机制并评估它们的有效性。由于企业面临的威胁不仅仅是病毒和攻击，对于每一种威胁类型要分别对待。在采取防护措施的时候要考虑如下一些方面：

（1）产品费用；

（2）设计 / 计划费用；

（3）实施费用；

（4）环境的改变；

（5）与其他防护措施的兼容性；

（6）维护需求；

（7）测试需求；

（8）修复、替换、更新费用；

（9）操作 / 支持费用。

举例说明：企业为了保护信息资源和网络流量决定采用入侵检测系统，此时软件费用并不是总共的费用。软件应该首先在测试机上使用来发现是不是工作正常，然后在生产机上部署。路由器需要重新配置，防止非授权用户接触控制台，配置数据库用来存放攻击特征等等。这些费用的和才是总共的费用，软件费用只是其中的一小部分。

在进行风险评估时，企业需要决定要保护的资产及要保护的程度。风险评估中主要的三个步骤是：

（1）资产和信息价值的评估；

（2）风险分析评估，根据需求采取定量分析或定性分析或两者的组合；

（3）选择及部署防护措施。

三、信息安全策略

安全策略是对访问规则的正式陈述，任何获准访问某个机构的技术和信息资产的人员，都必须遵守这些规则。安全策略由高级管理部门制定，确保企业的网络系统运行在一种合理的安全状态下，同时，也不妨碍企业员工和用户从事他们正常的工作。安全策略对于企业的网络安全建设，起着举足轻重的作用，所有安全建设的后续工作都是围绕安全策略展开的。安全策略的制定是比较繁琐和复杂的工作，根据企业的具体需求，可能会包含不同的内容。

（一）安全策略

安全策略从宏观的角度反映企业整体的安全思想和观念，作为制定具体策略规划的基础，为所有其他安全策略标明应该遵循的指导方针。具体的策略可以通过安全标准、安全方针、安全措施来实现。安全策略是基础，安全标准、安全方针、安全措施是安全框架，在安全框架中使用必要的安全组件、安全机制等提供全面的安全规划和安全架构。

1. 安全标准的强制性执行

安全标准是强制性执行的，指出了硬件、软件产品应当如何使用。它提供了一种手段来保证企业中应用程序、特定技术等以规定的方式执行。安全方针指出了当安全标准中未对不可预料的情形定义时的补充规定。安全措施指出了在操作环境中安全策略、安全标准、安全方针的具体一步步实现步骤。安全标准、安全方针不应该是一个文档，使它们组件化有助于分发和必要时候的更新。

2. 敏感信息的保护方法

现在举例说明一下各个方面之间的关系。企业的安全策略描述了敏感信息应当采取适当的方法进行保护。可以看出安全策略是宏观上的说明。安全标准描述了数据库中的客户信息应当采用 DES 算法进行加密，在数据传输中使用 IPSec 加密技术。安全方针描述了当数据被偶然解密、损坏时应当如何处理。安全措施详细描述了如何实施 DES 加密算法，如何实施 IPSec 技术。

3. 策略文件的繁简程度与企业的规模有关

企业安全需求的各个方面是由一系列安全策略文件所涵盖的。策略文件的繁简程度与企业的规模有关。不过，有些策略文件是多数企业都应该制定并执行的。

（1）物理安全策略包括环境安全、设备安全、媒体安全、信息资产的物理分布、人员的访问控制、审计记录、异常情况的追查等。

（2）网络安全策略包括网络拓扑结构、网络设备的管理、网络安全访问措施（防火墙、入侵检测系统、VPN 等）、安全扫描、远程访问、不同级别网络的访问控制方式、识别 / 认证机制等。

（3）数据加密策略包括加密算法、适用范围、密钥交换和管理等。

（4）数据备份策略包括适用范围、备份方式、备份数据的安全存储、备份周期、负责人等。

（5）病毒防护策略包括防病毒软件的安装、配置、对软盘使用、网络下载等做出的规定等。

（6）系统安全策略包括 WWW 访问策略、数据库系统安全策略、邮件系统安全策略、应用服务器系统安全策略、个人桌面系统安全策略、其他业务相关系统安全策略等。

（7）身份认证及授权策略包括认证及授权机制、方式、审计记录等。

（8）灾难恢复策略包括负责人员、恢复机制、方式、归档管理、硬件、软件等。

（9）事故处理、紧急响应策略包括响应小组、联系方式、事故处理计划、控制过程等。

（10）安全教育策略包括安全策略的发布宣传、执行效果的监督、安全技能的培训、安全意识教育等。

（11）口令管理策略包括口令管理方式、口令设置规则、口令适应规则等。

（12）补丁管理策略包括系统补丁的更新、测试、安装等。

（13）系统变更控制策略包括设备、软件配置、控制措施、数据变更管理、一致性管理等。

（14）商业伙伴、客户关系策略包括合同条款安全策略、客户服务安全建议等。

（15）复查审计策略包括对安全策略的定期复查、对安全控制及过程的重新评估、对系统日志记录的审计、对安全技术发展的跟踪等。

企业制定的安全策略应当遵守相关的法律条令，有时安全策略的内容和员工的个人隐私相关联，在考虑对信息资产保护的同时，也应该对这方面的内容有一个明确的说明。

（二）安全教育

安全意识和相关技能的教育是企业安全管理中重要的内容，其实施力度将直接关系到企业安全策略被理解的程度和被执行的效果。为了保证安全的成功和有效，高级管理部门应当对企业各级管理人员、用户、技术人员进行安全培训。所有的企业人员必须了解并严格执行企业安全策略。在安全教育具体实施过程中应该有一定的层次性。

（1）主管信息安全工作的高级负责人或各级管理人员，重点是了解、掌握企业信息安全的整体策略及目标、信息安全体系的构成、安全管理部门的建立和管理制度的制定等；

（2）负责信息安全运行管理及维护的技术人员，重点是充分理解信息安全管理策略，掌握安全评估的基本方法，对安全操作和维护技术的合理运用等；

（3）用户重点是学习各种安全操作流程，了解和掌握与其相关的安全策略，包括自身应该承担的安全职责等。

当然，对于特定的人员要进行特定的安全培训。安全教育应当定期地、持续地进行。在企业中建立安全文化并容纳到整个企业文化体系中才是最根本的解决办法。

（三）解决信息安全问题

解决信息安全问题不能仅仅只从技术上考虑，但也不是说不考虑技术，技术是安全的主体，管理是安全的灵魂。只有将有效的安全管理实践自始至终贯彻落实于信息安全当中，网络安全的长期性和稳定性才能有所保证。要进行有效的安全管理，必须建立起一套系统全面的信息安全管理体系，这可以参照国际上通行的一些标准来实现，如：BS7799、ISO17799、ISO15408、RFC1296、SSE-CMM、ISO11131、ISO13569 等。

通俗地说，网络信息安全与保密主要是指保护网络信息系统，使其没有危险、不受威胁、不出事故。从技术角度来说，网络信息安全与保密的目标主要表现在系统的保密性、完整性、真实性、可靠性、可用性、不可抵赖性等方面。

1. 可靠性

可靠性是网络信息系统能够在规定条件下和规定的时间内完成规定的功能的特性。可靠性是系统安全的最基本要求之一，是所有网络信息系统的建设和运行目标。网络信息系统的可靠性测度主要有三种：抗毁性、生存性和有效性。

（1）抗毁性。抗毁性是指系统在人为破坏下的可靠性。比如，部分线路或节点失效后，系统是否仍然能够提供一定程度的服务。增强抗毁性可以有效地避免因各种灾害（战争、地震等）造成的大面积瘫痪事件。

（2）生存性。生存性是在随机破坏下系统的可靠性。生存性主要反映随机性破坏和网络拓扑结构对系统可靠性的影响。这里，随机性破坏是指系统部件因为自然老化等造成的自然失效。

（3）有效性。有效性是一种基于业务性能的可靠性。有效性主要反映在网络信息系统的部件失效情况下，满足业务性能要求的程度。比如，网络部件失效虽然没有引起连接性故障，但是却造成质量指标下降、平均延时增加、线路阻塞等现象。

可靠性主要表现在硬件可靠性、软件可靠性、人员可靠性、环境可靠性等方面。硬件可靠性最为直观和常见。软件可靠性是指在规定的时间内，程序成功运行的概率。人员可靠性是指人员成功地完成工作或任务的概率。人员可靠性在整个系统可靠性中扮演重要角色，因为系统失效的大部分原因是人为差错造成的。人的行为要受到生理和心理的影响，受到其技术熟练程度、责任心和品德等素质方面的影响。因此，人员的教育、培养、训练和管理以及合理的人机界面是提高可靠性的重要方面。环境可靠性是指在规定的环境内，保证网络成功运行的概率。这里的环境主要是指自然环境和电磁环境。

2. 可用性

可用性是网络信息可被授权实体并按需求使用的特性。即网络信息服务在需要时，允许授权用户或实体使用的特性，或者是网络部分受损或需要降级使用时，仍能为授权用户提供有效服务的特性。可用性是网络信息系统面向用户的安全性能。

（1）网络信息系统最基本的功能。网络信息系统最基本的功能是向用户提供服务，而用户的需求是随机的、多方面的、有时还有时间要求。可用性一般用系统正常使用时间和整个工作时间之比来度量。

（2）可用性应满足的要求。可用性还应该满足以下要求：身份识别与确认、控制（对用户的权限进行控制，只能相应权限的资源，防止或限制经隐蔽通道的非法。包括自主控制和强制控制）、业务流控制（利用均分负荷方法，防止业务流量过度集中而引起网络阻塞）、路由选择控制（选择那些稳定可靠的子网、中继线或链路等）、审计跟踪（把网络信息系统中发生的所有安全事件情况存储在安全审计跟踪之中，以便分析原因，分清责任，及时采取相应的措施。审计跟踪的信息主要包括：事件类型、被管客体等级、事件时间、事件信息、事件回答以及事件统计等方面的信息）。

3. 保密性

保密性是网络信息不被泄露给非授权的用户、实体或过程，或供其利用的特性。即防止信息泄漏给非授权个人或实体，信息只为授权用户使用的特性。保密性是在可靠性和可用性基础之上，保障网络信息安全的重要手段。

常用的保密技术包括：防侦收（使对手侦收不到有用的信息）、防辐射（防止有用信息以各种途径辐射出去）、信息加密（在密钥的控制下，用加密算法对信息进行加密处理。即使对手得到了加密后的信息也会因为没有密钥而无法读懂有效信息）、物理保密（利用各种物理方法，如限制、隔离、掩蔽、控制等措施，保护信息不被泄露）。

4. 完整性

完整性是网络信息未经授权不能进行改变的特性。即网络信息在存储或传输过程中保持不被偶然或蓄意地删除、修改、伪造、乱序、重放、插入等破坏和丢失的特性。完整性是一种面向信息的安全性，它要求保持信息的原样，即信息的正确生成和正确存储和传输。

（1）完整性与保密性不同。保密性要求信息不被泄露给未授权的人，而完整性则要求信息不致受到各种原因的破坏。影响网络信息完整性的主要因素有：设备故障、误码（传输、处理和存储过程中产生的误码，定时的稳定度和精度降低造成的误码，各种干扰源造成的误码）、人为攻击、计算机病毒等。

（2）保障网络信息完整性的主要方法。

①协议：通过各种安全协议可以有效地检测出被复制的信息、被删除的字段、失效的字段和被修改的字段；

②编码方法：由此完成检错和功能。最简单和常用的编码方法是奇偶校验法；密码校验和方法：它是抗篡改和传输失败的重要手段；

③数字签名：保障信息的真实性；

④公证：请求网络管理或中介机构证明信息的真实性。

5. 不可抵赖性

不可抵赖性也称作不可否认性，在网络信息系统的信息交互过程中，确信参与者的真实同一性。即所有参与者都不可能否认或抵赖曾经完成的操作和承诺。利用信息源证据可以防止发信方不真实地否认已发送信息，利用递交接收证据可以防止收信方事后否认已经接收的信息。

概括地说，网络信息安全与保密的核心是通过计算机、网络、密码技术和安全技术，保护在公用网络信息系统中传输、交换和存储的消息的保密性、完整性、真实性、可靠性、可用性、不可抵赖性等。

第三节　网络安全机制

一、网络安全机制

计算机信息网络单位应当在网络安全主管部门监督指导下，建立和完善计算机网络安全组织，成立计算机网络安全领导小组。

（一）确定负责人

1.确定计算机安全管理责任人和安全领导小组负责人(由主管领导担任)。负责人应当履行下列职责：

（1）组织宣传计算机信息网络安全管理方面的法律、法规和有关政策；

（2）拟定并组织实施本单位计算机信息网络安全管理的各项规章制度；

（3）定期组织检查计算机信息网络系统安全运行情况，及时排除各种安全隐患；

（4）负责组织本单位信息安全审查；

（5）负责组织本单位计算机从业人员的安全教育和培训；

（6）发生安全事故或计算机违法犯罪案件时，立即向公安机关网监部门报告并采取妥善措施，保护现场，避免危害的扩散，畅通与公安机关网监部门联系渠道。

2.配备安全员

配备1至2名计算机安全员（由技术负责人和技术操作人员组成）。安全员应当履行下列职责：

(1) 执行本单位计算机信息网络安全管理的各项规章制度；

(2) 按照计算机信息网络安全技术规范要求对计算机信息系统安全运行情况进行检查测试，及时排除各种安全隐患。

（二）审核巡查

根据法律法规要求，对网络或网站发布的信息实行24小时审核巡查，发现传输有害信息，应当立即停止传输，防止信息扩散，保存有关记录，并向公安机关网监部门报告。

（1）发生安全事故或计算机违法犯罪案件时，应当立即向安全管理责任人报告或直接向公安机关网监部门报告，并采取妥善措施，保护现场，避免危害的扩大；

（2）在发生网络重大突发性事件时，计算机安全员应随时响应，接受公安机关网监部门调遣，承担处置任务；

（3）计算机安全技术人员必须经过市公安机关网监部门认可的安全技术培训，考核合格后持证上岗，合格证有效期两年。

二、网络安全机制的落实

单位安全组织应保持与公安机关联系渠道畅通，保证各项信息网络安全政策、法规的落实，积极接受公安机关网监部门业务监督检查。

单位安全组织的安全负责人及安全技术人员应切实履行各项安全职责，对不依法履行职责，造成安全事故和重大损害的，由公安机关予以警告，并建议其所在单位给予纪律或经济处理；情节严重的，依法追究刑事责任。严格执行网络信息监视、保存、清除和备份制度。

（1）严格执行国家及地方制定的信息安全条例。

（2）上网用户必须严格遵循网络安全保密制度。

（3）提供的上网信息，必须经过办公室的审核后方可上网，并及时予以登记。

（4）用户必须配合有关部门依法进行信息安全检查。

（5）建立健全网络安全管理制度，采取安全技术措施，落实安全管理责任，加强对 BBS 等交互式栏目信息发布的审核，网络运行日志的管理，并将系统运行日志完整仅用 3 个月以上，以备公安机关的监督检查。

（6）“安全专管员”要加强网络信息、监测，定期检查安全情况、计算机是否感染病毒并及时清除，同时应配合网络管理员对各开通服务器的系统日志进行不定期检查，及时发现隐患及时汇报与处理 .

（7）对网络上有害信息及时控制并删除。严防非法用户侵入我方网络从事非法活动，一经发现及时进行相应的技术处理，如及时清除有需信息的传播途径、关闭相应的服务器等，并且保护好相关日志等数据，及时向有关部门报告。

（8）出现有关网络安全隐患及时上报办公室，及时处理并作日志。

（9）加强对用户数据的管理，发现异常用户，及时处理并上报办公室备案。

（10）对于发生的计算机违法犯罪行为，各级网络管理员应当及时制止并立即上报信息中心，同时做好系统保护工作。

（11）对于所遭受到的攻击，各接入单位同样应当上报信息中心，同时做好系统保护工作。

（12）各接入单位有义务接受校网络管理中心和上级主管部门的监督、检查，并应积极配合做好违法犯罪事件的查处工作。

（13）信息中心应及时掌握公司网内各接入单位网络违法情况，并定期向主管领导和上级主管部门报告，并应协助各主管部门做好查处工作。

（二）信息发布、审核、登记制度

公司计算机信息发布实行各信息发布单位提出申请，办公室审核批准，信息中心具体实施的办法，各部门在信息发布方面必须恪守如下规定：

（1）发布申请单位应当确保发布信息准确、真实，符合国家有关的各项法律、法规制度；

（2）信息发布单位应当对所发布的信息备案记录，以加强管理；

（3）信息审核单位应在充分理解国家有关的各项法律、法规制度的基础上及时处理申请单位的请求，并将审核意见及时反馈给申请单位；

（4）在审核单位同意的基础上应将信息及时转发给信息中心；

（5）信息审核单位应当做好信息请求、处理、转发的备案工作；

（6）信息中心对所收到的经过审核后的信息在确认审核意见后，应及时在网上发布，并确保发布信息的准确性；

（7）信息中心对所发布的信息应当做好备案工作。

（三）病毒检测和网络安全漏洞检测制度

为保证网络的正常运行，防止各类病毒、黑客软件对公司内网主机构成的威胁，最大限度地减少此类损失，应制定以下制度：

（1）各接入部门计算机内应安装防病毒软件、防黑客软件及垃圾邮件消除软件，并对软件定期升级；

（2）各接入单位计算机内严禁安装病毒软件、黑客软件，严禁攻击其他联网主机，严禁散布黑客软件和病毒；

（3）信息中心应定期检测公司内网病毒和安全漏洞，并采取必要措施加以防治；

（4）公司内网主要服务器应当安装防火墙系统，加强网络安全管理；

（5）信息中心定期对网络安全和病毒检测进行检查，发现问题及时处理。

（四）账号使用登记和操作权限管理制度

（1）采取严密的安全措施防止无关用户进入系统；

（2）数据库管理系统的口令必须由电脑中心专人掌管，并要求定期更换。禁止同一人掌管操作系统口令和数据库管理系统口令；

（3）操作人员应有互不相同的用户名，定期更换操作口令；

（4）各岗位操作权限要严格按岗位职责设置。应定期检查操作员的权限；

（5）重要岗位的登录过程应增加必要的限制措施。

（五）安全管理人员岗位工作职责

（1）在公安机关的指导下做好本单位计算机信息系统安全防范工作；

（2）及时向公安机关提供安全保护所需的资料；

（3）负责计算机信息系统安全知识的宣传教育工作；

（4）定期对计算机信息系统进行检查。

（六）安全教育和培训制度

（1）网络管理中心应定期召开网络安全会议，通报网络安全状况，解决网络安全问题；

（2）网络管理中心应定期开发网络安全培训班，学习网络法律、法规，提高各接入单位的网络安全意识，提高网络安全水平；

（3）各接入部门应积极配合网络管理中心的工作，自觉参加各种培训活动；

（4）网络管理中心应当定期对员工进行网络安全教育，强化网络安全意识，增强守法观念。

（七）其他与安全保护相关的管理制度

（1）严格机房管理。建立完整的计算机运行日志、操作记录及其他与安全有关的资料；机房必须有当班值班人员；严禁易燃易爆和强磁物品及其他与机房工作无关的物品进入机房。

（2）加强技术资料管理。明确责任人，重要技术资料应有副本并异地存放。

（3）建立软件开发及管理制度。开发维护人员与操作人员必须实行岗位分离，开发环境和现场必须与生产环境和现场隔离。

结束语

电子商务的广泛应用，使中小企业利用信息技术和网络技术在激烈的市场竞争中站稳脚跟。作为一种崭新的商务运作模式，电子商务将会成为各国经济发展的增长动力，也将使各国的生产、管理、政府职能和法律制度等产生一系列的巨大变革，这无论对政府、企业、还是个人，都将带来新的机遇和挑战。但是由于互联网的开放性、共享性和无序性，使得电子商务信息面临着多种风险和威胁，其中安全问题一直困扰着电子商务的发展。

《电子商务与信息安全》一书围绕电子商务，信息安全及计算机网络安全，网络工程、网络安全及云计算数据中心等方面进行论述，以理论知识够用，重实践，尊重认知规律的原则进行编写，并且以电子商务与信息安全有效结合，能帮助读者更好地胜任电子商务与信息安全的维护工作。通过本书的学习，读者将具备确保电子商务与信息安全的能力，既可作为高等学校电子商务及信息安全等相关专业本科生、研究生的参考书，也可以供相关专业科研人员、管理人员参考使用。

参考文献

[1] 赵智超,吴铁峰.探究XML基础下的EDI电子商务平台设计与开发[J].商场现代化,2017,(08):109-110.

[2] 赵智超,吴铁峰.云计算技术下电子商务平台的设计与实现[J].商场现代化,2017,(07):60-61.

[3] 赵智超,吴铁峰.提高计算机网络可靠性的方法研究[J].中国新通信[4]曹红辉.中国电子支付发展研究[M].北京:经济管理出版社,2010.

[5] 李洪心,马刚.银行电子商务与网络支付[M].上海:机械工业出版社,2011.

[6] 李艳.电子商务信息安全策略研究[J].甘肃科技,2015,06.

[7] 冯昊.电子商务的安全问题及对策[J].重庆广播电视大学学报,2015,12.

[8] 张晓黎.数据加密技术在电子商务安全中的应用[J].计算机与数字工程,2015,10.

[9] 祁明.电子商务安全与保密[M].北京:高等教育出版社,2010.

[10] 瞿裕忠.电子商务应用开发技术[M].北京:高等教育出版社,2010.

[11] 杨顺勇,倪庆萍,苑荣.电子商务[M].上海:复旦大学出版社,2012.

[12] 张近.电子商务概论[M].北京:北京大学出版社,2010.

[13] 汗成.企业电子商务存在的问题及对策[J].科技情报开发与经济,2015,05.

[14] 方美琪.电子商务概论[M].北京:清华大学出版社,2011.

[15] 周娜.发展电子商务必须注重解决电子商务安全问题[J].船舶工业技术经济信息,2012,02.

[16] 陈娟.电子商务技术发展中存在的问题及对策研究[J].商场现代

化 ,2016,03.

[17] 顾雅珍 , 陈海红 . 浅谈电子商务技术 [J]. 赤峰学院学报 ,2010,02.

[18] 万常选, 刘云生. 电子商务的技术及其应用 [J]. 计算机工程与应用 ,2012,07.

[19] 刘拓 . 网络舆情研究概论 [M]. 天津 : 天津人民出版社 ,2013.

[20] 马秋枫 . 浅析信息安全 [M]. 北京 : 北京理工大学出版社 ,2010.

[21] 李文毅 . 网络信息安全研究概论 [M]. 上海 : 上海出版社 ,2014.

[22] 马欣等 . 计算机信息网络安全概论 [M]. 北京 : 人民邮电出版社 ,2013.

[23] 刘佳 . 计算机网络安全威胁与对策研究 [M]. 武汉 : 武汉大学出版社 ,2013.